현대여행상품

- 주제여행을 중심으로 -

Modern Travel Product

주제여행포럼
고종원·조문식·김경한
여정경·서현웅·안소영
이동화·이선민·권진수

(주)백산출판사

머리말

2020년 1학기는 전대미문의 코로나19 바이러스로 인한 피해로 관광업계에는 총체적인 위기가 도래하여 모두 힘든 시간을 보내는 상황이다. 우리나라는 상대적으로 외국에 비해 선전하여 확진자 수와 사망자 수가 적은 상황이지만, 경제적 · 사회적 · 교육적 · 종교적 등 국가적으로도 모든 면에서 위축되고 경계하며 어려운 시간을 보내는 현실이 안타깝다.

그러나 백신의 개발이 완료될 때까지는 지속적으로 병역에 힘쓰고 조심스러운 시간을 보낼 수밖에 없다는 차원에서 심각성이 대두된다. 백신의 개발도 올해는 어렵고 내년에도 정확하게 언제 개발되어 코로나로 인한 걱정에서 벗어날지 알 수 없는 상황이다. 그러나 국가 간의 협력이 강화되고 있으니 기대를 모아본다.

특히 여행업을 중심으로 한 항공업, 호텔업, 면세점업, 테마파크 등 관광업계 전반은 관광객의 이동제한과 절대적 감소로 인해 그 어떤 산업보다도 침체되어 심각한 도산의 상황에 직면하여 위기가 심각한 지경에 이른 것이 현실이다. 여행업계의 평균 상시근무 종사자는 현재 10%선으로 예측된다. 그리고 호텔업의 객실 가동률도 최대 25%선으로 보고 있다. 참으로 심각한 상황이다.

세계관광기구(UNWTO)는 77억의 세계 인구 중 2018년 전 세계 해외여행자 수는 14억 명이라고 발표했다. 2019년 내국인의 해외여행자 수는 2,800만 명대로 증가하였다. 국내에 입국했던 외래관광자 수는 1,750만 명(문화체육관광부)으로 나타났다. 여행을 중심으로 발전선상에 있었던 관광산업은 올해 2월 초부터 하강국면에 돌입하였고 전 세계 공통으로 관광산업은 침체와 위기국면, 나아가 몰락에 처한 상황이다.

2020년 6월 12일 현재 우리나라는 코로나바이러스감염증 19 위기경보 심각상황이다. 확진환자 12,003명, 격리해제 10,669명, 사망자 277명(중앙재난안전대책본부)이라는 집계이다.

세계적으로 보면 185개의 국가에서 발생한 확진환자가 7,433,352명이고 419,588명이 사망한 것으로 집계되었다. 미국 2,018,875명 확진자에 113,774명 사망, 브라질 802,828명 확진자에 40,919명 사망, 러시아 502,436명 확진자에 6,532명 사망, 영국 291,409명 확진자에 41,279명 사망, 인도 286,579명 확진자에 8,102명 사망, 스페인 242,707명 확진자에 27,136명 사망, 이탈리아 236,142명 확진자에 34,167명 사망, 페루 214,788명 확진자에 6,109명 사망자(중앙방역대책본부)로 나타나고 있다. 유럽의 감소에 비하면 미국과 남미 그리고 아프리카의 확산세가 커지고 있다.

너무나 우울한 상황과 현실이다. 거시적인 상황이 그렇다. 그러나 이 또한 지나가리라는 긍정적인 생각을 하며 현실 속에서 가능성과 좋은 날들에 대한 기대를 갖고자 한다.

현재 미국과 중국은 국가 이익과 위상을 위한 날카로운 신경전이 거세지고 있고 국가 간 봉쇄가 확대되는 상황에서 향후에는 전염병을 계기로 보다 안전한 건강상태와 진단이 요구되는 시스템을 통한 세계여행이 진행될 것으로 보인다. 그리고 검역이 강화될 것이다. 입국을 위한 비자발급 시 건강상황을 보다 엄격하게 확인할 것이다. 국가 간의 이해와 상호관계가 여행에도 큰 영향을 미칠 것으로 보인다.

공항에서의 거리 두기, 비행기 좌석 거리 두고 앉기, 안전한 음식준비, 관광지에서 거리 두기, 밀집지역과 밀폐공간 주의, 호텔의 위생과 청결의 강화 등 위험한 요인을 여행에서 사전에 배제하려는 노력이 기울여질 것으로 보인다. 새로운 패러다임이 여행산업과 관광산업에서 도입될 것이다. 많은 변화가 보일 것으로 예측된다.

본서는 여행상품의 현대적인 새로운 영역 개발과 정리 차원에서 기획되었다. 관광업계에서의 경력과 전공분야에서의 연구 그리고 새로운 연구영역에서의 고민으로 본서가 출간되었다. 현대여행상품에 대한 전반적인 흐름을 담았다. 특히 현대여행의 새로운 패러다임과 여행 주체가 희망하는 새로운 여행방식인 주제여행영역을 중심으로 현대여행의 변화에 주목하면서 저술하였다. 예전의 일사불란한 관광형태에서 이제는 개인 영역에서 원하는 여행방식인 주제여행의 성향이 커짐에 따라 많은 변화가 엿보인다. 여행패턴과 주제가 변화하고 있는 양상의 시대이기 때문이다.

안타까움이 있는 현실이지만, 한국여행업의 발전과 세계여행의 발전을 위한 하나의 초석을 위한 연구진들의 노력과 아이디어 그리고 변화하는 현실을 반영하였다. 주제여행포럼 연구의 첫 성과로 의미가 매우 크다고 하겠다. 또한 이러한 연구의 지속적인 확대와 기여를 위하여 관심 있는 분들의 향후 참여가 기대된다. 그리고 출간할 기회를 주시고 협력해 주신 백산출판사 진욱상 대표님과 편집부 그리고 영업부에 감사한 마음을 전해 드린다. 마지막으로 공저자의 가족들과 소중한 기억을 나누며 추억하고자 하는 분들과 출간의 기쁨을 나누고자 한다. 본서가 새로운 여행업의 가치 있는 저서로 인정되었으면 하는 소망을 갖는다.

2020년 6월

현대여행상품 저자(주제여행포럼 공동대표)를 대표하여

고종원 작성

차 례

Chapter 1 주제여행부문

Chapter 2 최근 세계여행의 트렌드

Chapter 3 여행의 개념

Chapter 8 새로운 여행 트렌드 속 호텔

Chapter

1

주제여행부문

Chapter 1 주제여행부문

1. 주제여행 이해

1) 정의

주제여행이란 예전에 단순한 관광, 즉 경관이 좋아 찾거나 발길 닿는 대로 여유를 즐기기 위한 차원에서의 여행, 다르게 표현하면 기분전환을 위한 즐기는 관광에서 벗어나 목적을 갖고 떠나 성취하고 나름대로의 결과가 창출되는 일련의 목적과 과정이 뒷받침되는 여행을 의미한다.

보고 즐기고 듣고 그리고 맛있는 음식을 먹고 사고 싶은 것을 사는 의식주에 관련된 투어에서 분명한 목적성을 갖고 추구하는 일련의 목적성 있는 투어, 다시 말해 콘셉트가 있고 여행의 주제가 있는 여행을 주제여행으로 정의하고자 한다.

주제여행은 내용이 있는 콘셉트투어라고 할 수 있다. 단순한 여행이 아니라 여행의 주요 내용이 본질로 작용한다는 의미이다. 예를 들면 마라톤 마니아들에게 해외여행은 큰 의미가 없을 것이다. 그들에게는 마라톤에 참가하는 것이 더 큰 의미부여가 되는 만큼 마라톤이라는 콘셉트, 즉 마라톤이라는 내용이 여행의 본질이라고 보면 된다. 실제로 우리나라의 마라톤 전문여행사가 오래전부터 대표를 중심으로 보스톤마라톤대회에 많은 인원을 조직하여 참가해 왔다. 최근에는 42.195km의 풀

코스 외에도 방콕마라톤대회의 5km, 10km 경기에 참가하며 현지의 주요 관광코스를 경험하는 것도 콘셉트투어로서 주제여행이라고 하겠다.

2) 주제여행의 환경과 필요요건

주제여행은 먼전 교통수단이 확보되어야 한다. 장거리 이동일 경우, 항공기가 필요하다. 육로에서의 이동은 버스, 자동차, 철도 등의 교통수단이 요청된다. 해로의 경우에는 크루즈, 유람선 등의 이동수단이 필요하다. 최근에 해외여행의 주요 수단은 항공기이다. 주제여행이 활성화되기 위해서는 항공부문에 대한 정책적 지원도 필요하다. 현재 정부의 보조가 없는 분야가 항공분야로 대중적인 교통수단으로 인식되지 못해서 어려움이 있다는 전문가들의 의견이 있다.

호주 시드니 공항 주변 경관

3) 주제여행의 주요 요소

(1) 모바일 투어 툴

최근에는 모바일 앱을 통해 여행사를 중심으로 실현할 수 있는 인기여행지 모음이나 기획상품 등의 여행상품에 대해 전반적으로 소개하고 있다. 이러한 형식에 관련된 제반 기술과 연계된 콘텐츠를 말한다. 기술력이 결합되어 모바일상에서 여행 검색, 예약, 결재 등 제반과정이 이루어지고 있다.

(2) 구글 등 안내 콘텐츠

최근에는 온라인, SNS, 디지털화 시대에 있어서 핸드폰 앱의 역할이 중요해지고 있다. 구글에 보면 지역의 맛집이 평점과 함께 소개되고 있다. 외국여행 중에서도 낯선 도시이지만 추천식당이 나오고 평점과 이용자의 코멘트가 나오는 만큼, 이러한 온라인 콘텐츠는 매우 요긴하게 사용된다. 특히 현지여행 시 이러한 콘텐츠는 여행자에게 매우 필요한 정보습득과 안내를 받는다는 점에서 고무적이다.

(3) 숙박시설 예약 콘텐츠(OTA[1])

호텔스컴바인 같은 온라인 콘텐츠는 지역의 숙박시설을 예약하는 경우 편리하다. 즉 가격을 비교해서 원하는 숙박시설을 잡을 수 있다. 그 밖에도 에어비앤비, 야놀자, 네이버쇼핑, 하나투어콘텐츠월드, 코레일톡 등을 이러한 숙박시설 예약 콘텐츠로 볼 수 있다.

---

1) Online Travel Agency로 글로벌 온라인 여행사라고 한다. 예를 들면 익스피디아 같은 온라인여행사를 말한다. 여행을 위한 항공권, 숙박 등 필요한 요소를 저렴하게 구입할 수 있는 콘텐츠이다. 최근에는 해외여행의 일반화에 따라 OTA에서 필요한 여행요소를 구입하는 사람들이 증가하는 추세이다.

사례 체험여행의 예약

해외에 처음 가더라도 내 취미가 도예라면 airbnb trip을 통해 적합한 지역으로 안내받을 수 있다. 우리나라의 경우에는 담양에서 도예체험을 할 수 있도록 안내받을 수 있다.

4) 주제여행의 가능성 파악

(1) 전개상황

여행의 주제는 참으로 다양하다. 최근에 여행의 흐름과 형태를 보면 주제가 매우 다양한 것을 알게 된다. TV프로그램을 보면 먹거리를 보여주는 먹방투어, 고급레스토랑[2)]에서의 식사체험을 중심으로 한 다양한 콘텐츠가 소개되고 있다. 원로 연예인과 함께하는 외국에서의 투어, 현지의 식당을 빌려 한국음식을 소개하는 프로 등 다양하다.

주제여행은 매우 다양하게 나타날 수 있다. 현재 진행되는 여행상품과 향후 개발되고 전개될 상품은 매우 다양할 것으로 예측된다.

최근 여행은 브랜드가 콘텐츠가 된다. 스타벅스 커피의 최초의 매장은 시애틀에 있다. 이곳을 방문하는 것도 하나의 여행코스가 된다. 특히 커피마니아들에게는 필히 방문해서 커피를 마시고 커피 관련한 쇼핑을 하는 것이 필요하다. 커피 관련한 브랜드가 주제여행으로서 여행 콘텐츠가 된 것이다.

2) 가장 대표적인 것이 미쉐린 스타로 지정받은 식당으로 가장 인지도 있는 레스토랑으로 여겨진다. 그러나 최근 선정과정에서의 문제제기와 선정된 기존식당들의 자발적인 이탈로 기존 명성의 이미지에 부정적인 영향이 미치고 있다.

스타벅스 매장 전경(유럽 매장)

5) 주제여행 여건

주제여행이 발전하고 여러 가지 콘텐츠로 형성될 수 있는 것은 여행이 가능한 여건에 기인한다고 할 수 있다. 항공편의 증가, 새로운 상품의 개발, 국가마다 관광에 대한 중요성과 가능성에 더욱 주목하는 상황 등 많은 요인들이 작용한다는 점이다. 다보스 포럼의 발표에 의하면 2019년 우리나라가 세계관광 경쟁력에서 세계 16위를 차지하고 있다. 이는 우리나라 여행분야에서의 향후 발전가능성을 보여주는 지표로 판단된다.

이미 우리나라는 세계의 주요 국가들처럼, 관광의 중요성을 인식하고 있으며 2019년도 해외여행 출국자가 2,871만 명(한국문화관광연구원)으로 나타났고 외래관광객 국내유치부문도 1,750만 명(문화체육관광부 추정)으로 나타난 바와 같이 여행

여건은 매우 발전가능성이 높다는 것을 보여주고 있다.

한국문화관광연구원이 발표한 2018년 관광사업체 종사자[3]는 26만 5,761명이다. 이 중에 여행업은 9만 9,077명으로 나타났다. 2017년 12월 현재 기준으로 문화체육관광부의 관광동향에 관한 연차보고서에 의하면 여행사는 일반여행업이 5,110개, 국내여행업이 7,486개, 국외여행업이 9,741개로 나타났다. 총 22,337개로 평균 10~15명 정도의 직원이 한 여행사에서 근무한다고 볼 수 있다.

상기 통계는 여행사의 증가현상과 함께 증가하는 여행수요에 부응하는 결과로 보인다. 2019년 2,871만 명이 해외로 여행을 가고 1,750만 명이 국내에 입국해 관광한 외국인임을 감안할 때 여행수요의 증가와 여행사의 증가는 비례하며 관련 종사자의 수도 지속적으로 증가되는 상황으로 파악할 수 있다고 하겠다.

이상과 같이 여행수요의 증가가 주제여행과도 관련하여 긍정적인 영향을 미친다는 것을 알 수 있다.

3) 여행업 외에 관광사업체 종사자에는 관광숙박업 6만 9,925명, 관광객이용시설업 2만 3,154명, 국제회의업 9,100명, 카지노업 7,330명, 유원시설업 2만 6,189명, 관광편의시설업 3만 2,785명(이데일리: 2020.03.24)이 포함되어 있다.

게이트에서 탑승교로 연결된 출항 전 항공기

참고 **2018년 관광사업체 연간 총매출액**

한국문화관광연구원은 2018년 관광사업체의 연간 총매출액이 25조 4,291억 원에 달한다고 보고하였다. 세부적으로 보면 여행업이 8조 4,622억 원, 관광숙박업이 7조 6,644억 원, 카지노업은 3조 254억 원, 관광편의시설업은 1조 9,822억 원, 유원시설업은 1조 9,709억 원, 국제회의업은 1조 3,033억 원, 관광객이용시설업은 1조 207억 원 순으로 나타났다(이데일리: 2020.03.24).

이러한 수치를 볼 때 여행업의 증가와 지속적으로 증가되는 여행수요에 따라 매출액도 관광사업체 가운데 가장 높은 비중을 차지함을 알 수 있다.

6) 주제여행 트렌드

최근 미세먼지의 문제가 대두됨에 따라 청정한 지역으로의 여행이 인기를 끈다. 우리나라에서도 이러한 차원에서 오염되지 않은 핀란드, 호주와 뉴질랜드 등이 관심을 받고 있다. 해외여행의 수요가 늘어나는 중국의 경우에도 최근에는 폐청소 투어라는 상품이 출시되어 인기를 끌고 있다. 이는 중국 내 대기환경의 악화에 대한 방편으로 청정한 곳에서 휴식과 건강을 찾고자 하는 상품이 개발되어 인기를 얻는 것으로 보인다.

그리고 어린아이들을 중시하는 최근의 추세에 따라 아이들이 선호하는 지역으로의 여행이 증가되고 있는데, 교육적인 차원과 즐거움이 결합된 에듀테인먼트가 인기를 모으고 있다. 초등학생을 동반한 가족이 오사카의 유니버설스튜디오 재팬 등의 테마파크를 찾는 유형의 여행이 선호되고 있다. 이러한 키즈여행상품은 휴양지 리조트를 이용하는 상품 외에도 말레이시아 조호바루, 베트남 푸구옥, 나트랑 등이 인기를 끈다. 조호바루는 싱가포르에서 가까운 곳으로 레고랜드를 찾고자 하는 아이들의 수요가 연계된 상품이다. 레고랜드 내 숙박도 가능해 기존의 이슬람문화 조호바루의 이미지보다는 레고랜드 선호지역으로 변모하였다.

2. 주제여행 사례

주제여행은 매우 다양하다. 여행에 주제가 있어서 추구하면 된다. 해외여행의 경우, 세계 유수의 미술관 투어, 음악의 경우 오페라가 주제라면 오페라의 도시를 찾아가서 여행하고 오페라 공연을 보면 된다. 와인투어라면 세계적인 와이너리를 방문하여 설명을 듣고 견학을 하고 시음을 즐기면 된다. 최근 물(Water)과 관련하여 기적의 생수[4]라 불리는 세계 유수의 원천수를 찾는 여행도 주제여행이 될 수 있다.

4) 대표적으로는 프랑스 루르드 성당의 샘물로 천연 게르마늄 성분으로 알려져 있다.

1) 생태관광

소위 에코투어리즘으로 불리는 생태관광은 지구를 살리려는 환경주의운동과 함께 부각되고 있다. 에코투어리즘(Eco tourism)은 생태관광이다. 오염되지 않은 환경에서 자연 그대로의 모습을 보는 투어를 말한다. 우리나라의 비무장지대도 훌륭한 에코투어의 전형으로 평가된다.

최근 생태관광은 인기를 끈다. 세이셸의 경우, 많은 섬들이 있는데 새섬의 경우 많은 새들이 서식하는 지역으로 에코투어를 경험할 수 있다. 그리고 자전거 투어를 할 수 있는 지역, 원주민들의 문화를 보고 민속춤을 감상하며 관광객들과 함께 댄스를 춘다. 또한 TV도 없고 인터넷도 안 되는 곳에서 별을 감상하며 자연과 함께하는 지역도 에코투어를 경험하는 것이다.

일본 북해도 후라노 지역의 라벤더

사례 말레이시아 반딧불 투어/정글투어

우리나라 무주는 청정지역으로 반딧불 축제가 유명하다. 말레이시아는 청정한 자연자원이 풍부한 지역으로 여러 곳에서 반딧불 투어가 가능하다. 최근 코타키나발루의 반딧불투어가 인기를 끈다. 평생 잊을 수 없는 시간으로 참여자들의 호응이 좋다.

한편 쿠알라룸푸르 도시 인근에 정글을 경험할 수 있는 정글투어가 있다. 이곳에서는 마치 정글에 온 것 같은 분위기를 연출하는데, 실제 정글지역이다.

그러나 모기가 많아서 모기에 취약한 사람들은 매우 힘든 시간이 된다. 끊임없이 달려드는 모기로 인해 많은 흔적을 남기게 되어 나름 고통스러운 시간이 되므로 주의를 요한다.

사례 갯벌투어

갯벌은 청정자연의 지역으로 나름 관심을 갖고 찾는 사람들이 많다. 게 등 수산물을 수확할 수도 있다. 강화의 갯벌이 유명하다. 그리고 화성지역에도 갯벌지역이 알려져 있다.

2) 의료관광

최근에 사람들은 삶의 질의 향상으로 건강과 행복을 추구한다. 명의와 함께하는 의료관광도 주제여행이 될 수 있다. 의료기술수준이 높은 우리나라에 외국인 환자들이 많이 입국하고 있다. 성형수술에서부터 중환자까지 의료관광도 주제여행으로서 부가가치와 중요성이 크게 부각되는 상황이다. 의료관광이 발전되어 주목을 받아 온 나라는 싱가포르, 태국, 싱가포르 등이다.

우리나라는 그동안 성형분야를 중심으로 외국인 의료관광객에게 좋은 평가를 받아 왔다. 성형 외에도 다이어트, 한방, 체질개선 분야와 중증환자 분야 등 다양한 분야에서 환자유치가 확대되고 있다.

코로나19 사태로 인해 기존에 가졌던 의료분야에 대한 평가가 많이 달라지고 있다. 유럽과 미국에서는 많은 확진자 대비 사망자 증가가 눈에 띄게 나타났다. 한국[5)]은

5) 우리나라 의료체계의 정착으로 병원의 낮은 문턱과 정부의 지원체제 구축, 저렴한 의료비 등으로 금번에 코로나19 사태에서도 우리나라는 좋은 결과를 창출했다는 평가를 받고 있다.

진단키트와 상대적으로 낮은 사망자 비율로 좋은 성과를 얻어 높게 평가되고 있다. 코로나19 관련한 의료관광의 수준에 따라 향후 많은 변화와 평가수준이 차별화될 것으로 사료된다.

3) 힐링투어/건강증진투어

우리나라 사찰의 오염되지 않고 깨끗한 음식을 찾아가는 것도 주제여행이 된다. 호텔에서 마사지와 안마를 통해 관광객의 피로를 풀어주는 것도 주제여행에 포함될 수 있다. 태국의 안마상품은 외래관광객들에게 좋은 반응을 얻는 것처럼 건강증진을 위한 상품은 하나의 주제여행이 된다.

온천관광도 주제여행으로 사상체질 스파(Spa)상품도 주제여행상품이다. 요가상품도 건강증진을 위한 주제여행이 되고 있다. 숲에서 치유하는 명상과 휴식 상품, 허브를 이용한 힐링상품, 편백숲 상품, 리조트 상품[6], 명상숲 상품, 스파상품, 한방상품 등은 모두 건강과 행복을 위한 웰니스관광상품으로 향후 수요와 관심이 더욱 많아질 주제여행상품으로 주목해야 할 것이다.

---

6) 한때 해외에서의 풀빌라 상품이 인기를 끌었다. 이는 특히 신혼여행상품으로 자연적으로 시설이 고급화되며 개인의 사적인 공간과 프라이버시가 보장된 공간으로 선호되었다. 리조트에서는 휴식과 좋은 음식 그리고 정적인 차원을 넘어서 활동적인 액티비티가 가능하다. 승마, 골프, 수영, 레저 활동 등 제반 활동이 가능하다는 점에서 매우 인상적인 활동의 공간으로 주제를 갖고 활동할 수 있다는 점에서 매우 중요한 공간으로 볼 수 있다.

일본 홋카이도 노보리베츠 온천(일명 지옥온천)

4) 식음료투어

맛집을 찾는 수요도 증가한다. 개별여행에 있어서도 맛집이나 맛있는 음식을 추구하는 방문투어가 인기이다. 대만의 타이페이에서 먹방투어가 인기를 끄는 것처럼 유럽에서도 미슐랭 가이드 투어 등 외식문화투어도 예전부터 마니아들로부터 투어가 진행되어 온 게 사실이다.

커피마니아들, 특히 스타벅스 커피문화를 좋아하는 사람들에게는 스타벅스의 본고장 시애틀의 본사와 첫 번째 매장을 방문하는 것도 매우 의미있는 일일 것이다. 일본의 삿포로 매장, 유럽 주요 도시에 위치한 스타벅스 매장의 분위기 등은 물론 커피 맛도 다르다. 가격도 다르고 텀블러의 모양도 스타일도 다른 것을 보는 재미가 쏠쏠하다. 각 도시마다 매장의 외관 그리고 스타일 등의 건축양식 그리고 현지의 문화가 접목된 모습과 분위기를 경험하는 것도 특별한 즐거움이 된다.

시드니 소재 그리스 정통 레스토랑

5) 문화예술투어

미술에 관심 있는 문화선호자와 예술에 대한 식견과 관심이 많은 마니아에게 설명하는 전문가이드나 전문설명자가 동반하는 미술관투어도 상품화되는 등의 사례를 볼 수 있다.

(1) 박물관 투어

지중해와 유럽여행 가운데 박물관 투어는 매우 흥미롭고 관심이 가는 여행형태이다. 대영박물관, 에르즈타쥐 박물관, 루브르박물관, 바티칸 박물관은 여행상품의 필수코스화된 지도 이미 오래전이다. 최근 박물관 개관을 통해 새롭게 선보이는 그랜드 이집트 박물관이 주목받고 있다. 이집트의 역사와 보물을 간직하고 투탕카멘 무덤에서 나온 5,400점의 유물을 공개한다고 한다. 3200년 된 람세스 2세의 조각상과 공개된 적이 없는 공예품 2만 점이 예정되어 있다고 한다. 2020년 상반기에 개관 예정으로 갤러리의 높이가 20m가 넘는다(gem.gov.eg)고 하니 규모가 웅장할 것으로 예상된다.

저자도 90년대 초반~2000년대 초반 이집트박물관에 여러 차례 방문하였고 이집트의 역사와 문화유물이 매우 대단하다는 느낌을 많이 받았다. 현재 파리 콩코드 광장의 오벨리스크도 이집트의 유물이며 특히 대영박물관에 유치된 이집트관에는 놀랄 만큼의 이집트 유물이 옮겨져 있는바, 고대 이집트의 역사와 위용을 가늠할 수 있다.

(2) 미술관 투어

스페인의 빌바오시 구겐하임 미술관은 최근 새롭게 조명받고 있다. 이 미술관으로 인해 연간 160만여 명이 찾아오고 있다는 것이다. 이곳은 현대미술 중심의 작품들이 주로 소장되어 있고 인상적인 실내장식과 특이한 외관으로 주목받고 있다. 도시에 활력을 불어넣는 장소로서의 역할도 하고 있다는 평가이다.

특히 유럽에 관련한 인문학 여행 강의가 관심을 받고 있다. 전문가가 현지로 함께 떠나는 문화예술여행이 조명받는다. 여행을 떠나기 전 몇 주간의 유럽역사, 문화에 대한 공부가 수반되고 현지에 가면 지식을 바탕으로 의미있는 투어가 될 수 있다. 깊이 있는 유럽문화의 정수를 맛보게 된다.

파리 루브르박물관 투어

사례 **문화예술여행**

이대성 박사는 스페인 마드리드 국립대 조형학 박사이다. 그녀는 시공을 유영하는 인문학 여행을 진행하는 유럽문화여행 코디네이터이다. 그녀는 롯데문화센터 평촌점에서 매주 금요일 '유럽회화 대표 작가전', '현대미술과의 대화' 강의를 진행한다. 또한 유럽문화여행에서 여행코디네이터 역할을 하고 있다. 동서문명의 교차와 융합의 스페인 문화기행, 초기 르네상스로부터 바로크의 보고인 피렌체 · 로마기행, 아방가르드의 진한 체취의 파리 문화기행, 보수와 진보의 절묘한 교합의 런던 문화기행, 합스부르크가의 영광과 오던 시티 1900 비엔나의 비엔나 문화기행의 유럽문화여행이 매년 5월과 11월에 계획되어 있다.

그녀는 1980년대에 시작된 배낭여행을 통해 인류문명에 대한 관심을 갖게 됐다고 한다. 그녀는 여행은 구경 다니는 행위가 아니라 이질적 문명권 안에서 홀로 선 자신을 재발견하는 과정이라고 한다. 시공을 유영하는 사유능력은 사는 동안 꼭 갖추어야 하는 인간의 조건이며 유럽 문화예술여행을 떠나는 것과 인생은 축제라는 말을 남긴다.

또한 그녀는 여행자들은 시내숙소에서 가까운 거리의 박물관이나 미술관을 편하게 방문하는 것은 물론, 거리의 카페에서 커피를 마시고 동네산책을 하는 등 일상 같은 여행을 만끽할 수 있다고 하였다(우리안양, 2020.3월호: 10-11). 이러한 유럽의 문화예술여행은 많은 우리나라 지식인 여행층에게 향후 가장 관심을 받고 많이 참여하는 주제여행으로 자리 잡을 것으로 판단된다.

(3) 오페라 투어

프랑스 Royer Yoyages여행사의 2020년 봄, 여름 브로슈어에 소개된 '오페라 아이다'상품을 보면 4일투어로 1인당 545유로, 알자스와 모셀에서 출발한다. 베니스 중심가의 3성호텔, 베르디 오페라 관람, 베니스에서 가이드 안내의 조건이다. 오페라 예약좌석이 포함된 상품의 특징이 있다. 국내 오페라 마니아의 증가로 향후에는 우리나라 마니아들이 유럽을 중심으로 한 오페라 투어에 많이 참가할 것으로 예측된다.

사례 시드니 오페라하우스 주요 공연

2020년 1월 11일~3월 26일까지 카르멘이 공연된다. 1월 24일부터 2월 27일까지는 돈 조반니가 공연된다. 2월 10일부터 3월 11일까지는 파우스트가 공연된다. 그리고 3월 12일부터 28일까지는 아틸라가, 3월 27일~4월 26일까지는 시드니 하버에서 라트라비아타 공연이 예정되어 있다(sydneyoperahouse.com[코로나19로 인해 공연 진행 여부는 불투명]). 세계 3대 미항[7]으로 알려진 시드니에서의 오페라 공연은 더욱 의미있는 예술공연으로 기억될 것이다.

7) 호주의 시드니, 이탈리아의 나폴리, 브라질의 리우데자네이루가 세계 3대 미항으로 여겨진다. 우리나라는 통영(충무)이 최고의 미항으로 판단된다. 여수, 목포, 부산도 아름다운 항구도시이다.

호주 시드니 오페라하우스

6) 시티투어

관광은 주로 도심에서 진행된다. 그래서 시티투어는 전 세계 주요 도시의 관광콘텐츠로 중요한 역할을 한다. 도시 안에서도 주요한 관광장소로 안내해 주며 하차와 승차가 가능하거나 주요 코스를 중심으로 차량 내에 앉아 경관을 즐길 수 있다. 특히 세계의 대표적인 관광도시는 이러한 프로그램이 중요한바 대체로 운영되고 있다고 보아야 할 것이다. 주요 도시가 아니더라도 지역관광의 활성화를 위해서는 시티투어버스가 중요한 역할을 하는 만큼, 도입하는 것은 매우 중요한 일이다. 우리에게 알려진 많은 관광객을 유치하는 도시의 경우에는 시티투어버스가 주요한 관광지를 중심으로 순환하는 것이 일반적인 상황이다.

7) 해돋이/일몰 투어

우리나라 해돋이 명소는 6곳으로 소개하고 있다.

아차선 해맞이 광장은 도심 속 산에서 즐기는 일출이라 소개한다. 여수 항일함은 바위와 바다가 분위기를 압도하는 것으로 소개한다. 거제 해금강은 남해안 쪽빛 바다가 아름다운 곳으로 소개한다. 당진의 애목마을은 서해에도 서정적인 해가 뜨는 곳으로 소개한다. 고성의 초도항은 선명한 오메가 일출 즉 오메가가 연상되는 일출을 볼 수 있는 곳으로 소개한다. 그리고 대표적인 해돋이 명소인 강원도 정동진을 포함하여 소개한다(조선여성, 2020년 1월호: 62-63). 해돋이 투어는 신년을 맞아 사람들이 소원성취를 기원하며 방문하는 장소로서 의미를 부여하는 주제여행의 사례라고 할 수 있다.

아르헨티나 파타고니아의 일몰은 매우 인상적이다. 산등성이와 맞닿은 태양을 감상하는 것이 최고라는 평가이다. 시간을 갖고 레스토랑에 앉아서 감상하는 것이 기억에 남는 여행으로 권고된다. 이곳의 일몰은 너무나 아름답고 웅장하여 평생에 한 번은 볼 수 있는 기회를 갖도록 권고되는 최고의 시간으로 평가되고 있다.

남태평양의 일몰 전경

8) 고성투어

프랑스 루아르르의 고성투어가 프랑스의 루아에 부아야즈 여행사의 2020년 봄~여름 안내책자를 통해 5일 일정에 1인당 650유로로 소개된다. 여러 곳의 고성에 가이드의 안내를 받을 수 있다. 유럽여행을 좋아하는 마니아들에게 고성투어는 인상적인 여행 코스가 된다는 점에서 의미가 있다.

9) 안보관광

분단국인 우리나라의 비무장지대도 안보관광지역으로 주제여행지역과 상품이 된다. 이곳은 분단국인 우리나라의 북한과의 군사적인 대치상황과 3.8선의 상황을 보여주는 안보관광지역으로 주목받고 있다. 독일의 베를린 장벽, 우리나라의 땅굴과 DMZ관광이 안보관광의 대표적인 예이다.

10) 반전투어

전쟁의 폐허를 볼 수 있는 지역들이 있다. 전쟁박물관 같은 곳은 전쟁에 대한 피해와 역사 그리고 앞으로 전쟁이 있어서는 안 된다는 교훈을 준다는 차원에서 반전투어의 장소로 볼 수 있다. 많은 나라에서 이러한 전쟁박물관을 통해 역사의 교훈을 얻고 있다.

사례 체르노빌 원전투어

1986년 4월 26일 우크라이나의 키예프 북부, 벨라루스 접경지역인 체르노빌 원자력발전소의 원자로가 폭발하여 방사능이 누출된 사고이다. 최대 60만 명이 방사선에 노출되었다고 평가된다. 체르노빌 포럼에서는 약 4천 명 정도가 암으로 사망한 것으로 추정되고 있다. 그러나 유럽의 토치(Torch)보고서에서는 암 사망자 수를 3~6만 명까지로 추정하였고 나아가 그린피스는 27만 건의 암 발생, 9만 3천 건이 치명적인 수준이라고 주장하였다.

특히 어린이와 청소년층에서 약 11,000명이 갑상선암 진단을 받았다는 점에서 안타까운 피해로 알려지고 있다. 이후 관광객에게 지역을 개방하고 사고의 위험을 상기시키는 차원과 야생 동식물을 보는 투어를 진행(두산백과; 네이버 지식백과)하고 있으나 제대로 된 복원과 방사능이 완전히 없어지기까지는 앞으로도 많은 시간이 필요할 것으로 평가되는 상황이다.

고향이 그리워 200명이 안 되는 사람들이 이곳에 다시 와서 살고 있으나 방사능의 폐해가 없어지지 않은 상황이므로 위험해 보인다.

11) 모험관광

호주의 시드니 오페라하우스 앞에 있는 시드니 하버브리지[8] 위의 철골구조물 교각을 걷는 것이 인기 있는 상품으로 많은 도전자의 관심을 끌고 있다. 안전장치를 하고 여러 명이 같이 진행하는 투어는 인기를 끄는 상품이다. 시드니 전경을 만끽하면서 스릴 있는 워킹을 할 수 있어서 인기이다. 현지에서는 Bridge Climb이라 명명된다. 여명이 뜰 때, 낮시간, 밤과 같이 시간에 따라 가격차이가 난다.

한편 마카오의 전망대에서 번지점프를 할 수 있는데 이러한 것도 대표적인 모험관광이다. 뉴질랜드의 킨즈타운에서 세계 최초로 시작된 번지점프도 모험관광의 시초로 보아야 할 것이다. 이러한 모험관광은 항상 안전장치가 확보되는 것이 중요하다고 하겠다.

최근에는 블라디보스톡에서 겨울에 러시아식 사우나를 즐기다 바다에 입수하는 경험을 하는 체험관광이 소수의 사람에게 인기를 끈다. 러시아 사람들은 이러한 형태의 운동이 피부와 건강에 좋다는 생각으로 하고 있다.

그러나 이러한 형식의 운동에 익숙하지 않은 한국인에게는 신기한 체험이 되고 있다. 혹시 건강하고 관심 있는 사람이라면 한 번 참여하는 것도 좋은 추억이 될 것이다.

---

8) 1932년에 개통되었다. 당시에는 세계에서 가장 긴 다리로 기록을 세우기도 했다. 아직도 폭은 가장 넓은 다리로 평가되고 있다.

12) 헬기투어/경비행기투어

대표적으로는 미국의 협곡을 관광할 때 이용하게 되는 그랜드 캐년 헬기투어 등이 대표적인 상품일 것이다. 페루의 나스카라인을 위한 경비행기 투어, 타히티 여행에서 타는 경비행기, 몰디브 수상 경비행기, 괌의 경비행기가 이용되고 있다. 그 외에 팔라우 등에서도 이용된다.

13) 와인투어

전 세계 주요 와이너리에서는 와인투어가 진행된다. 자사의 와인상품을 홍보하고 이곳을 찾은 방문객들에게 와인 생산과정과 역사를 설명하고 와인판매에도 수익을 올리려고 하는 생산자의 상품이다. 보통 개인적인 방문이나 단체투어가 가능하다.

호주의 시드니에서 가까운 헌터밸리는 와인과 치즈를 테이스팅할 수 있다. 점심식사와 와이너리 투어가 가능하다. 어른과 어린이 모두 입장이 가능하며, 오전 8시에 출발하는 호주여행사 상품이 있다. 회귀시간은 오후 6시 30분이고 단체로 모아서 출발한다. 가이드의 안내가 동반된다. 와이너리에서 와인테이스팅을 한다. 레스토랑에서 점심, 치즈와 시음을 같이하게 된다. 와이너리 투어가 진행되는 상품이다. 어린이 184 호주달러, 어른은 144 호주달러이다. 어른은 한화로 계산하면 대략 148,000원이다(greatsights.com.au).

와인투어는 와인이 생산되는 곳이면 어디든 가능하다. 프랑스, 이탈리아, 스페인, 포르투갈, 독일, 미국, 칠레, 아르헨티나, 호주, 뉴질랜드 등에서는 와인투어를 와이너리와 여행사 그리고 지역에서 운영하고 있다. 우리나라에도 와인을 생산하는 와이너리에서는 와인투어를 한다.

홍콩 와인페스티벌

3. 주제여행의 확대

1) 특별한 나라 방문

유럽의 가장 유서 깊은 산마리노 공화국은 면적이 61평방미터에 22,000명의 인구를 가진 나라이다. 세계에서 가장 아름다운 풍경을 지닌 나라로 티타노 산자락에 위치한 100년 이상 된 세 곳의 요새는 광활한 로마니아 평원을 내려다보며 이탈리아의 쪽빛 하늘 위에 당당히 위치한 명소이다. 지금 유고의 한 지역인 달마티아의 석공인 마리노가 이곳에 은둔하면서 공동부락을 형성한 것이 산마리노 역사의 시작이라고 한다.

이 당시가 307년으로 약 1700여 년 동안 존립해 온 국가로 보고 있다. 실제로는 11세기에 산마리노가 공화국이 되었고 공식적으로는 15세기에야 산마리노 공화국으로 표기되었다. 프랑스의 나폴레옹도 이 소국을 존중하고 보호하였다. 이 세계 최초의 공화국에 방문하는 것도 의미있고 역사적으로도 가치 있는 공부가 되는 투어가 될 것이다.

2) 죽기 전에 보아야 할 최고의 절경지역

(1) 알함브라 궁전

스페인의 동남부에 위치한 그라나다시의 세계문화유산으로 지정된 알함브라 궁전이 최고의 절경지역으로 뽑힌다. 13세기 말부터 약 100년에 걸쳐 완공되었다고 한다. 지금도 가보면 그 위상에 매우 놀랄 정도로 당시 이슬람왕권의 위상과 힘을 느낄 수 있다. 그라나다시는 인구 230만 명의 도시이며, 730미터의 고지에 위치한다. 인간이 만든 가장 최고의 건축물로 평가되기도 한다.

알함브라 궁전에서 바라보는 아랫마을 알바이신도 인상적이다. 궁내 아라야네스의 정원은 인도의 타지마할 스타일로 조성되었다고 한다. 12마리 사자의 정원은 물시계가 1시간마다 물을 뿜어서 시계의 역할을 했다고 한다. 헤네랄리페정원은 천상의 정원으로 알함브라 궁전이 물의 궁전으로 불리는 이유에 대한 답이라고 한다.

124개의 대리석기둥이 알함브라 궁전을 받치고 있다. 가우디도 이곳에서 그의 작품에 많은 영향을 받았다고 한다. 알함브라 궁전은 특히 서쪽 하늘의 노을이 절경이다. 붉은 낭만의 궁전으로 불리는 것도 석양이 질 때 붉은 노을이 들어서 그렇게 불린다. 성곽이 특히 그렇게 보인다. 노을이 최고의 절경으로 평가된다. 특히 유적들이 잘 보존되어 있다.

이곳을 저자가 여행할 때도 많은 감동을 받았다. 반대편 마을에서 저녁시간에 프라시스코 타레가[9]가 작곡한 '알함브라 궁전의 추억'의 기타곡을 들으며 이국적인 매

9) 1852년에 출생하여 1909년에 타계한 스페인의 대표적인 기타 작곡가이다. 20세기 현대적 연주법의

력에 빠져들었다. 한때 세계적으로 막강한 권한을 지녔던 이곳을 회상하며 아름다운 정취를 느꼈던 기억이 난다.

TVN의 '알함브라 궁전의 추억'이라는 드라마에서도 이곳 전망이 나왔는데 드라마에 심취했던 사람들에게는 더욱 의미 있는 곳으로 역사적으로나 드라마 촬영지로나 의미 있는 곳이라 하겠다.

스페인 바로셀로나 가우디의 성가족성당

위대한 연주가로 평가된다. 알함브라 궁전의 아름다운 석양을 보면서 자신의 사랑을 기타 연주곡으로 작곡한 것으로 알려져 있다. 매우 아름다운 기타곡으로 현지에서 들었던 연주는 아주 인상적이었다.

(2) 두바이 최고급 관광과 룹알할리 사막

두바이는 아랍에미리트의 주요한 도시로 사막에 기적을 창출한 도시로도 알려져 있다. 인공적이지만 일반적인 사고를 뛰어넘어 새로운 아이디어를 창출한 곳으로 평가된다. 두바이는 중동의 뉴욕으로 불린다. 주메이라 비치는 비취색의 아름다운 해변이다. 주메이라가 아름답다는 뜻이다. 바다를 매립해 건설한 팜주메이라의 버즈알아랍호텔은 세계에서 2개밖에 안 되는 7성급 호텔로 200여 개의 객실이 모두 스위트룸으로 운영되고 있다.

놀라운 것은 객실당 3,000만 원의 가격이다. 해당 객실에 한 명의 집사와 8명의 전담직원이 최고의 서비스를 하며 모든 물건은 소품주문형으로 완성해 놓았다. 오감만족의 식사가 제공된다. 두바이는 금시장이 유명하다.

두바이클릭이라는 시장에 가면 금의 도시답게 관세가 면제되어 좋은 가격에 구입할 수 있다. 룹알할리는 텅 빈 공간이란 뜻의 지명이다. 모래의 산화철로 인해 모래가 붉은색의 특징을 띤다. 모래무늬와 모래언덕이 석양이 만든 붉은빛 아우라와 함께 몽환적인 분위기를 연출하는 사막투어가 유명하다.

사륜구동차가 쓰러질 듯이 모래언덕을 헤쳐가는 투어가 가능하다. 바람의 영향으로 경사면이 조성되어 모래무늬와 언덕이 형성된다. 아라비아반도에 위치한 룹알할리 사막은 일교차가 크다. 낮기온은 55도까지 올라가고 밤에는 10도까지 떨어진다. 석양이 압권인 사막투어도 매우 희귀한 이국적인 투어라고 하겠다. 무엇보다 석양에 비친 최고의 절경으로 룹알할리 사막이 알려져 있다.

두바이 버즈알아랍호텔 전경

3) 숨겨진 비경과 보물섬

인도양에 있는 레위니옹섬은——계곡에서의 활동, 트레킹, 헬기로 물자가 공급되는 고지대에서의 생활 등——최근에 숨겨진 비경이 알려지면서 상품화가 이뤄지고 있다. 현지의 특산물인 렌틸콩으로 만든 요리는 건강식으로도 알려지고 있다.

한편, 베트남의 북부지역인 판시판[10]은 세계에서 가장 긴 6킬로미터의 거리를 케이블카로 이동하여 박산풍광을 감상하게 된다. 현지의 기후에 맞는 기와는 집을 시원하게 해주며 습기에 적응하게 한다. 박산계곡은 고산지대의 숨은 비경을 지닌 곳으로 아침에 피어오르는 안개가 거치면 아름다운 풍광이 눈앞에 펼쳐진다.

10) 인도차이나반도의 지붕으로 불리는 3,143미터의 산으로 백두산보다 높다.

그리고 석회기암과 괴석으로 이루어진 하롱베이 등의 수천 개의 섬이 있는 깟바섬을 방문하게 된다. 이곳은 최고의 휴양지로 평가되고 있다.

참고 혜초여행사 세이셸, 모리셔스, 레위니옹 12일

오직 여기, 아름답고 무해한 지상낙원의 지역으로 광고하고 있다. 소비자들이 평가한 주요한 내용을 보면 다음과 같다.

세이셸은 내셔널지오그래픽, CNN, BBC에서 죽기 전에 방문해야 할 곳으로 추천한 만큼 살고 싶고 여행하고 싶은 곳으로 평가하였다. 훌륭한 해변, 바위, 에메럴드 빛 바다와 고운 모리셔스는 수상 및 수중 체험이 가능한 점에 긍정적 평가가 있었다. 또한 요트여행의 진수를 느낄 수 있는 곳으로 평가하였다. 헬기를 타고 보는 워터폴이 장관이라는 평가가 있고 수중잠수함은 32m까지 내려가서 독특한 체험을 했다고 평가한 것이 보였다. 참고로 이곳 원주민들은 주식으로 쌀을 먹는 것이 신기하게 보인다.

레위니옹은 화산 트레킹을 추천하고 있다. 분화구 주변을 워킹하는 것이 추천된다. 해변에 가까운 숙소가 산책하기에 좋았다는 평가가 보인다.

고객의 평가는 매우 중요하다. 그동안 상품생명주기가 길었던 상품과 발전해 온 여행사는 무엇보다도 참신하고 새롭고 고객들의 긍정적인 평가를 통해 상품이 지속적으로 송출되며 여행사의 발전을 주도했다는 차원에서 혜초여행사 등 특별하고 선호되는 상품개발은 향후에도 여행업계에서 중요한 자원과 자산이 될 것으로 사료된다.

4) 휴양지 상품

인도네시아의 롬복이 부각되고 있다. 지중해의 작은 보물섬으로 평가된다. 비취색의 청정한 바다가 인상적이다. 이미 휴양지상품으로 많은 곳이 선호되어 왔다. 하와이, 푸켓, 세부, 코타키나바루, 괌, 사이판, 보라카이, 발리, 몰디브 등 많은 휴양지를 대상으로 한 상품이 개발되어 왔고 개발되고 홍보되고 있다. 최근에는 태국의 카오야이, 베트남 푸꾸옥, 멕시코의 칸쿤, 로스카보스, 세이셸, 모리셔스 등이 부각되고 있다.

휴양지 상품은 휴식과 힐링 그리고 자기개발과 특별한 경험을 한다는 측면에서 주제여행과도 연계된 상품으로 보아야 할 것이다. 예를 들면 리조트에서 승마와 골프를 배우며 즐긴다는 점에서 특별한 시간과 경험을 한다는 차원에서 주제여행의 일환이 된다.

한방 약초로 유명한 제천의 청풍리조트

5) 먹방투어

최근에 TV 프로그램 등을 통해서도 많은 해외지역에서 시각적인 효과를 동반한 먹거리 투어가 많이 소개되고 있다. '비타크루'로 불리는 채널A의 '비행기 타고 가요'에서 시청한 인상적인 먹거리 투어 지역을 소개하면 다음과 같다. 이러한 소개는 시청자로 하여금 이후에 현지를 방문하여 체험하고자 하는 욕구로 이어져 방문객의 증가를 이끌어낼 것이다.

(1) 가오슝 오리고기집

이곳은 대만의 현지인에게도 매우 인기있는 곳이다. 줄을 길게 서서 기다려야 하는 식당으로 오리의 맛이 매우 부드럽고 잊지 못할 경험을 준다는 평가를 보인다. 맛있는 로컬 음식으로 극찬의 평가가 이어진다.

(2) 블라디보스톡의 곰새우/ 킹크랩

러시아의 부동항인 이곳 현지에서 경험하는 새우와 킹크랩은 나름대로 경쟁력 있는 음식으로 평가된다.

(3) 비엔티엔 오두막식당

라오스는 커피로도 유명한 곳이다. 농사를 짓는 나라여서 식당이 논에 오두막으로 설치되어 운영된다. 매콤한 닭구이, 볶음밥, 생선구이가 일품이라는 평가이다.

사례 버스토랑 서울시티투어버스

서울시티투어버스에서 도심관광상품으로 버스토랑이 진행되었다. 외국에서도 미슐랭스타 식당이 공중에 떠 있는 장소가 소개되기도 했다. 버스 내부에 레스토랑처럼 2~4명의 테이블에 앉아서 최대 30명까지 수용하는 식당형의 구조가 운영된다.

일명 버스토랑이라 불린다. 운행 중에 식사가 제공되지는 않고 세빛섬에 도착해서 나오는 시스템이다. 버스토랑은 점심의 데이팩과 저녁식사가 제공되는 나이트팩이 있다. 데이팩은 오전 10시에 서울역이나 광화문에서 출발하여 세빛섬에서 점심식사를 하고 경복궁, 인사동, 남산, 중앙박물관 투어로 구성된다.

그리고 나이트팩은 오후 7시 20분에 광화문에서 출발하여 세빛섬에서 식사한다. 63빌딩, 여의도공원, 마포대교, 성수대교, 한남대교, 남산, 남대문시장, 청계천 코스(한국경제; www.hankyung.com)로 투어가 진행된다.

기존의 시티투어에서 한 걸음 나아가 식사까지 제공된다는 점에서 나름 업그레이드된 상품으로 평가하고자 한다. 관광과 외식의 특별한 경험을 원하는 고객에게 이 상품은 매우 의미 있는 시간이 될 것으로 보인다.

태국의 방콕 로얄드래곤 레스토랑 입구

6) 문화와 역사의 섬투어

지중해의 작은 보물섬으로 불리는 몰타가 최근 주목받고 있다. 코미노섬, 블루라곤도 많은 사람들이 선호하는 곳으로 인기를 끈다. 몰타식 버거도 선호된다. 파인애플 주스를 관광객들이 많이 시음한다. 몰타는 현재 영국령으로 7천 년의 역사를 지닌 안전한 섬으로 평가된다. 이곳에서는 패션쇼도 열리며 수구는 현지인들에게 인기 있는 스포츠이다.

종교적으로도 의미 있는 곳으로 사도 바울이 로마로 압송되는 과정에서 감옥에 유치되고 전도가 이뤄진 곳으로도 알려지고 있다. 유리공예품이 유명하다. 여름축제도 알려져 있다. 불꽃놀이, 다이빙 코스도 선호된다. 재래시장에서 해산물이 판매되는 곳으로도 인기를 끈다. 그리고 몰타는 와인이 생산되며 현지음식인 수프가 스테이크와 함께 좋은 마리아주를 이루고 있는 곳이기도 하다.

7) 육군훈련소 관광상품

저자도 군에 입대한 후 처음으로 갔던 곳이 논산훈련소였다. 고생하고 인생의 전환점이 되는 곳이 남자들에게는 훈련소의 관문인 만큼 의미가 많이 부여되는 장소이다. 그래서 군대의 의무를 해야 하는 우리나라 사람들에게는 추억의 장소를 찾는다는 차원에서 하나의 관광상품이 되고 있다.

8) 영화 • 드라마 촬영지 방문투어

인기 있는 드라마나 영화 촬영지를 방문하는 것이 많은 사람들에게 선호된다. 로마의 휴일에서 주인공들이 방문해서 아이스크림을 먹고 대화를 나누던 로마의 스페인광장은 오랫동안 인기 있는 영화 촬영지 코스였다.

우리나라 드라마 태양의 후예를 촬영한 태백시의 군막사 등은 체험관광지로 이색체험을 할 수 있다는 평가이다. 최근의 금자탑에 빛나는 봉준호 감독의 '기생충' 촬영지도 많은 사람들이 찾아감으로써 서울시에서 상품화하게 된 방문투어지로 인기를 끌고 있다.

세계 3대 영화제로 유명한 프랑스 칸느

사례 **봉준호 감독의 기생충 촬영지 방문투어**

한국의 영화 기생충은 아카데미 시상식에서 역사적으로 의미있는 4관왕에 올랐다. 감독상, 작품상, 외국영화상, 각본상까지 너무나도 엄청난 결과를 내어서 전 세계의 많은 사람들이 관심과 찬사를 보내고 있다.

한류의 영향이 더욱 커질 것으로 보인다. 특히 영화 속에 나오는 음식과 제품까지 관심을 받고 있다고 하니 영화의 영향력은 정말 대단하다는 생각이 든다.

기생충은 어려운 계층의 집안 모습을 리얼하게 보여줬는데, 가게가 나온 마포구의 동네(돼지 쌀 슈퍼)까지 사람들이 찾아오고 경기가 어려운 상황에서 동네 피자집(노량진 스카이피자)까지 사람들이 찾아와서 가게를 운영하는 주인 입장에서도 반가운 평가를 하고 있다.

지금 신종 코로나의 영향으로 국내외 경기가 온통 어려운 상황에서 반가운 소식이 아닐 수 없다. 비 오는 날 가족들이 비를 맞으며 터널을 이동한 장소가 종로구의 부암동 자하문터널이고 그 옆의 계단길에서 영화를 본 사람들의 방문이 이어지고 있다고 한다. 서울시에서도 영화에 관련된 투어코스를 기획하고 있다고 한다.

예전에 '겨울연가'를 통해 일본관광객의 방문이 이어졌던 것처럼 금번에 '기생충' 영화는 분명히 한국관광에도 지대한 공헌을 할 것으로 믿어 의심치 않는다. 천재성을 발휘하여 국가의 위상을 높인 봉준호 감독과 연기자, 제작관계자들에게 큰 박수를 보낸다.

4. 콘셉트투어

여행에 있어서 고급투어는 적어도 비즈니스석을 이용하는 조건이 되어야 할 것이다. 현지의 호텔도 업그레이드되어 있고 식사도 특별한 메뉴를 이용한다. 비용이 많이 올라가지만 차별화된 여행조건에 비용지불을 아끼지 않는 고객들은 선호한다. 비용에 큰 문제가 되지 않는 부유층과 여행마니아를 위한 특별상품으로 가치가 있다.

고급투어는 차별화된 조건에서 일반투어에서는 느끼지 못하는 조건에서 느끼고 경험하게 되는 특별함이라는 주제를 추구하는 사람들에게 의미있는 투어로 보면 된다. 일명 여행요소의 업그레이드로 인해 명품투어라고도 한다.

최근 모두투어에서는 콘셉트투어라는 상품을 만들어 관심있는 고객층에게 새로운 메시지 전달과 호응을 얻어가고 있다. 이의 상품화가 확대되어 이루어질 것으로 보인다.

1) 콘셉트투어 여행사 상품

모두투어의 사례를 소개하고자 한다. 내용이 있는 여행, 즉 유럽의 고성이나 맥주에 관심있는 마니아들을 대상으로 한 투어 같은 콘셉트가 있는 여행을 콘셉트투어라고 한다.

(1) 유럽 고성투어

유럽의 6대 고성을 방문하는 상품이다. 하이델베르크성, 노이슈반스타인성, 호엔잘츠부르크성, 체스키크롬노프성, 프라하성, 알텐부르크성이다.

(2) 맥주투어

호프브로이하우스, 붉은 황소 등 유명한 장소에서 특별한 맥주를 시음할 수 있는 경험이 주어진다. 호프브로이하우스는 독일식 족발인 슈바이네학센과 바이스 생맥주를 시음하게 된다. 붉은 황소(Red Ox)는 영화 황태자의 첫사랑을 찍은 촬영장소로도 유명한 곳으로 하우스 비어를 시음한다. 오리지날 버드와이저 맥주 시음을 위해 부드바르 맥주공장에서 생맥주를 시음할 수 있다. 세계 최고의 맥주 소비국가인 체코의 대표 흑맥주인 코젤과 필스너우르겔 생맥주를 시음한다.

2) 쇼핑투어

스위스의 시계, 독일 주방용품, 크리스탈 제품 그리고 각 국가의 특산품과 명품 브랜드를 구입하는 것을 말한다. 장소는 공항이나 시내의 면세점뿐만 아니라 재래시장도 되고 할인마트도 된다. 호주의 경우 공항면세점보다 현지 시내의 할인매장과 상가에서 건강식품, 와인 등을 관광객들이 구매하는 것이 더 좋은 환경을 만들어 놓고 있어서 쇼핑에 많은 지출을 하는 것으로 평가되고 있다.

쇼핑은 여행 중에 필요한 중요한 활동으로 여행의 주요한 요소이며 필요한 것을 경쟁력 있는 제품과 가격으로 구매할 수 있는 콘셉트투어로 보아야 한다.

시드니 공항 면세점 전경

3) 자전거 투어

우리나라의 TV프로그램을 통해서도 소개되는 자전거 투어는 현지에서 관광지, 가고 싶은 곳, 등산 등으로 방문하여 투어를 하는 프로그램이다. 영혼의 도시 이탈리아 로마에는 45km의 도심 자전거 도로를 만들어 친환경적인 이동을 권장하고자 하는 시도를 보인다. 자전거 투어를 통해 로마의 콜로세움, 성베드로 성당, 아피아가도 등의 풍경을 감상(velolove.it/grab)하며 도시를 조망할 수 있는 상황이 연출될 것으로 기대를 모으고 있다.

자전거를 많이 이용하는 나라는 네덜란드로 인구대비 가장 많은 자전거 보유대수를 갖고 있다. 그리고 자전거 이용자 비율도 세계 최고로 1,650만 대이다. 덴마크, 독일, 스웨덴, 노르웨이, 핀란드, 일본, 스위스, 벨기에, 중국 순(Spokefly 통계 참고)이다.

이러한 나라에서는 특히 자전거 투어가 오히려 자연스러울 수 있다. 예전에도 자전거로 세계일주를 하는 마니아들이 많이 알려지기도 했다. 자전거 전용도로가 있는 나라들이 많고 이동수단으로서 자전거는 친환경적이며 도시의 교통체증도 줄일 수 있어 권장되는 투어의 수단이라고 하겠다.

5. 최근 마니아를 중심으로 부각되는 여행지

여행지는 예전부터 지속적으로 개발되어 온 곳과 새롭게 개발되고 소개되는 지역으로 볼 수 있다. 여행이 활성화되면서 부각되는 곳들을 소개하면 다음과 같다.

1) 스위스

중서부 유럽의 목적지로 소개되고 개발된 곳이다. 그러나 최근에는 스위스만 집중적으로 조망되고 방문하는 코스가 소개되고 있다. 특히 수도 베른은 초여름을 중심으로 좋은 곳으로 소개된다.

2) 태국

태국상품은 예전부터 많은 인기를 끌어 왔다. 수도 방콕은 지속적으로 관심을 받는 지역이다. 볼거리, 먹을거리, 쇼핑의 장소로도 부각된다. 야시장도 흥미로운 장소이기도 하다. 쇼핑은 태국의 발전과 함께 관심을 받고 있는 영역으로 보인다. 휴양과 레저활동의 최적지로서도 각광받고 있다.

태국 파타야의 수상스포츠인 낙하산 투어

3) 이탈리아

영혼의 도시 로마가 수도인 이탈리아는 많은 유적지를 갖고 있는 나라이다. 피렌체는 특히 두오모성당과 함께 관심이 많이 가는 도시이다. 영화 '냉정과 열정 사이'에서 피렌체의 조망이 매우 아름답게 펼쳐졌다.

밀라노의 두오모성당은 코로나 사태 중 많은 이탈리아와 유럽 사망자가 속출된 상황에서 맹인 성악가인 안드레아 보첼리가 부활절에 위로와 희망을 위한 아베마리아 등의 온라인 공연을 한 의미있는 장소이기도 하다.

근자에 연예인들이 펼친 피렌체 마라톤경기를 통해서도 피렌체가 다시 TV에 비쳐지기도 하였다. 선셋이 매우 아름답고 로맨틱하다는 평가를 받고 있다.

밀라노 두오모성당의 전경

4) 일본

많은 도시들이 있지만 홋카이도가 매우 인상적인 곳이다. 여름에는 시원하며 온천을 즐기기에 좋은 곳, 해산물이 유명한 곳, 와인과 맥주가 유명한 곳, 겨울에는 특히 삿포로 눈축제로 세계적인 이목을 끄는 도시로서 방문이 권유되는 곳이다. 여름에 라벤더꽃의 향연을 즐길 수 있는 지역이다.

5) 프랑스

해외 관광객 입국자 수가 세계 최고인 국가로 도시마다 경쟁력이 있다. 아마도 낭만적인 프랑스의 이미지와 시너지 효과를 창출하는 것이 아닌가 하는 생각을 갖게 된다. 루브르박물관[11]을 중심으로 미술과 예술의 나라로 흥미롭다. 에펠탑, 세

11) 하루에 방문객이 4만여 명으로 보도되었다. 상주하는 직원만 2천 명이라고 한다. 이 수치가 루브르 박물관의 규모와 위상을 보여준다고 하겠다.

느강에서의 유람선 관광, 카페 문화, 몽마르트 언덕, 개선문, 샹제리제 거리 등은 이름만 들어도 익숙한 장소들로 우리에게 깊이 인식되어 있다는 점도 간과해서는 안 될 것이다.

최근에는 연금문제 등으로 파리에서 시위가 잦다. 교통이 많이 막힘에도 프랑스 파리는 여전히 많은 사람들이 찾고 사랑하는 도시임에 틀림없다.

파리의 에펠탑 사진이 잘 나오는 트로카데로 광장

6) 캐나다

자연적이고 삶의 질이 높은 나라가 캐나다이다. 특히 밴쿠버는 사람들이 그렇게 인정하는 도시이다. 하버의 야경이 아름답다. 산책하기도 좋고 사진을 찍고 싶은 지역으로 인식된다.

7) 룩셈부르크

이곳의 여행기간은 한국인들의 경우 겨울과 봄철 정도로 수요가 집중된다고 한다. 아마도 방학을 이용한 수요가 많기 때문이다. 불어를 사용하며 세계에서 가장 국민소득이 높은 나라로 철강과 금융산업이 발전한 곳이라고 한다. 의외로 와인도 생산하며 독일 스타일의 와인으로 품질도 좋다. 한국인의 12명이 거주하는 가장 적은 체재를 하는 유럽국가일 것이다.

8) 네덜란드

가장 특이한 국가로 인식된다. 동성애가 세계에서 가장 먼저 인정되었고 마리아나가 허용되는 국가이며 공창[12)]이 허용된 국가이다. 암스테르담에서 카페가 아닌 커피숍(Coffee)에 들어가면 마리아나 피우는 것이 허용되므로 주의해야 한다. 암스테르담에서는 운하투어가 권장되는바, 도시 전반을 적은 유람선을 타고 관광하면서 즐길 수 있다.

12) 대부분의 국가들이 성을 판매하는 것이 불법이고 사창가가 있지만 특이하게도 국가가 인정하는 공창가를 형성케 하는 곳이 네덜란드이다. 이러한 차원에서 네덜란드는 성적인 폭력사건들의 피해가 적을 것으로 보인다.

운하의 도시 네널란드 암스테르담

9) 스웨덴

아름다운 도시 스톡홀름이 수도이다. 이곳에서 크루즈를 타고 노르웨이, 핀란드, 덴마크, 발틱국가로 이동할 수 있다. 북유럽 국가의 사람들은 술을 마실 때 주세가 저렴한 크루즈선을 타고 숙박하면서 술을 구입해서 마신다고 한다. 이러한 여행도 나름 매력이 있다. 좋은 음식과 자연을 조망하면서 가끔 이러한 시간을 보내는 것도 휴식이며 여행이기 때문이다. 디자인 문화와 크리스마스가 아름다운 도시가 스톡홀름이다. 겨울철에는 오후 3시만 되면 어두워져서 밤의 정취가 아름다운 도시이다.

10) 스페인

스페인은 수도 마드리드, 동북부의 바로셀로나 외에도 고대도시 톨레도, 이슬람 문화의 전형인 알함브라 궁전의 도시 그라나다, 무역의 전통도시 세비아 등 많은 도시가 경쟁력을 지닌 국가이다. 유럽에서도 상대적으로 저렴한 물가가 방문자들에게 어필한다. 최근까지 관심을 끌어왔던 산티아고로 가는 길 800km의 여정은 많은 현대인들에게 걷기를 통해 건강과 많은 사고를 하게 함으로써 큰 호응과 반향을 일으켜 왔다.

원래 산티아고 드 콤포스텔라(Santiago de Compostela)는 예수님의 제자 야곱의 유골이 발견된 성지지역으로 순례자의 발길이 계속 이어졌던 곳이기도 하다. 생각하면서 걷는 길이라는 코스가 지치고 바쁘게 살아온 현대인들에게는 치유의 코스가 된 만큼 도보의 마니아들에게는 참가하고 싶은 필수코스가 되어왔던 것으로 평가된다.

스페인 몽세라트수도원 전경(몽세라트는 소년합창단으로도 유명)

6. 전문가 추천 여행지 투어

여행전문가들이 아무래도 전문성이 있고 추천할 만한 여행지를 추천한다. 세계 여행전문가들이 2020년 방문하기 좋은 여행지(사우스차이나모닝포스트; 중앙일보, 2019.12.28)로 부탄, 미국 보스턴, 태국 부리람, 보스니아 · 헤르체고비나 모스타르, 이탈리아 시칠리아, 아르헨티나 바릴로체 · 멘도사, 칠레 아카카마사막, 오스트리아 잘츠부르크, 에티오피아, 조지아를 추천하고 있다.

세계에서 두 번째로 작은 공국으로 관광휴양지로 유명한 모나코
(프랑스 동남쪽 지중해 연안)

새로운 패키지 일정도 추천된다. 여행의 경험이 많은 사람들은 남미, 아프리카 등 새로운 목적지를 추구한다. 그리고 최근에 러시아 발틱 3국의 상품은 새롭게 조망되고 있다.

러시아는 여름궁전으로 유명한 상트페테르부르크 도시를 포함한다. 발트해의 숨은 진주로 불리는 탈린을 방문하는 에스토니아, 숨은 매력의 중세건물, 자연과 풍부한 문화유산의 나라인 라트비아, 한때 폴란드와 제국을 건설했고 가장 넓은 면적과 많은 인구를 지닌 나라인 리투아니아를 방문한다. 과거 소련의 지배하에 있었으나 현재 독립하여 친서방정책의 발틱해에 있는 유럽국가로 인정되고 있다.

봄철에 주로 여행할 수 있는 베네룩스 3국 유럽여행도 추천하고자 한다. 벨기에, 네덜란드, 룩셈부르크는 일반적으로 유럽의 주요 국가들에 비해서 참가하기가 쉽지는 않다. 그런 만큼 색다른 요소가 있다. 프랑스어권의 벨기에와 궁전을 돌아보고 개방화된 네덜란드의 인권 존중사상과 개방화를 보고 유럽 최고의 국민소득을 자랑하는 룩셈부르크를 발견하는 것도 좋은 경험이 될 것으로 사료된다. 룩셈부르크에는 한국인이 12명 정도 산다고 한다.

만약에 투어가 확대된다면 미리 그곳에 가서 한국인을 대상으로 여행업과 가이드 시장을 개척하는 것도 발전할 가능성이 높아 보인다.

요새의 나라 룩셈부르크

오스트리아 할슈타트의 소금광산도 특별한 경험이 될 수 있다. 7천 년의 역사를 지닌 곳이다. 30km의 거리로 가이드의 안내 없이는 입장할 수 없다. 예전에 소금의 가치가 귀한 시기에는 금전적인 보고의 역할을 했다고 한다. 65미터 길이의 미끄럼도 탈 수 있는 기회도 동굴 안에서 갖게 된다. 인근에 모차르트가 태어나고 자란 잘츠부르크의 대성당 등을 방문할 수 있다. 자연이 아름답고 고풍스러운 도시이다. 오스트리아는 예전에 세계적으로 관광객을 유입한 선두권의 관광국가로서 위치하기도 했던 나라로 경쟁력이 있다.

7. 주제여행의 위험상황과 환경

2020년 히말라야 등반에서 눈사태로 인해 한국의 선생님들 4명이 실종하는 사건이 발생하였다. 고지의 산을 오르는 목적성의 여행에서 불의의 사고가 존재한다. 예상하지 못한 눈사태로 인해 극단적인 결과가 생긴다. 늘 강조해 온 것처럼 안전이 확보되지 않는 여행은 의미가 없다.

그러나 이러한 위험상황에 대한 대비와 준비만으로 우리가 어려운 상황을 모두 극복하기에는 예측할 수 없는 일이 벌어지기 때문에 안타깝고 대책마련에 한계가 있다는 점에서 어려움이 많다.

2020년 1월 중국 우한에서 시작된 폐렴상황(코로나바이러스)은 주제여행을 넘어서 전 세계 여행시장에 미치는 영향이 매우 크고 부정적이다. 설을 맞아 중국 내 이동이 약 20억 명이고 해외 출국 예정자도 800만 명으로 추산하는 상황에서 주위의 관광국가에 미치는 영향이 매우 크다.

관광산업의 성수기에 국가 간 이동이 어려운 만큼 경제적인 손실도 매우 크다고 할 수 있다. 북한의 중국관광객 봉쇄조치, 국내 증시의 하락 등 주변국가의 조치와 영향이 나타나고 있다.

8. 주제여행 관련 최근 여행의 트렌드

1) 환경에 관심을 기울이는 관광

최근 지구의 환경이 좋지 않은 상황으로 변화되면서 환경에 관련된 지속가능한 관광에 대한 관심이 고조되고 있다. 환경보호에 대한 관심이 지역에도 큰 영향을 미치는 상황은 이미 여러 나라에서 발견되어 왔다.

이를테면 이탈리아 베니스에서는 길에서 쓰레기를 버리는 것과 베니스의 좋은 호텔이나 레스토랑을 사용하지 않고 값싼 패스트 푸드 같은 음식을 먹는 관광객이 지역경제에 별 도움이 안 된다는 비판이 있었던 것도 이러한 환경에 관련된 부정적인 내용이기도 하다.

참고 아르헨티나 파타고니아 모레노 빙하

푸른색의 파타고니아 모레노 빙하는 높이가 약 70미터, 길이가 30킬로미터이다. 푸른색 빙하는 햇빛이 투영되어 보여지는 색으로 환상적이다. 빙하를 볼 수 있는 전망대는 약 15개로 푸른 호수와 연결된 빙하를 감상할 수 있다. 운이 좋으면 빙하가 무너지며 굉음을 내는 칼빙현상을 목격하게 된다.

빙하 트레킹을 하게 되면 아이젠을 신고 걸어서 빙벽을 볼 수 있다. 400년의 역사를 지닌 빙하지역이라고 한다. 이곳에서는 가이드의 안내에 따라 트레킹이 가능하며 위스키와 빙하얼음을 넣어 언더락 스타일로 초콜릿과 함께 마시며 색다른 경험을 할 수 있다. 추위를 잊을 수 있는 시간이 되기도 한다. 이상의 내용은 TV프로그램 트래블러를 시청하며 정리한 내용을 중심으로 기술하였다.

매우 인상적인 빙하를 볼 수 있는 자연적인 관광이며 특히 환경에 관심을 기울일 수 있는 관광의 전형이다. 지구온난화로 이러한 빙하가 매년 녹고 자연의 생태계가 혼란을 가져오고 있다. 아름답고 특별한 빙하투어가 향후에도 가능하려면 지구의 환경이 지속적으로 보존되고 관리되어야 함을 인식하는 투어로서 사람들에게 경각심을 주어야 할 것으로 사료된다.

2) 다양한 체험관광 추가

예전처럼 단순하게 보고 듣고 먹는 관광에서 이제는 다양한 활동을 추구하는 형태로의 관광이 발전해 가고 있다. 우리나라 사찰에서 템플스테이를 추구하는 정신적인 것을 추구하는 관광, 다도 등으로 명상을 추구하는 관광, 요가 등도 인기를 모으고 있다.

이미 칠레의 산티아고산에서 요가와 와인 그리고 미국의 말 위에서 즐기는 요가와 명상은 인기를 모으고 있다. 에어비앤비의 와인테이스팅 체험 중 인기상품의 예약건수가 전년대비 700% 증가했다고 보고되고 있다(에어비앤비; hot new trends for 2019).

우리나라에 전통주, 차 문화, 서원 및 선비문화체험, 한옥체험 등과 연계된 체험관광상품도 외국인에게 어필되며 내국인에게도 전통문화 체험이라는 차원에서 체험관광의 주요한 예로 권고될 수 있다.

미국 워싱턴주 셍미셸 와이너리 와인투어(안내모습)

3) 힐링투어

바쁜 일상 속에서 휴식을 취하고 힐링을 얻을 수 있는 상품들이 관심과 인기를 끌고 있다. 대표적인 예가 온천투어라고 할 수 있다. 색다름과 편히 휴식할 수 있는 콘텐츠로 온천의 경험이 없던 국가의 사람들에게 특히 인기를 모으고 있다는 평가이다. 유럽, 대만, 일본, 한국 등 좋은 온천이 있는 나라들의 온천투어가 현지의 상황과 접목되면 좋은 상품이 될 수 있다.

한옥에서의 노천탕이 연계되고 온천수질에 대한 객관적인 수치가 알려지면 많은 호응을 얻을 수 있을 것으로 본다. 유럽의 기적의 생수와 온천수로 알려진 아시시, 루르드 등의 성지에서도 생수와 온천의 접목으로 이미 많이 각광받아온 것이 사실이다.

캐나다의 록키 제스퍼 트레킹 상품은 푸른 호수를 보면서 트레킹할 수 있는 최고의 힐링투어이다. 자연의 아름다운 산과 호수를 배경으로 아름다운 정취와 색 그리고 좋은 공기를 마시며 트레킹한다는 자체만으로도 충분한 힐링이 되기 때문이다.

강원도 평창군 대관령면 소재 전통한옥호텔 고려궁

4) 3세대 여행

세대별로 여행이 주로 진행되어 왔지만, 최근에는 조부모, 부모, 손자들까지 즐기는 여행이 부각되는 상황이다. 농장에서 수확한다든지, 유적지를 둘러본다든지, 박물관과 관광지를 방문하는 등 다양한 지역과 목적으로 여행을 하고 있다.

참고 반려견 동반 여행

우리나라에도 반려견을 하나의 가족 구성원으로 생각하는 사람들이 많다. 그래서 노인, 유아, 반려견이 동반되는 여행의 형태도 증가될 것으로 예측된다.

5) 스터디 투어

학교에서 학생들을 대상으로 하는 여행도 하나의 스터디 투어의 예이다. 특히 호텔관광분야의 전공자들이 실시하는 해외투어는 자신의 진로분야에 대한 실무적인 학습차원에서 중요하다. 미래의 직업에 대한 사전 경험을 하는 일련의 과정이다. 즉, 국외여행인솔자, 현지가이드, 승무원, 외식업체 종사원, 호텔리어, 면세점 직원 등 많은 경험이 가능하기 때문이다.

배움이 있는 여행은 단순한 볼거리를 넘어 의미를 찾는 사람들의 여행으로 평가된다.

이러한 스터디 투어는 여행객이 자기 충족의 방법으로 삶을 보다 행복하게 사는 스킬을 배우는 시간으로 여기기 때문이라는 설명(부킹닷컴; Travel Weekly)이다. 현지에서 커피공부, 요리공부를 한다면 이후에 한국에서 지인들에게 보여주고 칭찬받고 싶은 마음도 있다는 지적이다.

한국관광공사(KTO)에서는 한국의 K-POP 커버댄스 교육, 한식쿠킹 클래스 등 실용적인 체험 콘텐츠, 외국 청소년 등과의 교육관광의 확대가 필요하다는 지적이다.

홍콩 폴리텍대학교 운영 아이콘호텔 카페 전경

6) 키즈동반 여행

어린이를 동반하는 가족여행이 증가되고 있다. 특히 우리나라의 경우 최근에 학령인구 감소 등으로 1가족 1자녀가 많아지는 상황에서 아이에 대한 투자와 관심의 증가로 부모와 함께하는 여행이 증가되고 있다.

키즈산업의 규모 증가와도 맥을 같이하는 현상으로 보면 될 것이다. 한국관광공서 미래혁신팀에서는 자녀양육에 도움이 되는 여행 커리큘럼 및 키즈여행 종합 가이드가 제작되어야 한다는 평가이다.

7) 농촌마을 체험

외국에서도 선진국의 경우, 아이들에게 농촌을 방문하여 경험하게 하는 체험상품 개발에 중요성을 부여하고 있다. 교육적인 차원에서 특히 중요하게 다뤄진다. 우리나라나주의 이슬촌은 크리스마스 시즌에 마을 전체가 분위기를 연출한다. 어르신들이 공연에 참가하며 지역에서 만든 음식 등을 상품화해서 지역을 알리기도 한다.

그리고 지역의 중심이 되는 성당의 역사와 전통에도 자부심을 갖고 있다. 외부에 지역을 알리는 노력을 다하는 농촌마을의 본부기로 보여진다.

8) 여행코디네이터 동반 투어

주제여행에 있어서도 여행코디네이터[13)]의 필요성이 증가된다. 필요한 주제에 관련된 관련분야의 공부와 학습을 미리 한다. 예를 들면 미술, 음악, 예술에 관련된 사전 스터디를 기반으로 현지에서의 투어가 진행된다. 미술관, 박물관, 음악공연 등을 현지에서 감상하게 된다. 이는 사전에 관련 분야를 지도하는 코디네이터에 의해 현지투어도 기획되며 적정인원이 형성되어 단체 또는 몇 명의 팀이 이뤄져 출발하게 되는 맞춤형 투어코스가 진행되게 된다.

현지에서 투어를 진행하고 사전에 준비하고 기획하는 여행코디네이터는 자신감, 경험, 전문지식과 외국어 능력 그리고 사람들을 잘 안내하는 성격이 요구된다.

---

13) 여행코디네이터는 국외여행인솔자(TC: Tour Conductor)의 역할도 일부 수행한다. 그러나 여행코디네이터는 여행상품 개발자로서의 의미가 더 강하다고 하겠다. 최근 개별여행의 증가에 따라 원하는 여행지를 안내하고 여행지의 경로를 소개하고 합리적인 여행경비를 산출해 주고 관광지의 안전성을 검토해 주는 역할을 한다. 여행일정 기획자로 정리할 수 있겠다. 즉 맞춤형 여행코스 제작자라고 하겠다. 현지에서 안내역할까지 수행하는바, 현지의 경험, 외국어 구사능력, 전문지식 등을 갖추어야 하는 직업이다. 여행을 좋아하고 새로운 것을 탐구하고 모험에도 관심이 있는 적극적인 사람에게 더욱 매칭되는 직업이라는 평가이다.

9. 주제여행 향후 트렌드 파악

현재의 여행패턴은 삶의 스타일과 방식에 따라 달라지는 경우가 많다. 최근 빅테이터를 활용한 여행분석도 많아지고 있다. 좀 더 체계적인 데이터 분석과 필요한 정보중심의 여행수요와 관련 정보가 제공될 것이다.

특히 여성의 소비와 관련하여 보면, 자신의 관심과 관련된 분야에 대한 투자를 강화한다. 그래서 기업체에서는 이미 여심마케팅이 중요하다는 것을 전제로 시행되어 왔다.

그리고 주목해야 하는 계층이 전문직과 사무직 그리고 여행마니아층[14)]들이다. 모바일앱을 많이 사용하며 여행에 많은 비용을 투자하는 계층이다.

발전해 나가는 빅데이터 통계와 분석을 통해 향후에는 관광객이 자신에게 필요한 정보를 요청해서 파악하고 활용하여 관광활동을 벌일 것으로 전망된다.

이는 맞춤형 서비스가 소비자가 원하는 화제나 관심의 대상이 되어 떠오르는 장소, 관광목적지인 현지에서의 주요 활동, 관광 콘텐츠를 중심으로 하여 여행마니아에게 필요한 정보가 공급될 것(이동옥, 2019 관광빅데이터 포럼; www.ttlnew.com)으로 전망된다.

한국관광공사가 2020년 국내관광 트렌드 전망보고서를 발표하였다. 분류한 내용을 보면 이 내용들은 하나의 주제여행의 방향을 보여주는 내용으로 판단된다. 2020 국내여행 트렌드 REFORM(http://kto.visitkorea.or.kr)이다.

- Regional Youtubers: 지역 유튜버

  지역관광명소를 발굴하고 소개하는 유튜브 크리에이터의 성장이 전망된다.

---

14) 이들은 여러 면에서 새로운 것에 대한 호기심이 많다. 그리고 새로운 것을 즐긴다. 자신을 위한 투자에 적극적이다. 국내여행, 해외여행에 적극적이며 여행분야에 대한 소비가 크다. 국내에서는 리조트, 해변과 바다, 산과 계곡을 선호하는 것으로 나타났다. 펜션보다는 호텔을, 단순한 여행에서의 휴가보다는 액티비티와 체험을 우선시한다(티티엘 뉴스; 이동옥, 2019 관광빅데이터 포럼).

광명동굴의 와인셀러 전경

- Enjoy & Critique food: 식사 즐기기와 비평

  여행자는 모두가 음식 비평가로서 식사를 즐기고 비평하는 것도 매우 중요하다고 본다.

- Find my tips: 개인의 세분화된 내용을 찾는 것

  여행도 개인화가 세부적으로 진행된다. 세분화된 여행 취향을 파악하는 것이 중요하다. 와인을 좋아하는 사람들이 국내의 와이너리를 찾아가서 여행하는 것도 매우 의미있고 즐거운 일이다.

- Others Destinations: 새로운 목적지를 발견

  사람들이 많이 찾는 관광지는 복잡하고 붐빈다. 쾌적하고 숨겨진 새로운 관광지는 매력이 있고 한가롭고 정취있는 시간이 될 것이다.

- Redesign with Technology: 기술을 접목한 여행 재구성

  빅데이터, VR, AI, 5G 등 기술의 진화로 여행의 디지털화는 가속되고 있다. 최근에 대형여행사들이 고전하고 글로벌화된 온라인 여행사들의 시장 장악력이 커지는 것도 이러한 추세와 흐름의 결과로 보면 된다.

- Make trips nearby: 가까운 여행일정 만들기(한국관광공사)

  여행은 낯선 곳에서의 마주침이 아니라 일상의 연장이라는 차원에서 보면 된다. 대체로 가까운 여행지로 자주 여행기회를 만들어 출국한다. 되도록 짧은 여행의 구성이 될 것이다. 일주일이 넘고 10~15일의 여행은 중장기 여정으로 봐야 하기 때문이다.

10. 주제여행의 활성화

거시적으로 주제여행의 발전은 우리나라 관광의 경쟁력을 제고하게 된다. 즉 서울과 대도시 일변도의 관광형태를 종합적으로 개선시킬 수 있는 여건이 된다고 사료된다.

서울 위주의 외래관광객의 투어에서 지방으로의 여행 확산은 주제여행상품의 다양화와 집중화로 해결될 수 있기 때문이다.

11. 주제여행의 변수

2020년 2월 초 이후 대두된 신종코로나 19 바이러스 사건은 매우 우려스러운 전염병으로 국내에서 발병한 많은 확진자로 인해 국내의 경제와 사회적으로 총체적인 위기상황을 초래하고 있다. 중국 우한에서 발생한 바이러스로 백신이 당장 개발될 수 있는 상황이 아니고 국민들의 이동으로 인해 국가 간의 전염자가 발생되어 심각

한 사태를 초래하고 있다.

항공기의 국가 간 폐쇄조치에 따라 운항이 취소되고 국가 간의 이동이 제한되면서 관광업 전반은 초토화되는 시련의 시간을 겪고 있는 상황이다. 이러한 심각하고 위태로운 상황의 연출은 여행업 전반에 미치는바, 가장 부정적인 요인과 요소로 평가된다.

12. 주제여행의 경쟁력 결과

주제여행의 경쟁력을 통한 결과는 관광객과 방문객의 증가이며 이를 통한 지역경제의 활성화와 소득의 증가로 나타난다. 축제는 주제를 갖는 여행상품이다. 세계적인 축제를 보면 주제를 갖고 있다. 일본의 삿포로 눈 축제는 눈이라는 주제로 시작되었다. 독일의 맥주축제는 맥주라는 주제와 아이템이다. 그리고 브라질의 삼바축제는 주제가 춤이다. 우리나라 최고의 축제인 안동탈춤축제는 탈과 춤이 주제이다. 스페인의 토마토축제는 지역특산품인 토마토가 주제이며 아이템이다.

1) 축제여행

축제는 세계적으로도 국내적으로도 가장 많은 활성화를 위해 만들어진 상품이 아닐까 생각해 본다. 코로나로 인한 세계관광의 위축상황에서도 브라질에서는 2020년 3,600만 명의 참여자로 추산하고 있다.

연합뉴스에 의하면 6개 도시 카니발 축제 참가자는 3,600만 명이라는 보도이다. 브라질 전국 상업연맹(CNC)에서는 축제기간 매출이 80헤알(약 2조 2천억 원)이며 임시직을 중심으로 한 고용효과가 2천540명이라고 한다(연합뉴스; 2020.2.25).

2) 축제여행의 차별화 노력

세계적으로 유명한 축제에 대한 관심은 엄청나다. 스페인의 토마토축제는 푸욜이라는 작은 마을을 세계인에게 알리는 계기가 되었다. 축제의 파급효과가 너무나 크다는 것을 알 수 있다. 토마토 값이 너무 하락하자 시청에 가서 항의차 토마토를 던지게 된 것이 그 유래이다. 이 축제는 마을의 토마토를 활성화시키고 많은 방문자를 유입하는 곳으로 변모시켰다.

그러나 많은 지역에서 차별화되지 않은 비슷한 축제가 열림으로 인해서 모방적이고 식상한 축제가 전개된다는 점은 문제로 보인다. 우리나라에서도 비슷한 아이템의 축제가 많고 차별화되지도 않은 지역축제를 흔히 접하게 된다. 축제를 통해 관광을 활성화시키고 지역의 발전을 도모한다는 점은 인식되지만 보다 경쟁력 있는 축제 도입이 시급하다고 하겠다.

저자가 생각하는 가장 발전적인 축제는 지역 특산물을 갖고 축제를 차별화하는 것이다. 그 지역에만 있는 것을 통해 지역경제에 도움이 되고 지역 주민들에게 자부심을 줄 수 있는 지역의 독특한 축제가 가장 발전할 수 있는 축제라고 생각한다. 반딧불축제, 무술축제, 인삼축제, 도자기축제 등 나름대로 경쟁력을 지닌 축제들을 예로 들 수 있다.

Chapter

2

최근 세계여행의 트렌드

Chapter 2 최근 세계여행의 트렌드

1. 세계의 관광역사

관광은 사회현상으로 역사적 과정에 따라 발전되었다. 고대시대의 관광이 상업과 교역을 위한 여행의 형태가 나타나던 초기여행(early travel)의 시기였다면, 중세시대에는 순례여행 등 순수한 여행이 목적이었던 여행(travel)의 시기였고, 근세시대는 그랜드 투어와 같이 기획된 여행이 나타났던 투어(tour)의 시기였다. 이상의 관광 발달단계상 초기시대는 거시적인 안목으로 구분하였을 때 여행(Tour)의 시대로 분류할 수 있다.

근대시기에 이르러 산업혁명으로 철도가 건설됨으로써, 단체여행상품, 호텔 등이 등장하고 'tourist', 'tourism'이라는 용어가 등장하는 관광(tourism)의 시기가 도래되었다. 그 뒤를 이어 현대시대는 대중관광(mass tourism)의 시기이자 개별여행, 책임여행 등 새로운 형태의 여행이 나타난 신 관광(new tourism)의 시기라 할 수 있다. 세계의 관광역사를 다음 〈표 2-1〉과 같이 정리하였다.

〈표 2-1〉 세계관광의 발달단계

관광시대(시기)	관광 주체	관광 동기	특징
여행(Tour)시대 (고대~1830년대)	특권층(귀족, 성직자, 기사)과 부유한 평민	종교, 신앙심, 체육, 요양, 종교	• 도로망 정비, 교통기관의 발달, 화폐경제의 정착, 치안 유지, 지식수준의 향상 • 동방 산물의 소개 • 항해술, 조선기술, 해양지도의 발전 • 동서양의 물자교류 활발
관광(Tourism)시대 (2차 세계대전까지)	특권층, 부유한 평민	지식과 탐구욕	• 그랜드 투어의 시대 • 증기기관차의 등장 • 산업화로 경제적, 시간적 여유 • 여행자 수표 발매 • 교통의 발달(자동차, 버스, 크루즈) • 근대화된 호텔 등장
대중 · 국민관광(Mass · Social Tourism) 시대 (현대)	일반 대중, 복지관광(노약자와 소외계층)	교양, 오락	• 조직적이고 대규모 관광사업 활성화 • 국민 후생을 위한 복지관광 • 오락, 휴양, 교육을 목적으로 한 대중관광
신 관광(New Tourism) 시대(1990년대 이후)	전 국민	관광의 생활화	• 개성 있는 주제여행의 요구 등장 • 지속가능한 관광의 관심 증가

출처: 이연택(2015), 관광학; 박시범 · 최윤근 · 김기범(2020), 관광학원론으로부터 저자 재작성

1) 고대 이집트 · 그리스 시대

관광의 역사는 고대 이집트 시대로 거슬러 올라간다. 이집트 시대의 관광은 대부분 종교와 관련하여 신전 순례의 한 형태를 가지며, 그 외에는 중앙 정보와 식민지 간의 교류를 위한 공적 업무로 방문하는 방문객을 맞이하기 위한 도로와 도시가 설립되었다. 또한, 그리스 시대의 관광은 청동기 문자의 사용, 상업과 도시국가의 형성, 새로운 문화의 탄생, 사회계층 분화 등의 다양하고 새로운 사회현상이 발생하게 되어, 이에 따른 요양, 종교, 체육 등을 목적으로 한 관광의 형태가 발생하였다. 요양적 목적의 관광으로는 지중해의 아테네 연안과 에게해에 산재한 섬들이 주 목적지로 대부분 부유층 자제나 귀족들이 여행할 수 있었다. 종교적 목적의 관광은 신앙에서 비롯되었으며, 아폴로 신전과 제우스 신전을 순례하는 방식으로 관광객은 주로 귀족, 부호, 승려, 기사 등의 특권층이 중심이었고, 체육적 목적으로는 올림픽

경기에 참여하기 위함이었던 고대 관광이 시작되었다.

관광은 고대부터 시작되었음에도 따로 숙박시설이 갖춰지지 않아 관광객들은 주로 신전이나 성전에서 머물렀고, 이 같은 곳에 여행하는 사람을 '신성한 사람'이라 간주하여, 이를 환대하는 정신을 가리켜 '하스피탈리타스'라 하며 최고의 미덕 중 하나로 꼽았다.

2) 고대 로마 시대

고대 이집트와 그리스의 관광을 지나 로마 시대를 거치면서 세분화된 관광이 발전하게 되었는데, BC 150년에 매우 정교한 도로가 건설됨으로써 하루 100마일 이상의 여행이 가능하였다. 그 당시 관광의 동기는 종교(신전 참배), 요양, 예술, 등산, 식도락(Gastronomia) 등으로 세분화되었으며, 이 같은 관광의 세분화는 도로의 정비, 치안 유지, 화폐경제의 발전, 학문과 지식수준의 향상, 관광사업 시설(교통수단, 도로, 숙박시설) 등의 등장과 함께 시작되었다. 고대 로마 시대의 관광을 위한 기반시설은 해상교통로, 군사 목적 도로, 군인의 숙박시설로 군사와 관련한 부대시설이었으나, 이를 관광사업에 이용하게 됨으로써 결과적으로는 관광의 발전을 이룩할 수 있는 계기가 되었다.

3) 중세유럽 시대

중세유럽의 시기는 로마제국 붕괴 이후 4세기 말에서 14세기 르네상스 운동이 일어나기 전까지 약 1000년간을 이르며, 로마제국의 멸망, 사회조직의 혼동(치안 문란)과 도로의 파괴로 인한 관광의 공백시기, 즉 암흑기라 할 수 있다.

이 같은 세계적인 경제 침체와 엄격한 종교 철학, 세속적 향락의 탐닉에 대한 제재와 절제를 강요하는 사회 분위기로 인해 여행은 종교적 여행에만 국한됨으로써, 관광을 위한 숙박시설도 중세 도원, 여인숙의 형태인 호스피스(hospice), 게스트하우스가 대부분으로 종교 교단에 의해 운영되었다.

그 후 십자군 원정의 시대에는 성지탈환이라는 성전의 의미뿐만 아니라 성직자, 군인, 상인, 일반 여행자들에게 성지순례라는 국제여행의 기회를 제공하였다. 더불어 귀국한 병사들의 동서 풍물에 관한 소개, 베네치아와 제노바의 병사들이 귀로에 가지고 돌아온 인도의 향로(후추)와 페르시아의 카펫 등 동방산물을 통해 동방에 대한 관심도가 증가한 시기이자 동서문화의 교류가 시작된 시기이다.

4) 근세 관광 I 시대

근대 관광 시점에 들어 '인간의 자유'에 대한 의지가 더욱 강해지고, 종교적 목적보다는 개인의 자율성을 전제로 견문을 넓히고자 행하는 관광의 형태가 발달하였다. 특히 계몽주의 시대, 엘리자베스 여왕이 행한 '그랜드 투어'는 16세기 초 직업정치가와 대사 계급의 행정적 · 외교적인 교육을 위해 여러 나라의 문화를 경험하게 하는 여행형태가 발달하였다. 그랜드 투어 사상은 호기심과 교육을 위한 여행, 즉 여행으로 정신을 개발하고 지식을 확대하려는 사람들에겐 의무적 여행이었다. 그랜드 투어 시대의 전반에 걸쳐 이 같은 문화는 유럽 전반에 퍼져나가 작가와 시인, 일반 귀족들의 견문을 넓히기 위한 목적으로 점차 확대되었다. 특히 그랜드 투어는 귀족 자제들이 대략 40개월 동안 여러 나라(프랑스, 이탈리아, 독일, 스위스, 네덜란드 등을 경유)를 다니며 장기간 순회여행을 하는 형태로 발전하게 되었다.

- 고전적 그랜드 투어(17~18세기): 이탈리아를 중심으로 유럽의 고대문화와 르네상스 문화에 관심을 둠
- 낭만적 그랜드 투어(18~19세기): 유럽의 문화보다는 자연경관에 더 많은 관심을 둠

5) 근세 관광 II 시대

산업화의 진행으로 새로운 부유층이 발생함에 따라 관광을 할 수 있는 시간적, 경제적 여유를 가진 사람들을 중심으로 관광의 대중화가 시작되었다. 토머스 쿡이

시작한 여행대리업은 점차 사업의 지위를 확립하였고, 그 업무 내용도 여행자 수요를 만족시키며 점차 확대되었다. 토머스 쿡은 1841년 7월 기차를 이용한 첫 단체여행을 조직하였고(600명 단체 할인요금), 이후 전문사업으로 여행을 상품화하였으며, 일주여행티켓, 쿡쿠폰 등을 도입하였다. 또한, 1866년 미국행 관광단을 최초로 결성하였고, 1872년 11명의 관광객과 함께 222일간의 최초 세계일주여행에 성공하였으며, 1875년 최초로 단기 선박 여행상품을 판매하였는데, 이는 해양관광과 크루즈의 시초라 할 수 있다.

숙박시설과 관련하여 19세기 중엽에 등장한 호텔은 파리와 런던의 대도시 및 바덴바덴과 니스 등의 휴양지에 설립되면서 신흥부유층의 사교장 역할을 하였다. 1850년 파리의 그랜드 호텔(Grand Hotel)은 고급호텔의 대명사로 호텔기업으로서의 경영을 시작하였고, 1880년 리츠(Ritz)는 고급호텔의 창시자로서 국제적인 체인호텔을 출현시켰으며, 1900년 이후 현재까지 이어져 오는 체인호텔이 등장하였다.

6) 현대의 관광 시대

현대 관광은 조직적이고 대규모의 관광사업 시대로, 관광은 중산층, 서민, 대중을 포함하여 전 계층의 여가선용과 자기 창조 활동의 범위로 확대됨으로써, 대중관광(Mass tourism) 시대와 국민관광(Social Tourism) 시대라 할 수 있다.

- **대중관광(Mass tourism)의 개념**: 누구나 관심을 가지고 참여할 수 있는 일반적인 관광현상
- **국민관광(Social Tourism)의 개념**: 저소득층을 포함하여 국민의 정서함양과 보건향상을 위해 관광을 권장하고, 국민이 편리하고 저렴한 가격의 관광 참가 기회를 얻을 수 있도록 제안하는 정책적 · 복지적 지원의 관광여행

대중관광의 시대가 도래할 수 있었던 이유는 첫째, 교통기술의 발전으로 자동차의 출현 및 1930년대 국제항공여행 시대가 열림으로써, 1958년 제트엔진의 발명과 대중화로 항공요금이 인하됨에 있다.

둘째, 세계 경제의 부흥과 유급휴가 제도의 시행을 들 수 있는데, 국제경제 향상으로 가처분소득이 증가함에 따라 관광의 수요가 증가하였고, 미국, 프랑스, 스페인에서는 합법적인 휴가제도가 실시되었다.

셋째, 관광산업의 고도화와 관광 진행정책 시행의 영향으로 관광산업은 부가가치가 높고 외화획득이 타 산업보다 용이하다는 인식과 관광으로 인한 교육, 즐거움 등의 긍정적인 효과로 인해 지원 정책이 증가하였다.

마지막으로 국제정치적 · 문화적 교류의 증대를 꼽을 수 있는데, 2차 세계대전 이후 자유 진영과 공산 진영으로 크게 양분화되는 이념적 갈등의 냉전은 국제 관광의 저해요인이었으나, 이후 공산국가의 붕괴로 인해 국가 간 교류가 증대되었다.

7) 신 관광(New Tourism) 시대

현대에 이르러 관광의 지식 축적 즉, 풍부한 관광 데이터베이스와 국경 간의 이동 용이, 소비 유형의 변화, 여기시간의 증대, 매스컴과 교통의 발달로 인해 관광의 수요가 대폭 증가하였다. 1990년대 이후 새로운 관광의 추세는 현대 관광의 시대와 비슷하나, 신 관광 시대는 관광 참여자의 개성추구와 특별주제를 지향하는 관광의 시대로 대안관광이 등장하였으며, 이는 관람 중심의 획일적 대중관광에서 벗어난 생태관광, 역사 · 문화관광, 모험 관광 등 여행자의 참여와 체험 위주의 관광형태라 할 수 있다. 또한, 소비자의 특정 수요에 맞춘 관광상품이 나오게 되었는데, 예를 들면 지속가능한 관광, 민속관광, 생태관광, 슬로 관광, 녹색 관광, 공정관광, 다크투어리즘 등이 등장하게 되었다.

출처: https://pixabay.com

그림 2-1 그린투어, 다크투어리즘

그중 생태관광은 4개의 차원을 기반으로 한다.

첫째, 환경적 차원은 직간접적으로 자연 보호와 관리에 대한 정치적, 경제적 지원을 증가시킴으로써 환경에 긍정적인 영향을 유발할 수 있다.

둘째, 경험적 차원은 생태관광에 대한 긍정적인 경험이 관광객들로 하여금 재방문을 유도해 지속가능성을 높인다.

셋째, 사회문화적 자원을 들 수 있다. 현재 일부 지역에서는 개발의 기반이 된 천연자원을 파괴한 관광 개발에 대한 불만이 드러나고 있다. 사회문화적 환경은 생태관광의 매력 자체이자 영향을 받을 수 있는 수용자 역할도 하기 때문에 지속가능한 관광을 위해서는 지역의 고유성을 해치지 않는 범위에서 진행해야 한다.

넷째, 경제적 차원은 생태관광의 이해 관계자들이 추구하는 경제적 이익 측면으로 사업자, 자연지역 관리자, 지역사회에 이르기까지 생태관광의 다양한 이해관계자들의 경제적 이익과 관련한다.

한 연구에 의하면 상어 생태관광은 매년 50만 명의 관광객을 불러들이며 1만여 명의 일자리 제공과 연간 3억 1,400만 달러의 수입을 창출한다(The Pew Charitable Trusts, 2013). 이는 생태관광을 시행하는 것이 경제적 가치가 높고 자원도 보존할 수 있어 지속가능한 관광이 가능함을 시사하고 있다.

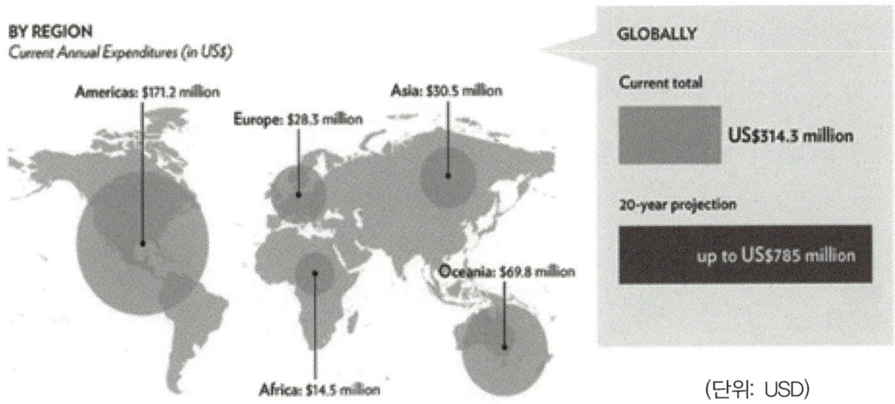

출처: Smithsonian.com(2014)

그림 2-2 상어 생태관광의 성장

더불어 사회적 관광(Social Tourism)은 경제적으로 취약한 계층을 위해 특별한 조직에 의하여 추진되는 관광현상으로, 철도나 항공기 등의 운임할인제도 등을 들 수 있다. 이는 관광을 통해 국민후생과 지역개발 촉진은 물론 경제, 사회, 문화적 의의를 새롭게 하는 적극적인 관광정책의 추진현상이라 할 수 있다.

2. 국제 관광산업 현황

1) 국제 관광객 추이

세계관광기구(UNWTO: UN World Tourism Organization)에서 제공한 국제 관광객의 추이 결과, 2018년 한 해 전체 관광객 수는 1,400,700,000명으로 UNWTO가 예측한 수치보다 2년 앞선 결과이다. 이는 2017년 대비 6%가량 증가한 것으로 나타났으며, 2019년 총 관광객 수는 작년 대비 4% 증가한 1,461,000,000명이었다. 관광객은 꾸준히 증가하는 추세로, 관광목적지로써 유럽의 비율은 전체 관광지의 절반가량에 미치는 비율을 보였으며, 그의 뒤를 따라 아시아, 미주 등의 순으로 꼽혔다.

국제 관광지도의 분석 결과, 유럽 내에서는 현재 관광 경쟁력 지수가 높은 스페인, 프랑스, 이탈리아 등의 방문 접근성이 높음을 보여주고 있으며, 다음의 〈그림 2-3〉과 같이 전 세계의 관광객 수는 물론, 〈표 2-2〉에서는 2018년 대비 2019년도의 관광객 추이를 분석한 결과를 제시하고 있다.

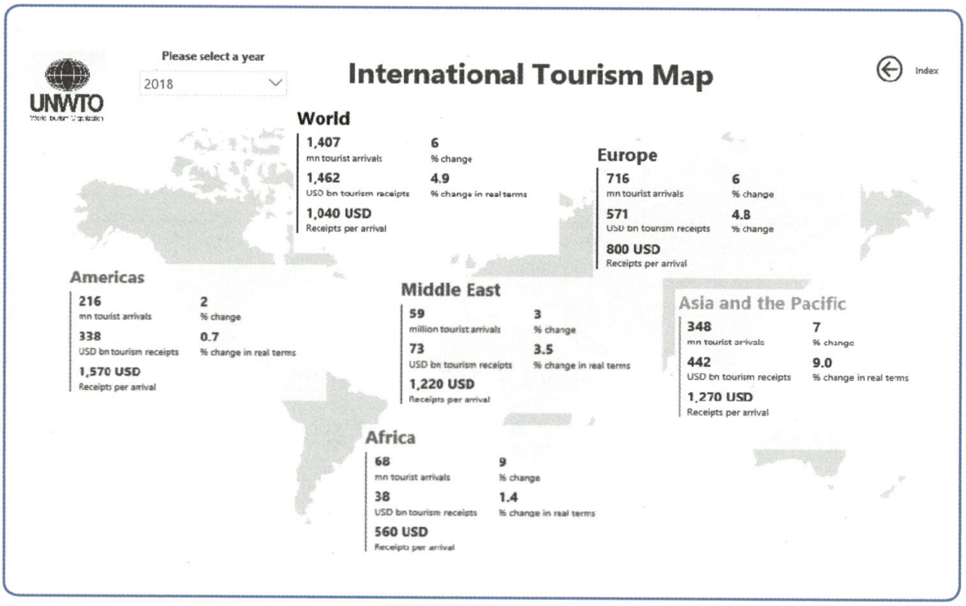

출처: UNWTO(2020), Global and Regional Tourism Performance 중 International Tourism Map

그림 2-3 International Tourism Map

〈표 2-2〉 국제 관광객 추이 (단위: 명, %)

관광객 수	2018년		2019년	
	인원수(명)	전년대비 관광객 변화 %	인원수(명)	전년대비 관광객 변화 %
전체 관광객 수	1,407,000,000	6	146,100,000	4%
유럽	716,000,000	6	74200000	4%
아시아/퍼시픽	348,000,000	7	36400000	5%
미주	216,000,000	2	22000000	2%
아프리카	68,000,000	9	7100000	4%
중동	59,000,000	3	6400000	8%

출처: UNWTO(2020), Global and Regional Tourism Performance 중 International Tourist Results를 바탕으로 저자 재구성

다음의 〈표 2-3〉은 UNWTO의 기초 통계를 바탕으로 IPK International에서 분석한 2017년 대비 2018년 국제 아웃바운드 관광 추이 분석결과이다. 아웃바운드 관광 추이는 지역별로 다소 상이함을 알 수 있었으나, 전 세계적인 추이를 분석하였을 때, 휴가 여행은 +7%, 도시 여행은 +8%, 태양 및 해변으로의 휴가는 10% 증가 추세였으며, 평균적으로 아웃바운드 여행은 6% 상승하였음을 알 수 있다. 또한, 지역별 분석결과, 북아메리카를 제외한 대부분 지역으로의 태양 및 해변을 즐기기 위한 휴가를 높은 비율로 선택하였고, 평균적으로는 휴가 여행과 도시 여행의 비율이 유사함을 알 수 있다.

〈표 2-3〉 국제 아웃바운드 관광 추이

1~8월	전 세계	유럽	아시아 /퍼시픽	북아메리카	남아메리카
총 아웃바운드 여행	+6%	+5%	+8%	+4%	+8%
휴가여행	+7%	+6%	+10%	+4%	+10%
도시여행	+8%	+6%	+10%	+4%	+18%
태양 및 해변 휴가	+10%	+8%	+15%	+3%	+15%
2018 예상 (총 아웃바운드)	+6%	+5%	+6%	+8%	+8%

출처: World Travel Monitor, IPK International, 2018

제2차 세계대전이 끝난 후부터 기록된 국제 관광객 추이를 분석한 결과는 〈그림 2-4〉와 같다. 1950년부터 2018년까지의 국제 관광객 분석결과, 1980년대에 들어 유럽, 아메리카, 아시아 퍼시픽, 중동, 아프리카주 모두 관광객이 증가하였음을 알 수 있었지만, 2000년대 초반과 2000년대 후반에는 관광객이 소폭 줄었음을 나타내고 있다. 2000년대 초반은 사스 등의 전염병으로 인한 관광객의 하락과 2000년대 후반 미국발 경제위기의 여파로 관광객이 줄었으나, 이후 저비용 항공사의 등장과 함께 관광객의 지속적인 증가세를 나타내고 있다.

그래프에서 나타난 국제 관광의 추이 분석에 의하면, 유럽으로의 여행은 지난 70

년간 항상 절반가량의 비율을 차지하였고, 아시아 퍼시픽과 미주는 2010년을 기점으로 관광객 수의 차이를 발견할 수 있었는데, 이는 2010년 저비용 항공사의 등장, 중국 여행 자유화, 동남아시아 관광지의 등장으로 인하여 관광객이 꾸준히 증가했음으로 분석된다.

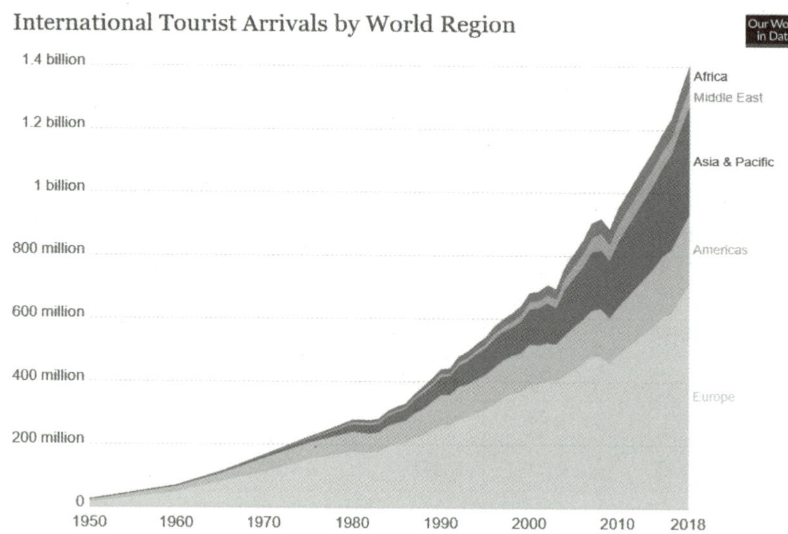

출처: UNWTO: World Tourism Barometer(2019)

그림 2-4 국제 관광객 70년 추이

2) 국제 관광 수입

앞서 언급한 바와 같이, 관광객 수의 증가는 관광 수입에 직접적인 영향을 미치며, 이는 한 국가의 국가경쟁력을 지탱하는 요인으로 꼽히고 있다. 관광객의 활동은 직간접적인 수요를 창출하는 이유로 서비스 산업의 광범위화를 이룰 수 있으며, 관광목적지에 체류하는 동안 제공받는 서비스는 물론 관광을 하는 중에 나타나는 직간접적인 서비스가 포함됨을 뜻하고 있다. 그중 직접적인 서비스의 예로 목적지까지의 운송 수단(예: 비행기, 크루즈, 기차, 버스 등), 목적지 내의 운송 및 목적지 사이의 운송(예: 공항부터 관광 목적지 혹은 숙소까지의 운송수단), 관광 목적지에서의 숙소(예: 호텔, 모텔 등), 쇼핑센터, 레저 등을 포함할 수 있다. 간접적인 서비스로는 여행보험, 항공권과 숙박 등을 예약할 수 있는 여행사, 여행지의 안내를 도울 여행책자 등이 있다. 따라서 특정 지역의 관광 목적지 개발은 발생하는 부가가치와 지역 주민들의 고용 창출이라는 긍정적인 효과가 나타남을 파악할 수 있다. 다음의 〈그림 2-5〉와 같이 국제 관광의 수입이 지속해서 증가하고 있음을 보여주고 있고, 〈표 2-4〉는 2018년 국제 관광 수입은 물론 2017년 대비 증가세를 보임을 나타내고 있다.

(단위: USD, %)

출처: UNWTO(2020), Global and Regional Tourism Performance 중 International Tourism Receipts

그림 2-5 국제 관광 수입

〈표 2-4〉 국제 관광 수입 (단위: USD, %)

지역별	2018년	전년대비 변화 %
전체 수입	1,462,000,000,000	5.0
유럽	571,000,000,000	4.8
아시아/퍼시픽	442,000,000,000	9.0
아메리카	338,000,000,000	0.7
아프리카	38,000,000,000	1.4
중동	73,000,000,000	3.5

출처: UNWTO(2020), Global and Regional Tourism Performance 중 International Tourism Receipts를 바탕으로 저자 재구성

3) 방문 목적

다음의 〈그림 2-6〉과 같이 국제 관광객의 방문 목적 분석 결과, 레저, 레크리에이션, 명절 휴가 등이 절반 이상의 높은 비율을 차지하였고, 친구 및 친지 방문(VFR: Visiting Friends and Relatives), 비즈니스 출장이 12%, 기타가 5%를 차지하였다. 지역별로 분석하면 유럽, 아시아/퍼시픽, 아메리카, 아프리카는 레저와 휴가 차원의 비율이 높았으나, 중동은 VFR의 비율과 레저 및 휴가 차원의 여행 비율이 동일했음을 알 수 있었다. 더불어 2009년부터 2018년까지의 여행 그래프를 분석한 결과, 다른 여행의 목적에 비하여 레저, 레크리에이션, 명절 휴가 등의 목적이 급격히 상승하였음을 알 수 있다. 다만 10년간의 기록에서도 기업의 출장과 기타 사유에 대해서는 유사한 비율을 유지하였고, VFR은 소폭 상승했지만, 레저, 레크리에이션, 휴가 차원 즉, 여가로서의 여행은 대략 두 배 정도 증가한 것으로 파악된다. 따라서 미래에는 여가로서의 관광이 당분간 주목받는 가운데, 여가에서도 주제가 따르는 여행에 대한 요구도가 높아질 것으로 예상할 수 있다.

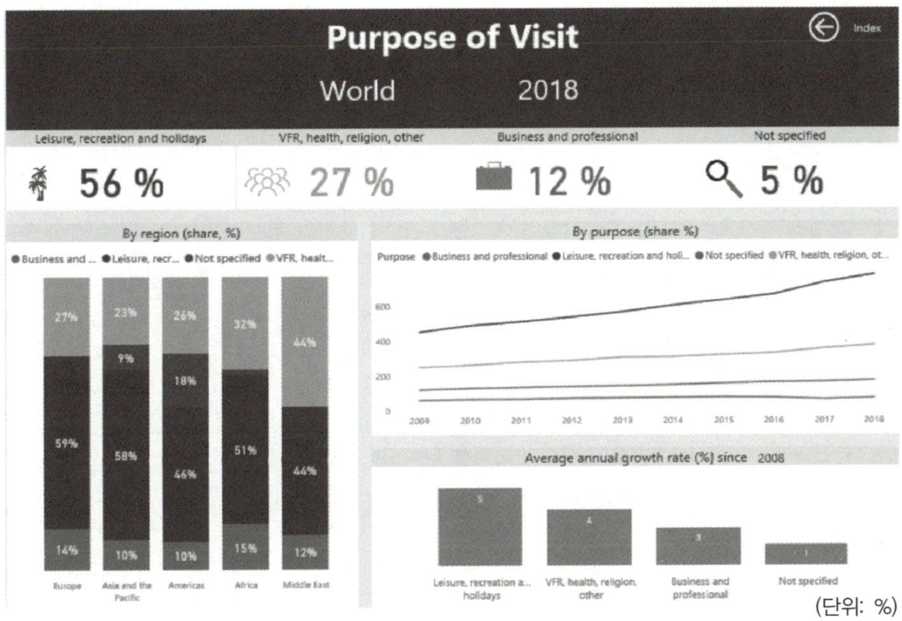

출처: UNWTO(2020). Global and Regional Tourism Performance 중 Purpose of visit

그림 2-6 방문 목적

4) OECD 국가에 대한 관광의 직접적인 기여도

관광은 OECD 회원국과 파트너 경제의 중요한 부분으로 현재도 성장세를 보이는 서비스 경제의 핵심 부문이다. 〈그림 2-7〉과 같이 관광은 평균적으로 GDP의 4.4%, 고용의 6.9% 및 서비스 관련 수출의 21.5%가 OECD 국가에 직접적인 기여도를 보인다. 국제 관광은 60년 이상 꾸준히 확대 및 증가하였고, 강력한 세계 경제 성장과 특히 아시아 태평양 지역의 새로운 아웃바운드 시장에 힘입어 2018년 국제 관광객 수는 14억 명 이상으로 증가하였다. 장기적인 성장 예측에 앞서 국제 관광객 수가 증가함에 따라 향후 10년 후에는 18억 명 이상이 될 것으로 예상한다.

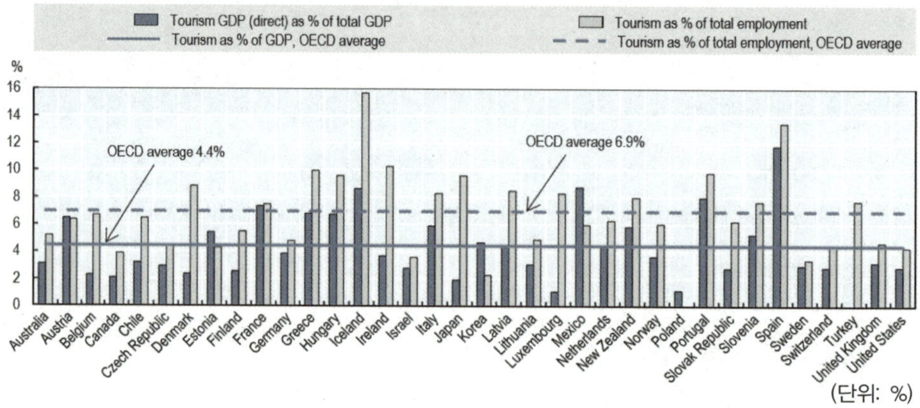

주: 1. 프랑스의 GDP 데이터는 내부 관광 소비량을 나타냄
2. GDP는 캐나다, 칠레, 덴마크, 핀란드, 독일, 그리스, 헝가리, 이스라엘, 이탈리아, 라트비아, 리투아니아, 멕시코, 네덜란드, 뉴질랜드, 포르투갈, 스웨덴, 스위스, 영국 및 미국의 GVA를 나타냄
3. 한국과 스페인의 GDP 데이터에는 간접효과가 포함됨

출처: OECD Tourism Statistics(Database), OECD Tourism Trends and Policies 2020

그림 2-7 2018년 GDP 및 고용 비율

〈표 2-5〉 2014~2018 OECD/파트너 국가의 국제 관광객 수 및 성장률 (단위: 명, %)

	관광객의 유형	2018	연평균 성장률	성장률
		천 명	%	
호주	Visitors	9,072	7.8	6.0
오스트리아	Tourists	30,816	5.1	4.6
벨기에	Tourists	6,700	1.2	6.1
캐나다	Tourists	21,153	6.3	2.4
칠레	Tourists	5,723	11.7	−11.3
체코	Tourists	14,283	7.6	4.5
덴마크	Tourists	12,749	5.6	2.6
에스토니아	Tourists	3,226	2.5	−0.6
핀란드	Tourists	5,631	5.0	12.4
프랑스	Tourists	89,322	1.6	3.0
독일	Tourists	38,748	4.2	3.9
그리스	Visitors	33,072	8.0	9.7

	관광객의 유형	2018	연평균 성장률	성장률
		천 명	%	
헝가리	Tourists	14,905	10.1	5.7
아이슬란드	Tourists	2,344	23.8	5.4
아일랜드	Tourists	9,273	8.0	6.3
이스라엘	Tourists	4,121	8.9	14.1
이탈리아	Tourists	61,567	6.1	5.7
일본	Visitors	31,192	23.5	8.7
한국	Visitors	15,347	2.0	15.1
라트비아	Tourists	1,946	1.4	–0.2
리투아니아	Tourists	2,825	8.2	11.9
룩셈부르크	Tourists	1,018	–0.6	–2.7
멕시코	Tourists	41,313	8.9	5.1
네덜란드	Tourists	18,780	7.8	4.8
뉴질랜드	Tourists	3,686	7.4	3.7
노르웨이	Tourists	5,688	4.1	–2.7
폴란드	Tourists	19,623	5.2	7.5
포르투갈	Tourists	22,817	11.9	7.5
슬로바키아	Tourists	2,256	11.2	4.3
슬로베니아	Tourists	4,425	13.4	10.9
스페인	Tourists	82,808	6.2	1.1
스웨덴	Tourists	10,750	–6.8	–3.5
스위스	Tourists	11,715	6.3	5.2
터키	Tourists	45,768	3.5	21.7
영국	Tourists	36,316	2.7	–3.5
미국	Tourists	79,746	1.5	3.3
브라질	Tourists	6,621	0.7	0.5
불가리아	Visitors	12,368	7.1	6.7
콜롬비아	Visitors	4,282	10.6	7.7
코스타리카	Tourists	3,017	4.5	1.9
크로아티아	Tourists	16,645	9.4	6.7
이집트	Tourists	5,168	–26.8	–42.5

	관광객의 유형	2018	연평균 성장률	성장률
		천 명	%	
인도네시아	Tourists	13,396	10.4	3.5
카자흐스탄	Visitors	8,789	8.5	14.1
몰타	Tourists	2,599	11.4	14.3
모로코	Tourists	12,289	4.6	8.3
페루	Tourists	4,419	8.3	9.6
루마니아	Visitors	11,720	8.5	7.3
러시아 연방	Visitors	24,551	–0.9	0.7
세르비아	Tourists	1,711	13.6	14.2
남아프리카	Tourists	10,472	2.3	1.8
EU28			5.4	4.1
OECD 국가			5.5	5.0
전 세계		1,407,000	5.3	5.4

주: Tourists(관광객): 국제 관광객(당일 방문자 제외)
Visitors(방문객): 국제 방문자(관광객 및 당일 방문자 모두 포함)
1. 연평균 성장률에서 핀란드, 인도네시아는 2015~2018년, 포르투갈의 경우 2016~2018년의 통계자료임
출처: OECD Tourism Statistics(Database); OECD Tourism Trends and Policies 2020; UNWTO DATA(World Barometer, 2020)

UNWTO의 관광객 데이터에 따른 〈표 2-5〉에서는 10년 동안 관광객의 지속적인 성장 추세로 프랑스, 스페인, 미국, 중국 및 이탈리아는 세계 5대 관광지로 기록되었으며, 2018년에는 전 세계의 25% 이상이 방문한 것으로 나타났다. 반면 중국, 미국, 독일, 영국 및 프랑스는 아웃바운드 관광에서 전 세계 지출의 43%를 차지하는 최고 지출 국가로 기록되었고(UNWTO, 2020), OECD 회원국은 국제 관광 경제에서 전 세계 전체 출국자 수의 56.9%를 차지하였다.

2018년 핀란드, 이스라엘, 한국, 리투아니아, 슬로베니아, 터키 등 6개국의 OECD 회원국은 매년 두 자릿수의 성장을 기록했지만 칠레, 에스토니아, 라트비아, 룩셈부르크, 노르웨이 및 영국에서는 국제 관광객 수의 감소세를 나타냈다.

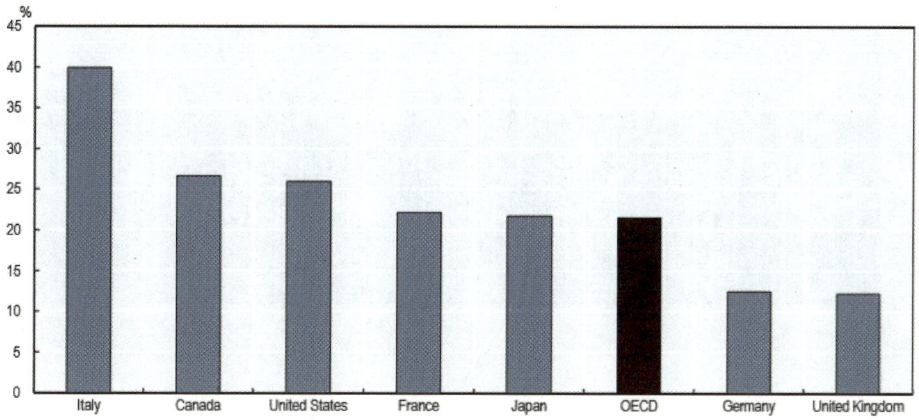

출처: OECD Trade in services by partner country(Database), January(2020)

그림 2-8 2018년 OECD 국가의 관광으로 인한 서비스 수출 기여도

관광 수출은 경제에 직간접적으로 부가가치를 창출하기 때문에, 국가 경제에 매우 중요하다. 관광은 부가가치 거래 접근법으로 분석하면 관광 지출은 각 국가의 수출 규모보다 개별 국가 내 경제에 더 큰 영향을 미치고, 업스트림 산업과 다른 국가에 큰 영향을 미친다는 것을 보여준다. 〈그림 2-8〉처럼 TIVA(OECD Trade In Value Added)의 최근 추정치는 관광 수출의 89%가 OECD 국가에서 부가가치를 창출하는 것으로 나타났으며, 이는 전체 수출의 81%와 비교된다. 이에 더해, 개별 국가의 국내 경제에서 발생하는 관광 가치의 1/3 이상은 관광과 다른 부문 사이의 연계에 대한 폭과 깊이를 반영하는 간접적인 영향에서 비롯된다고 하였다(OECD, 2019a).

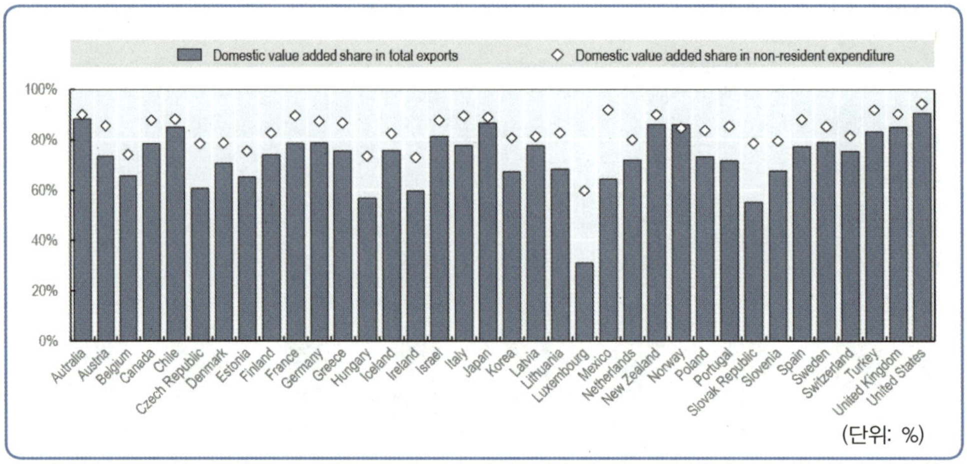

출처: OECD Inter-Country Input-Output(2018)

그림 2-9 OECD 국가의 관광 지출에 의해 생성된 부가가치

다시 말해, 1달러의 관광 수출 1개마다 발생하는 89%의 국내 부가가치 중 56%가 직접 생성되는 반면 34%는 간접적 영향에서 비롯된다. 또는 관광 수출로 직접 생성된 1달러의 가치가 추가될 때마다, 추가 61센트의 가치가 상류 산업에서 간접적으로 생성된다. 평균적으로 국제 및 국내 관광은 각각 내부 관광 소비의 75%와 25%를 차지하고 있음이 대략적으로 〈그림 2-9〉와 같이 나타나고 있으며, 승객 운송(21%), 숙박(19%) 및 식음료(16%)가 합쳐지면 전체 소비의 절반 이상을 차지한다. 여러 국가의 정부들은 외국인 방문객의 높은 지출, 지속적인 세계화 추세, 국가 간 경계의 유연성, 포괄적인 항공 운송 서비스, 디지털 성장에 의한 비즈니스 모델과 플랫폼 개발로 인해 과거보다 관광의 접근성이 용이해질 것으로 판단한다(IATA, 2019; WEF, 2019).

더불어 관광업 성장은 계속될 것으로 예상하지만 인구 통계 변화, 연결성 개선, 기술 혁신 등과 같은 성장에 대한 요구가 더욱 지속화됨에 따라, 관광 기회를 적극적으로 변화시켜 다양한 기회와 목적지에 대한 도전이 나타날 것으로 예상되고 있다(OECD, 2018).

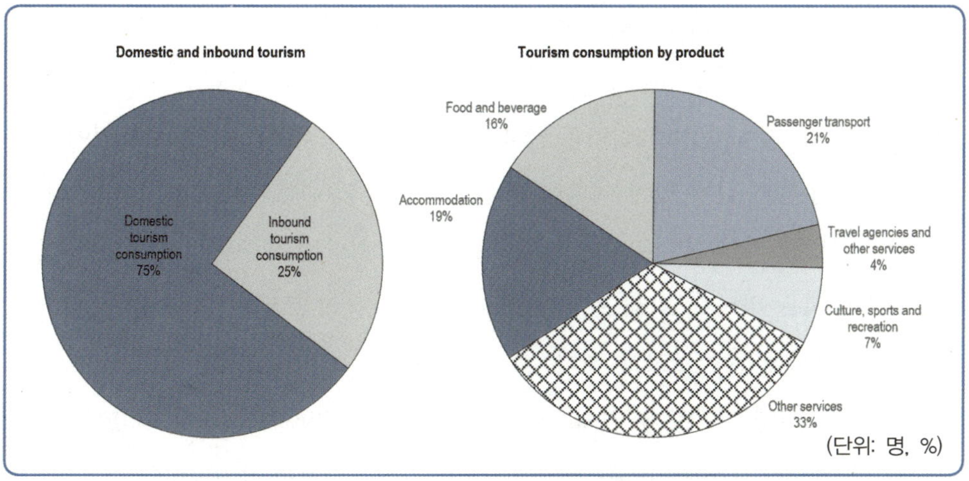

출처: OECD Tourism Statistics(Database)

그림 2-10 OECD 국가의 내부 관광 소비

다음의 〈그림 2-10〉은 OECD 국가의 내부 관광 소비를 나타내는 도표이다. 대부분의 OECD 국가에서 실업률이 사상 최고 수준인 상태에서 생산성 문제와 저임금 증가는 경제 여러 부문의 성장을 저해하고 있음에도 불구하고, 관광은 최고의 일자리를 창출하고 있으며 주요 도시뿐만 아니라 외딴 시골, 해안 및 기타 경제 기회가 취약한 곳까지 폭넓은 연령대에 다양한 기회를 제공한다. 호텔과 레스토랑의 고용은 1995년에서 2015년까지 45% 증가하여 경제 전체의 평균 성장률보다 약 30% 높았으며, 부동산 임대 및 비즈니스 활동에 이어 두 번째로 높았다(OECD, 2019c).

따라서 장기적 측면의 관광은 모든 OECD 경제에서 계속 성장하고 있으며 더욱 중요한 요소가 될 것으로 보인다. 그러나 관광 환경은 대규모 사회, 경제, 정치, 환경 및 기술 트렌드의 영향을 받아 새롭고, 때로는 종종 보이지 않는 도전, 위협 및 기회를 가져오기도 한다. 특히 디지털 혁명은 이 분야에 중대한 영향을 미치고, 사람들의 여행 방식을 바꾸었다.

3. 키워드로 살펴본 글로벌 여행 트렌드의 변화(2018~2020)

UNWTO의 관광객 추이를 알아본 결과 관광객은 지속적으로 증가 추세임에 따라, 여행객이 여행을 즐김에 있어 어떠한 방식과 주제를 원하는지에 대해 알아본다. 세계관광 트렌드를 파악하기 위하여 3년간의 관광 키워드는 세계관광 검색엔진 중 하나인 부킹닷컴을 바탕으로 재구성함으로써, 세계관광의 트렌드를 이해함으로써 앞으로의 여행을 예측해 보고자 한다.

2018년도의 여행 트렌드를 위해 26개국의 1억 2천8백만 이상의 실제 고객 리뷰를 통한 고객 통찰력과 19,000명의 여행객 설문조사를 분석한 결과이다.

1) 2018년의 8개 키워드

〈표 2-6〉 2018년 여행 트렌드

키워드	내용
새로운 기술 프론티어	여행자가 관광목적지나 숙소를 예약하기 전에 시설을 더 잘 이해할 수 있도록 돕기 위한 기술이 발달하고 있다. 인공 지능과 디지털 기술은 소비자가 스마트한 방식으로 여행 목적지를 연구하고 예약하며 경험하는 방식의 변화에서 시작되었다.
꿈에서 현실로	물질적 소유와 경험에 대한 열망이 계속되고 있는 가운데, 기억에 남는 여행에 대한 욕구 또한 배제할 수 없다. 사람들의 여행 경험이 증가함에 따라 주제여행을 기반으로 한 다양한 방법을 모색함으로써, 여행자들은 전례 없는 여행 순간을 포착하고 있다.
레트로 속으로	여행자들은 새로운 경험뿐만 아니라 여행의 목적으로 그들이 좋아하던 어린 시절의 추억을 다시 방문하였다. 미래와 과거를 혼합하여 그들이 사랑했던 목적지로 돌아가 완전히 새로운 방식으로 탐험하고, 여행자의 34%는 그들의 어린 시절에 경험한 휴가를 고려하였다.
대중문화 순례	우리의 열정을 활용하기 위해 문화와 엔터테인먼트에서 음식과 역사에 이르기까지 각자에게 가장 적합한 무언가를 식별하는 데 도움이 되는 한 가지 방법으로 대중문화순례를 꼽았다. 2018년은 TV 프로그램, 영화, 스포츠 및 소셜 미디어에 의해 여행을 결정하는 방법으로 대중에게 인기를 끌면서, 예약 결정에 있어 더욱 큰 영향력을 행사하였다.
건강을 향한 길을 걷다	2017년에 비해 2018년에는 건강과 웰빙 여행을 계획하는 여행자가 거의 두 배에 달하는 것으로 나타났다. 즉, 웰빙 휴양지는 지역 경관의 경험을 기반으로 56%의 여행자가 걷기 또는 하이킹 여행을 하고 싶다고 하였다.

키워드	내용
경제 직관	해마다 여행자들은 돈을 최대한 실용적으로 활용하는 데 더 익숙해져 가고 있다. 여행자들은 훨씬 경제적이고, 직관적인 여행자가 되고 있다.
친구 탈출	2018년은 모든 경험에 초점을 맞추면서 목적지뿐만 아니라 중요한 순간과 추억을 만드는 데 초점을 두고 있다. 즉 일상적인 압력에서 벗어나, 궁극적인 사회적 시간의 스트레스를 줄이고 있다.
현지인처럼 살기	여행자는 현지 경험을 갖고 싶어 하며, 전문 지식을 위해 호스트를 찾고 있다. 여행자의 25%는 호스트가 현지 음식과 방문 장소에 대한 강력한 현지 지식을 가지고 있을 거라 믿는다.

출처: Booking.com Eight Travel Predictions for 2018을 기반으로 재구성

(1) 새로운 기술 프론티어(New tech frontiers)

전 세계 여행자의 29%는 타인들의 이전 여행 기록이 있는 인터넷 데이터 기반으로 그들만의 여행을 계획하고 있으며, 이 같은 이용 경험이 있는 50%의 사람들은 여행을 함에 있어 지식기반 시스템이 도움이 되었다고 한다. 여행자의 64%는 가상현실 미리 보기를 통해 '구매하기 전에 시도하고 싶을 정도였다'라고 답을 하였다. 또한 '목적지 및 해야 할 일에 대한 개별 제안이 여행 예약을 장려했는지'에 대한 응답에서는 50%의 예약자가 호의적인 답을 하였다. 2018년 부킹닷컴에서 꼽은 첫 번째 키워드인 '새로운 기술 프론티어'는 여행의 의사 결정을 위한 모든 노력과 스트레스에서 벗어나 최상의 체류와 경험을 찾기 위함일 것이다.

(2) 꿈에서 현실로(From dream to reality)

여행자의 45%가 여행용 버킷리스트를 염두에 두고 큰 꿈을 꾸는 해이며, 그중 82%가 2019년에는 하나 이상의 목적지를 선택하는 것을 목표로 할 것이다. 여행객들의 물질적 소유와 경험에 대한 열망은 계속되고 있고, 기억에 남는 여행에 대한 욕구를 자극하고 있다.

2018년에는 여행자의 47%가 그들만의 버킷리스트를 해결할 것으로 예상하며, 그 중 34%는 섬의 천국으로 향하고 싶어 한다. 또한, 여행객 중 34%는 세계적으로 유

명한 테마파크를 방문하여 스릴을 경험하고자 하여 미국의 올랜도, 호주의 골드 코스트, 아랍 에미리트의 두바이에서 테마파크에 높은 관심을 보였다. 마지막으로 2018년에 완료해야 할 최고의 여행 활동으로는 독특한 문화 행사(28%), 새로운 기술 배우기(27%), 고속도로 또는 철도 여행(25%)을 경험하고, 오지 또는 도전을 위한 방문(25%)을 선택하였다.

(3) 레트로 속으로(Retro reboot)

빈티지 휴가의 인기는 목적지로부터 떠오르는 향수와 행복의 느낌에서 비롯되었다. 여행자들의 가족 휴가는 그들의 어린 시절에 함께한 연인이나 애완동물과의 기억보다 훨씬 더 멋진 추억을 회상한다고 말한다.

현재 밀레니얼 세대라고 불리는 18세에서 34세 사이의 44%는 가족 여행지로 그들이 좋아하던 여행지로 가고자 했고, 여행자의 60%는 매일 소셜 미디어에 글을 올리며, 향수를 불러일으키는 장소를 그리워했다. 이 같은 여행 트렌드는 과거의 여행지가 미래로 돌아와 사회적 후손이 되기를 기대함에서 시작되었다.

(4) 대중 문화 순례(Pop culture pilgrimage)

우리는 새로운 목적지로 여행하기 위해 고무되어 많은 정보원에 의존하였고 그 결과, 40%의 잠재 여행자는 블로그를 읽거나, YouTube 사용자의 추천을 시청하며 다음 여행에 대한 아이디어를 촉발하였으며, 2019년에는 36% 이상의 잠재 여행자가 텔레비전, 영화 또는 뮤직비디오의 배경화면을 통해 여행 목적지를 결정할 것이라 하였다. 예로 2018년 가장 방문하고자 하는 지역에 대한 설문조사 결과, 인기 텔레비전 프로그램의 장소였던 셜록과 크라운(21%)에서 볼 수 있던 런던은 물론 Billions의 뉴욕의 맨해튼과 크로아티아, 스페인 및 아이슬란드가 꼽혔다.

출처: https://pixabay.com

그림 2-11 레트로 여행, 팝 컬처 여행

(5) 건강을 향해 길을 걷다(Walk your way to wellness)

2018년에는 건강에 대한 높은 관심도 및 건강에 영감을 주는 활동으로 스파 방문 또는 미용 트리트먼트(33%), 사이클링(24%), 수상 스포츠 활동(22%), 전신 해독 휴가(17%) 등에 대한 관심과 더불어 요가(16%), 달리기(16%), 명상/마음 수행(15%) 등에 주목하였다. 이 같은 여행자들의 활동은 여행 콘텐츠 중에서도 많은 인기가 있었으며, 59%는 휴일에도 이상의 활동들을 우선시한다고 하였다. 웰빙과 관련한 여행에서 55%의 여행객들은 휴가를 간다는 것의 의미는 더 나은 라이프 스타일을 선택하고, 건강을 쉽게 촉진할 수 있는 순간이기 때문이라고 응답하였다. 즉, 웰빙 여행을 한다는 것은 마음 수련에도 관련성이 있음을 뜻한다.

출처: https://pixabay.com

그림 2-12 웰빙 여행

(6) 경제직관(Economic intuition)

잠재 여행자 중 47%는 연중 여행을 계획할 때 환율을 고려하고, 48%는 여행 결정을 내리기 전에 계획한 금액으로 목적지의 경제 환경을 고려한다. 여행자의 30%는 2018년 공항 면세점에서 더 많은 상품을 구매하였으며, 특히 26%는 동일한 패션 아이템이 고국보다 여행지에서 더 저렴한 이유로 해당 상품을 구매하기 위해 휴가를 다녀왔다.

여행자들은 자신의 직관을 따르겠다는 자신감과 무리를 따라야 할 의무가 거의 없는 것을 선호하여, 57%는 더 독립적인 여행을 원하고, 맞춤형 노력에 대한 가치를 높이고자 최고의 거래를 찾길 원했으며, 이를 위해 패키지 앱 등과 같은 기술의 도움을 받았다. 여행자의 44%는 여행 스트레스를 없애기 위해 지속해서 개발되는 기술을 이용하여 더 많은 여행 앱을 사용할 것이라 하였다. 앱을 통해 한 번의 클릭으로 계획을 세우거나 지리적 위치 기술이 포함됨으로써, 2018년에는 41%가 해당 서비스를 사용하여, 스마트 폰 몇 번의 터치로 휴가를 보낼 수 있게 되었다.

(7) 친구 탈출(The great mate escape)

2018년은 그룹의 도피에 관한 모든 것을 준비하고 있다.

단 한 번의 클릭만으로 세계 각지에서 모험을 찾고 있는 많은 친구와 함께 머물고, 탐험하기에 완벽한 장소를 찾는 것은 결코 쉬운 일이 아니다. 그럼에도 불구하고 본인이 알고 있는 친구나 가족과의 여행이 아닌 여행 목적지에서의 활동에 초점을 맞춘 친구 찾기에 집중하고 있다. 한 예로 likealocalguide.com은 현지인 및 현지 정보를 토대로 제공하는 로컬 여행 서비스 기업으로 '현지인처럼 지내기'에 중점을 둔 현재 세계 300여 개 도시의 지역민 기반 서비스이다. 이외에도 로컬 체험과 지역 주민이 가이드로 참여하는 1일 투어, 마을 축제 등 지역 행사 일정의 공유, 전통체험, 현지민과의 저녁식사 등 다양한 프로그램을 선택할 수 있으며, 솔로 여행객들은 해당 프로그램에 참여함으로써 동행을 만나는 기회도 생긴다.

출처: likealocalguide(2020), https://www.likealocalguide.com/

그림 2-13 로컬 체험 여행

쉼과 혼자만의 시간을 찾아 홀로 여행을 떠나더라도 동행이 필요한 상황이 있다. 여행 가운데 경험을 만들고 싶거나, 푸짐한 요리가 먹고 싶을 때, 혹은 위험한 지역을 방문해야 할 때 등처럼 누군가가 필요한 상황에서 여행객들은 로컬까지는 혼자 방문하지만, 그 후에 동행을 찾는다고 하였다. 다음의 〈표 2-7〉은 나 홀로 여행을 떠난 여행객이 동행자를 찾는 이유에 대한 설명이다. 2018년 한국인 남녀 1,004명을 대상으로 벌인 설문조사 결과 홀로 떠난 여행에서 동행자를 찾아본 적이 있다는 사람은 15%였고, 현재 수많은 해외여행 커뮤니티 사이트에는 동행을 구하는 글이 여행 시즌에 따라 다르지만, 평균 500개에서 1,000개 가까이 올라오고 있다.

〈표 2-7〉 혼자 떠난 여행에서 동행자를 찾은 이유

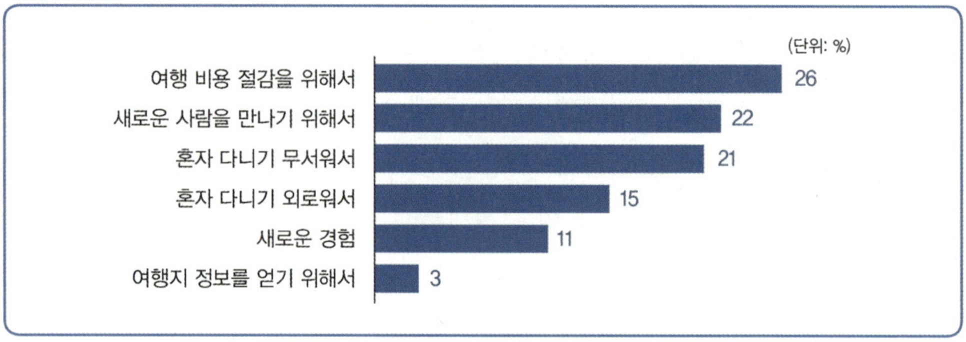

출처: 스카이스캐너(2018), https://www.skyscanner.co.kr/

다음의 〈그림 2-14〉는 2018년 트립어드바이저에서 예약된 상위 10개의 체험 분야와 전년 대비 증가 폭을 나타내고 있다. 1위는 역사적 장소와 유적지 투어, 2위 선셋 크루즈, 3위 프라이빗 일일 관광, 4위 스노쿨링, 5위 카약/카누 체험, 6위 요트와 보트 여행, 7위 카타마란(쌍동선) 여행, 8위 음식 투어, 9위 쿠킹 클래스, 10위 박물관/미술관 티켓 및 패스 구매로 나타났다.

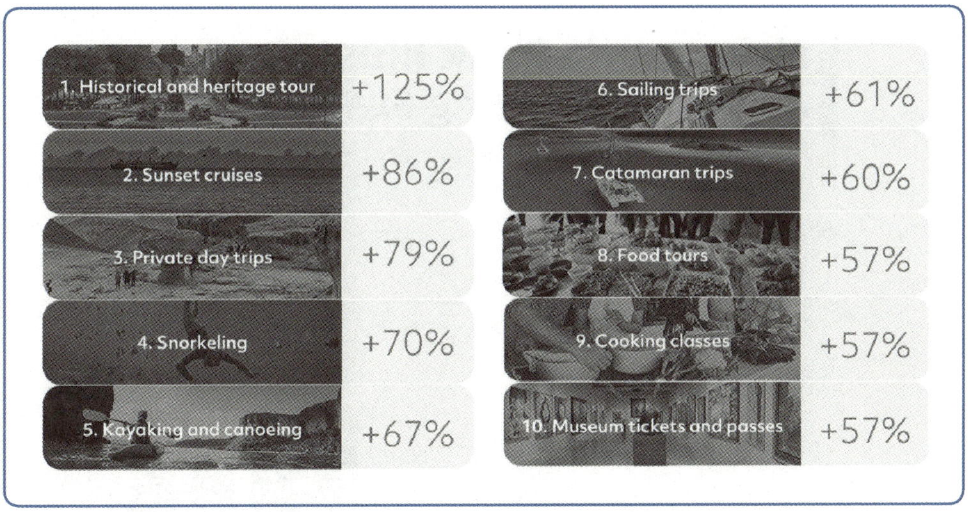

출처: Tripadvisor(2018), https://www.tripadvisor.com/

그림 2-14 전년 대비 총 예약 건수 증가율이 높은 체험분야 상위 10개

(8) 현지인처럼 살기(Live like a local, not with one)

2018년에는 임대 주택이 특히 인기가 있었다. 공유숙소의 요구도가 높아짐으로써 여행객의 33%는 호텔, 콘도미니엄 등을 선호하였고, 21%는 공유숙박에 높은 호응도를 보였다.

공유숙박에 대한 선택으로 지역 주민과 살아보기는 지역과의 유연성 및 문화 알기 이외에도 부담스럽지 않은 금액(30%), 집을 전체로 렌트 가능(12%), 전혀 말을 할 필요가 없는 이유 즉, 앱을 이용해 호스트와 대화를 할 수 있다는 편리성으로 인해 지속적인 관심이 있을 것으로 판단하였다.

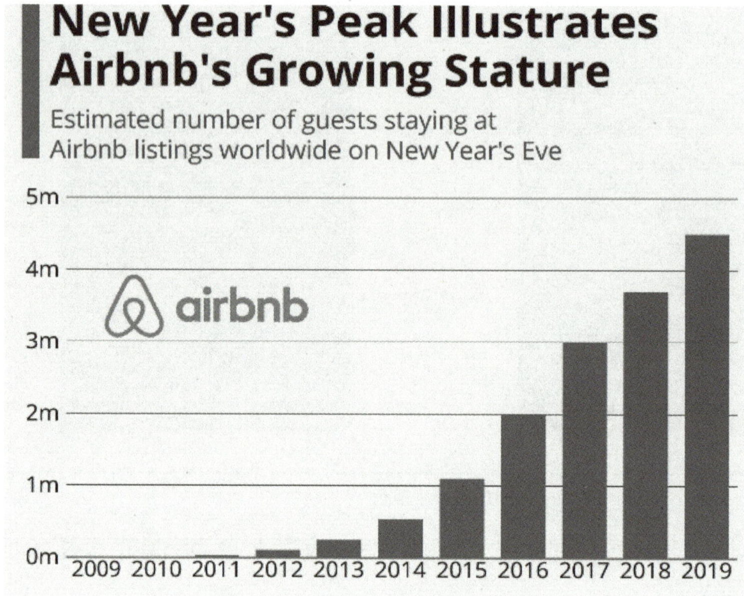

출처: airbnb(2020), https://www.airbnb.com

그림 2-15 airbnb 10년 추이

2) 2019년의 8개 키워드

〈표 2-8〉 2019년 여행 트렌드

키워드	내용
생활 기술 배움 여행	교실과 사무실 칸막이를 넘어서는 경험을 여행에서 얻어 생활에 적용 가능한 기술을 배우고자 한다.
편리한 여행	'편리함'을 위한 기술이 여행 혁신을 판단하는 최고의 표준이 될 것이다. 지난 몇 년간 여행자들은 인공 지능(AI), 가상현실(VR) 및 음성 인식에 관심을 보였고, 이러한 기술은 여행자에게 실용적인 솔루션으로써 완벽하게 제공할 수 있는 혁신이 되었다. 예를 들어, 휴대 전화, 개인 여행 팁 또는 모국어로 손님과 의사소통을 할 수 있는 로봇 안내원을 꼽을 수 있다.
우주여행	NASA는 2222년을 기점으로 달 우주 정거장 건설을 시작할 것이라 하였으며, 궤도 우주 비행에 대한 상당한 투자가 계속될 것이라 하였다. 우주 기술이 발전함에 따라 우주 관광의 전망에 대한 관심도가 높아지고 있다.
가까이에서, 개인적으로	2019년은 여행 정보가 소비되고, 사용되는 방식에 있어 급속한 발전을 보였다. 과거의 포괄적인 여행 가이드와 비교하면 관련성이 높은 개별화된 콘텐츠를 제공함으로써, 여행자의 수요에 완벽하게 통합될 수 있었다.

키워드	내용
의식적인 여행	인권, 평등 및 근로 조건과 같은 사회적 문제에 대한 전 세계 관심의 증가를 반영하여 2019년에는 잠재적 여행 목적지의 사회적, 정치적, 환경적 문제에 대해 많은 질문이 제기되면서 더 의식적인 여행자가 증가하였다.
환상적이지 않은 플라스틱	여행자들은 양심과 함께 여행하고 싶은 욕구에 힘입어 여행 목적지와 숙박시설 선택에 있어 지속가능한 관행에 대한 질문이 심화됨에 따라 지속가능한 스타트업에 대한 투자가 더욱 중요해졌다. 2020년에는 새로운 미래를 형성하기 위해 노력하는 수많은 여행기업이 솔루션의 핵심기술에 흥미로운 기술을 선보였다.
경험 큐레이터	여행객이 먹고, 자는 곳에서부터, 그들이 좋아하는 스포츠 게임과 쇼핑을 함에 이르기까지, 오랫동안 기쁨과 추억을 주는 순간을 만드는 것에 중점을 둔 진정한 경험을 선호하였다.
마이크로 여행의 최대화	전 세계 여행자의 53% 이상은 2019년에 더 많은 주말여행을 계획하였다고 한다. 짧은 기간 내에 축소된 크기의 여행을 즐기는 동시에 더 많은 맞춤형 경험을 하면서도 가성비 있는 소비를 하였다.

출처: Booking.com Reveals 8 Travel Predictions for 2019를 기반으로 재구성

(1) 생활 기술 배움 여행(The Appren-trip)

여행객들은 새로운 유형의 통화와 개인 충족 수단을 대표하여 여행에 더 많은 목적을 부여하고자 하고, 여행자는 그에 합당한 여행지를 선택하였다. 전 세계 여행자의 56%는 여행이 그들에게 귀중한 생활 기술을 가르쳤다는 데 동의함에 따라, 2019년은 사람들이 새로운 것을 배우고자 하는 욕구가 증가할 뿐만 아니라 여러 세대에 걸쳐 자원봉사 및 기술 기반 휴가가 증가하였다.

가장 인기 있는 여행 유형의 목적으로 볼 때 전 세계 여행자의 68%가 새로운 기술을 배우기 위해 문화 교류에 참여하는 것을 선호하였고, 54%는 자원봉사 여행을 고려하였다.

(2) 편리한 여행(Easy does it)

우리를 진정으로 흥분하게 만드는 혁신은 가장 미래 지향적이거나 이국적이지 않다. 57%의 여행자들은 모바일을 통해 실시간 수하물 추적, 계획, 예약 및 여행 요구에 대한 단일 앱의 보유에 대해 더 많은 관심이 있다. 목적지에서 자율 주행 운송을

사용할 가능성을 보여주는 것이 아니라 새로운 차원의 여행 신뢰와 유연성을 단순하게 보이는 데 초점을 둘 것이다. 가정에서는 '가상 여행사'처럼 전 세계 여행자의 거의 31%는 음성 지원 도우미를 사용하여 여행 질문에 응답하며, 20%는 증강 현실과 같은 기술을 보고 여행지에 도착하기 전에 목적지에 대한 정보를 익히고 싶어 한다.

출처: https://pixabay.com

그림 2-16 기술 배움 여행, 여행 모바일 앱

(3) 우주여행(Watch this space-uncharted territories)

여행 및 기타 소비재 회사들은 우주에서의 미래를 준비하고, 새로운 개척을 위한 소비자의 욕구를 충족시키기 위한 테스트에 투자할 것이라 하였다. 40%의 사람들은 미래의 우주여행 전망에 대해 흥분을 느끼며, 38%는 경험 자체를 고려할 것이라 하였다.

우주여행이 현실이 될 때까지 이 용감한 새로운 사고방식은 미지의 영토를 탐험하는 즉, 욕망의 집에 조금 더 가까이 다가가기 위함으로 해석된다. 우주여행에 가장 많은 관심사를 보이는 테라 퍼마(terra firma)는 여행객 중 60%가 해저에서 숙박을 원한다는 것을 확인함으로써, 가까운 미래에는 상상할 수 없었던 새롭고, 겉으로는 불가능한 유형의 휴가용 주택과 호텔이 눈앞에 나타날 것이라 하였다.

(4) 가까이에서, 개인적으로(Up close and personal)

41%의 잠재 여행객은 여행을 위해 AI와 같은 기술을 사용하여 과거의 여행 경험을 바탕으로 여행을 제안해 주기를 원한다. 실제로 여행객의 52%는 디지털 투어 가이드와 같은 기술 여행 혁신이야말로 진정한 맞춤형 경험을 제공한다고 하였다. 모든 여행을 최대한 활용하는 개인적 권장사항의 중요성이 심화됨에 따라, 풍부하고 전문적인 여행 콘텐츠 제작자는 2020년을 기점으로 AI를 사용하여 더 나은 방법으로 이를 배포할 수 있을 것으로 기대함은 물론 여행자 측면에서는 필요사항으로 꼽히고 있다.

(5) 의식적인 여행(Conscious travel)

현재 여행 가능 지역을 선택하는 데 잠재 여행객의 49%는 사회적 문제가 중요하다고 하였고, 58%는 여행 목적지가 부정적인 영향을 미치는 곳이라면 가지 않을 것이라 하였다. 더불어 여행자들은 점점 더 새롭고 진정한 경험을 추구하길 원함에 따라, 성별, 민족 또는 성적 취향과 관계없이 안전을 최우선으로 꼽는다. 데스티네이션프라이드(Destinationpride)와 같은 플랫폼은 여러 데이터 자료의 힘을 활용하여 여행자가 선택한 여행 목적지와 얼마나 친숙한지 순위를 제공함은 물론, 여행 목적지와 혼자 여행하는 여성에 대한 지원을 점차 강화할 것이라 하였다.

데스티네이션프라이드에서는 여행자가 가고자 하는 여행지를 검색했을 때, 해당 지역의 결혼 평등, 성적 활동과 관련한 법, 성 정체성 보호, 차별금지법, 시민의 권리와 자유, 소셜 미디어 감정 평가 등의 6가지 항목을 색깔로 표시하고 점수로 나타낸 후 평균 점수로 해당 국가의 여행 안정성을 평가한다.

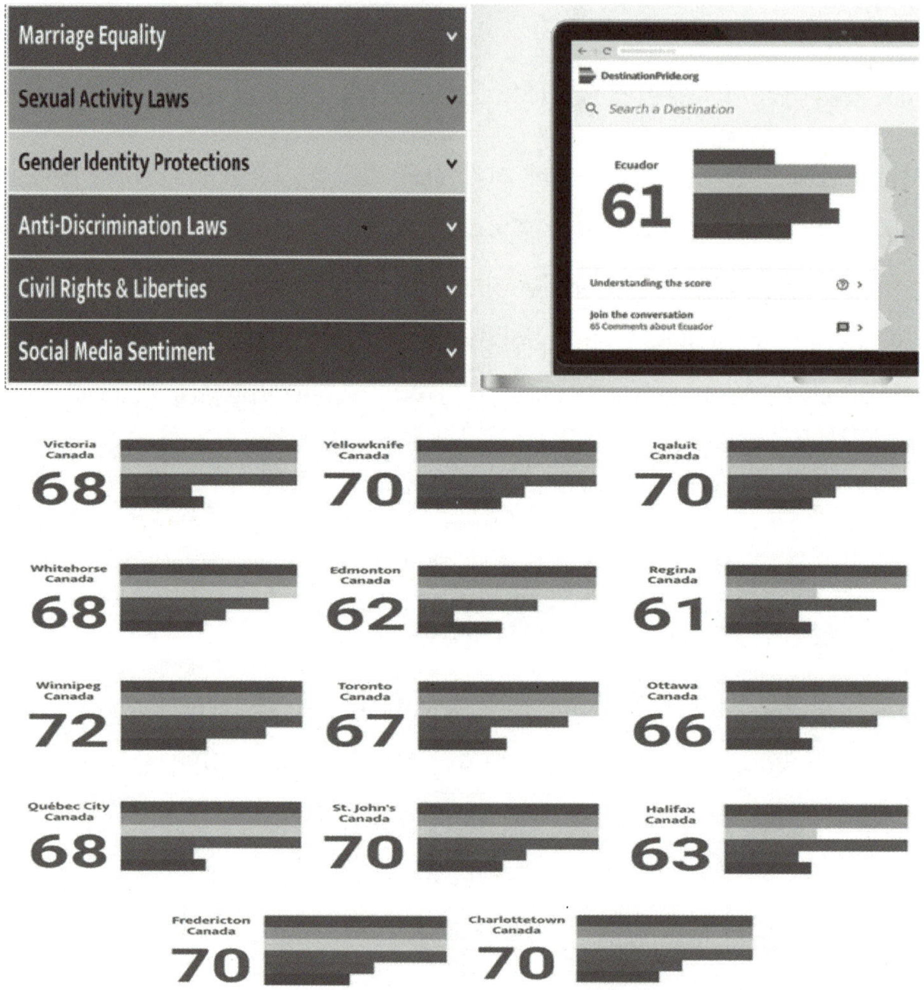

출처: 데스티네이션프라이드(2020), https://destinationpride.org/

그림 2-17 데스티네이션프라이드 화면

(6) 환상적이지 않은 플라스틱(Plastic not-so fantastic)

일회용 플라스틱 문제는 계속해서 화제가 되고 있지만 2019년에는 환경 문제가 더 큰 환경 행동으로 바뀔 것으로 예상하였다. 밀레니얼 세대와 Z세대의 여행자는 목적지에서 지속가능한 경험을 찾고, 숙박시설 제공 업체는 플라스틱 사용량을 줄이는 등 지속가능한 자격 증명을 늘리려고 한다. 여행객의 86%는 사회 체제로 인한 환경 영향을 상쇄하는 활동에 시간을 투자하고 있으며, 37%는 해변이나 다른 관광객의 플라스틱과 쓰레기를 제거하기 위한 노력을 하고 있다.

(7) 경험 큐레이터(The experience curator)

여행자의 60%가량은 여행을 통해 더 높은 경험적 가치를 기대하고 있으며, 2019년에는 여행자들이 다양한 경험의 포장재로 그들을 개성 있게 포장하였다. 우리 모두는 계속된 바쁜 생활로 인한 스트레스의 증가로 새로운 경험에 대한 욕구가 증가하였으며, 이에 2019년 여행자의 42%는 어렸을 적의 추억을 다시 느끼게 하는 목적지를 방문할 계획이라 하였다.

(8) 마이크로 여행의 최대화(Maximizing the micro)

저비용 항공사로 인한 비행 노선의 증가와 치열한 가격 전쟁, 공유 가능하며 쉽고 편리한 주문형 렌터카 및 대중에게 전하는 실시간 대중교통 상황의 안내에 이르기까지 운송 분야의 지속적인 혁신으로 인하여 마이크로 여행은 더욱 다양해지고, 더욱 개인적이며 보람 있게 만들어주었다.

3) 2020년의 8개 키워드

2020년의 여행 트렌드를 파악하기 위해 부킹닷컴은 여행 및 기술 분야의 리더로서의 전문지식을 바탕으로 29개 국가에서 총 22,000명의 설문은 물론 1억 8천 만 개 이상의 검증된 고객 리뷰를 통해 얻은 통찰력을 바탕으로 우리가 기대할 수 있는 앞으로의 주요 여행 동향을 파악하였다.

〈표 2-9〉 2020년 여행 트렌드

키워드	내용
'두 번째 도시' 여행자의 부상	2020년도의 여행은 환경을 보호하기 위해 덜 알려진 목적지를 탐험하는 2차 도시 여행이 도약할 것이다. 전 세계 여행자의 54%가 도심 관광 여행을 줄이는 데 참여하고 싶어 하였고, 51%는 '환경에 미치는 영향을 줄이겠다'라고 생각하며 덜 알려졌지만 유사한 지역의 대안으로 계획했던 여행 목적지를 변경할 것이다.
스마트 기술	스마트하고 신뢰할 수 있는 기술 중심의 권장 사항을 통해 시간을 절약하여, 매 순간 '지금'을 최대한 활용함으로써 쉬운 방법으로 새로운 경험에 닿을 수 있을 것이다.
슬로 여행	과거의 여행 패턴에서는 끊임없이 두려움을 경험하고 가능한 한 속도를 낸 여행을 즐기는 데 노력했지만, 2020년의 여행은 느리게 진행될 것이다. 48%의 여행자가 환경에 저해되는 요인을 줄이기 위해 더 느린 운송 수단을 이용할 계획이며, 61%는 많은 여정을 경험하기 위해 더 긴 경로를 선호할 것이다.
효율성 있는 여행의 재발견	여행자들은 휴가 동안 가능한 한 효율적으로 시간 보내기를 원하고, 전체 휴가 기간 동안 하나의 테마를 선택하던 과거와는 달리 2020년에는 풍부한 경험을 제공하는 목적지를 방문하여 여행자들이 '완벽한 여행'을 탐험함으로써, 지역의 매력을 경험할 것으로 예상한다.
애완동물 친화적 숙소	전 세계 애완동물 소유자의 55%가 애완동물이 자녀만큼 중요하다고 말하면서 2020년은 애완동물을 중심으로 한 새로운 여행 시대를 예고하고 있다. 여행자는 어디를 가야 하는지, 무엇을 해야 하는지 선택하는 데 있어 애완동물의 요구를 먼저 생각할 것이다.
'그랜드' 여행으로 멋진 추억 만들기	2020년은 '조부모의 해'가 될 것이며, 더 많은 조부모가 손자와 함께 휴가를 보내고, 그들의 자식 세대인 중년층이 뒤처지게 될 것이다.
예약 레이스	많은 사람이 여행을 시작하는 장소와 시기는, 식당의 훌륭한 요리를 즐기기 위해 테이블을 예약할 수 있기까지 즉, 대기자 명단이 몇 달 걸리는지에 따라 달라질 것이다.
은퇴 후 여행 계획	인간 수명의 연장으로 적정 나이에서의 퇴직자가 줄어드는 현상과 함께, 조기 퇴직을 계획하는 사람들의 수가 증가함에 따라 서프라이즈 여행에 대한 요구가 증가하였다.

출처: Booking.com, Predicts the Top Travel Trends for 2020을 기반으로 재구성

(1) '두 번째 도시' 여행자의 부상(The rise of the 'second city' traveler)

전 세계 여행객의 60%는 여행 목적지를 추천하는 서비스(앱/웹 사이트)에 접근하기 위해 노력하고 있다. 여행자의 여행 선호도를 이해하고 선택한 국가와 지역의 대체 목적지 또는 덜 알려진 목적지와 일치시켜 여행자가 2차 도시/이웃 목적지를

쉽게 식별할 수 있도록 하는 기능을 도입하였다. 이는 여행 생태계 전체에 협업이 증가하면서 더 많은 인식 있는 캠페인과 인프라 개선이 방문자의 여행을 더욱 유도할 것으로 판단하고 있다.

(2) 스마트 기술(Tech-spect the unexpected)

2020년은 여행의 의사 결정 프로세스 핵심 측면에서, 기술이 손에 훨씬 더 쉽고 견고하게 다가오는 것을 보게 될 것이다. 우리에게는 어떤 여행을 선택해야 할지 결정하는 것이 압도적인 관심사일 수 있지만, 해가 갈수록 독창적인 기술이 발전되어 현재까지의 장애물을 쉽게 극복할 수 있게 될 것이다. 전 세계 여행자의 46%는 여행 중에 실시간으로 여행의 다음 활동을 빠르고 쉽게 탐색하고 예약할 수 있는 앱을 사용할 것이라고 말했으며, 44%는 앱을 사용하여 사전 계획을 한다고 답변하였다. 이러한 요구에 부응하여 2020년에는 현재의 선호도, 이전 여행, 날씨, 인기 여행지와 같은 주요 상황적 요인을 기반으로 방문할 목적지, 체류할 장소 및 해야 할 일(활동)에 대한 맞춤형 제안을 하는 인공 지능의 더 많은 응용 프로그램을 볼 수 있을 것이다.

(3) 슬로 여행(Slo-Mo is the new #FOMO)

페달을 밟는 자전거부터 트램, 썰매와 보트에 이르기까지 속도를 낮추고자 하는 욕구를 자극하는 운송 수단도 나올 것이다. 실제로, 여행자의 64%는 역사적인 기차 여행(예: 플라잉 스코트 맨, 오리엔트 익스프레스)을 통해 과거로 돌아가는 느낌에 관심을 두고 있으며, 1년 동안이란 긴 시간의 느리고 특별한 여행을 기대하고 있다.

출처: https://pixabay.com

그림 2-18 슬로 여행

(4) 효율성 있는 여행의 재발견(Discovering the all-amusive escape)

급변하는 세계의 의미는 현대인 대부분이 시간에 쫓긴다는 것을 의미하기도 한다. 전 세계 여행자의 54%는 자신이 좋아하는 모든 활동과 명소가 가까이 있는 곳으로 한 번에 긴 여행을 가고 싶다고 말했으며, 62%는 자신이 좋아하는 활동을 모두 제공하는 목적지를 선택하겠다고 하였다. 그리고 여행 시간을 절약하기 위해 서로 가까운 지역을 선택하길 원해 여행 업계는 다양한 여행을 위한 일정과 노선의 여정을 큐레이터가 해당 여행지에서 최대한 활용하여 여행자의 접근성이 더 쉬워질 것이다. 예를 들어, 빌라 발코니에서 감상할 수 있는 뛰어난 자연경관부터 역사적인 명소, 멋진 공원과 해변까지, 온종일 탐험한 후에 누릴 수 있는 휴식과 환상적인 저녁 식사를 효율성 있게 제공할 곳을 원할 것으로 예상한다.

(5) 애완동물 친화적 숙소(Pets in the priority lane)

전 세계 애완동물 소유자의 42%는 애완동물과 함께 숙박할 수 있는지에 따라 휴가지를 선택하고 49%는 애완동물에게 친화적인 숙박시설에 머물기 위해 더 큰 비용을 기꺼이 지불할 것이라 하였다. 이러한 추세를 반영하여 반려동물에게 친화적인 숙박시설의 수가 계속 증가하고 있으며, 전 세계의 숙박시설은 반려동물 맞춤형 제품과 편의시설에 대한 대비를 높이기 위해 혁신적인 방법을 계속 모색할 것이다. 예를 들어, 애완견 침대, 애완동물 스파, 전용 룸서비스 메뉴 및 특별히 설계된 애완동물 식당과 같이 애완동물 호텔계 5성급 호텔을 경험할 수 있을 것이다.

출처: https://pixabay.com

그림 2-19 펫 친화적 투어

(6) '그랜드' 여행으로 멋진 추억 만들기(Making great memories with 'grand' getaways)

조부모의 72%는 손자와 시간을 보내면서 젊음을 느낀다고 하였고, 71%는 그들의 자식과 손자가 떨어진 즉, 자식이 혼자 보낼 시간이 있어야 한다고 생각한다. 오늘날은 실버 세대가 더 건강하고 모험적이며 젊고 활동적인 모습을 유지하기를 원한다는 사실과 함께, 두 세대 모두가 참여할 수 있는 적극적인 경험을 제공하는 '그랜드 휴가'가 두드러지게 나타나고 있어, 당분간의 트렌드로 자리 잡을 것으로 예상한다.

출처: https://pixabay.com

그림 2-20 그랜드 휴가

(7) 예약 레이스(Race to the reservation)

여행자들이 여행 의사 결정의 최전선에 요리 야망을 품고 모든 중요한 예약이 식당 예약임을 보게 될 것이다. 하지만 풍부한 소셜 미디어 콘텐츠의 추천으로 인해 미슐랭 등과 같은 근사한 식당을 이야기하는 것만은 아님을 표현하고 있으며, 현지인들 사이에서 오랫동안 인기를 얻었던 숨겨진 보석과 같은 곳에 초점을 맞추고 있다. 따라서 인기 있는 자국의 풍미를 제공하는 장소로 현지의 미식 경험을 찾는 여행자들의 흥미를 유발할 것이다. 전 세계 여행자 중 71%는 휴가 시 현지에서 생산된 농수산물을 먹는 것이 중요하다고 말함으로써, 여행자들은 이 여행 목적지에서의 식사 기회를 중심으로 휴가 계획을 세울 것이다. 다음의 〈표 2-10〉과 〈표 2-11〉은 Software Advice(2015)가 제공한 자료로 미국 호텔 숙박 여행자의 491명을 대상으로 여행자가 관심 있는 음식 트렌드를 조사하고, 동일한 집단의 781명에게 여행 중 참여하고 싶은 음식 관련 행사 유형에 대하여 설문조사를 한 결과이다.

〈표 2-10〉 여행자가 관심 있는 음식 트렌드

(단위: %)

순위 및 음식 트렌드	비율
1위 Fam-to-table(농장직거래 농산물을 이용한 요리)	31%
2위 푸드트럭	26%
3위 유기농 음식	25%
4위 분자요리(Molecular Gastronomy)	17%

출처: Software Advice(2015), https://www.softwareadvice.com/

〈표 2-11〉 여행 중 참여하고 싶은 음식 관련 행사 유형

(단위: %)

순위 및 행사 유형	비율
1위 푸드 페스티벌(음식축제)	24
2위 와인 시음/포도농장 투어	19
3위 양조장 투어	18
4위 유기농 농장 투어	12
5위 요리수업 및 시연	12
6위 가이드와 함께하는 바 크롤(몇 군데의 바를 돌며 술을 즐김)	10
7위 어린이 맞춤형 요리/영양 수업	4

출처: Software Advice(2015), https://www.softwareadvice.com/

(8) 은퇴 후 여행 계획(Fast track to long-term travel)

2020년에는 여행자들의 사고방식을 바꾸고 미래의 큰 계획을 세우기 시작하는 때이다. 전 세계 여행자의 65%가 여행이란 자유 시간을 보내기에 완벽한 방법이라고 하였다. 전 세계 여행자의 47%는 은퇴 후 여행 선택에 더 많은 계획을 세울 것이며, 이미 은퇴자들의 19%는 이러한 계획을 실행하고 있다. 수많은 연령대 즉, 은퇴 연

령대를 비롯하여 폭넓은 세대가 여행을 선호함으로써, 미래의 여행을 위한 '퇴직 여행 저축'을 계획하고, 이 같은 프로세스를 시작하는 데 도움이 되는 상품도 등장하였다. 미래의 세대는 그들이 가장 긴 휴가를 보내기 위하여 여행 적금을 마련하고 있다.

출처: https://pixabay.com

그림 2-21 은퇴 여행

Chapter

3

여행의 개념

Chapter 3 여행의 개념

1. 여행의 개념

1) 여행의 현대적 개념

현대인들의 여행은 노동시간의 단축에 따른 여가시간의 증가 및 가처분소득 증대, 교통수단의 발달 및 자가용의 소유에 따른 이동의 편리함 증대, 소확행(작지만 확실한 자신만의 행복)에 따른 개인적인 즐거움과 행복 추구 등은 전반적으로 삶의 질을 높여줄 뿐만 아니라 삶의 가치관의 변화로 자신을 존중하고 여행 소비에 대한 관여도가 높아지면서 여행 그 자체를 하나의 생활로 간주하게 되었다.

여행은 일상생활을 벗어나 미지의 지역이나 자연에 대한 새로움을 경험하고 그 지역의 사회문화를 체험하며 삶의 에너지를 재충전하고 활력을 채워 다시 집으로 돌아오는 활동이라고 할 수 있다.

따라서 현대인들은 이러한 여행과 관광을 통해 또 다른 문화경험과 타 지역의 신기한 풍물 및 풍습을 접함으로써 지루하게 반복되는 일상패턴과 도시생활의 긴장감 및 소외감에서 잠시나마 벗어나 재충전을 하고 활력을 되찾을 수 있으며 더 나아가 의식주 이외의 자아실현과 삶의 질을 향상시킬 수 있어 개인의 자존감을 높일 수 있는 긍정적인 측면이 있다.

이와 같은 인식은 복잡한 현대사회의 경쟁시대에서 쌓여가는 스트레스에서 벗어나 새로운 변화를 지향하고 생활수준의 향상과 더불어 글로벌 시대에서 자신의 새로운 가치관과 인생관을 형성하기 위하여 새로운 세계로 여행을 하며 다양성과 창의성을 발휘할 수 있을 뿐만 아니라 개인적인 자아실현 성취로 더욱 긍정적이고 행복한 삶을 추구할 수 있기 때문에 여행은 인간의 새로운 사회현상의 하나로 자리잡아 가고 있다.

2) 여행의 정의

여행을 말할 때 흔히 우리는 집을 떠난다, 자유를 향하여 길을 떠난다, 또는 일상으로부터의 탈출이라고 한다.

여행은 인간이 거주지를 떠나 다른 곳에서 정착하게 되는 이동(이주)과 다른 곳으로 이동하였다가 다시 원래의 정착지로 돌아오는 여행으로 구별된다.

여행의 어원을 한자에서 살펴보면 '旅'는 人과 方을 합성시킨 문자로 나그네, 여행, 무리, 군사를 뜻하며 '行'은 가다, 걷다, 나아가다, 움직이다의 뜻으로 여행은 인간이 어떤 곳으로 움직이고 나아간다는 뜻을 나타내고 있다.

영어에서의 어원은 'travel'로서, 이는 'trouble'의 걱정, 고생, 고뇌의 뜻을 지니고 있으며, 정착하고 있는 거주지를 벗어나 다른 장소로 이동한다는 의미를 가지고 있다. 'toil'은 고통, 힘든 일과 같은 의미를 가지고 있으며, 라틴어의 'travail'(고된 일)에서 그 어원을 찾을 수 있다.

최근에는 짧은 기간의 여행을 의미하는 '투어(tour)'라는 용어로도 사용되고 있다. 이 용어는 라틴어로 'tornus'에서 유래되었으며 여러 곳을 순회하며 여행하는 것을 뜻한다. 이처럼 여행에서는 고생, 고통 등 힘든 상황이 수반되고, 안전과 질병에 대한 걱정도 수반됨을 알 수 있다.

여행의 어원을 살펴보면, 여행이란 '이동'과 '무리'라는 공통의 개념이 있음을 알 수 있다. 과거 인간의 이동과 목적은 '이주(immigration)'와 '여행(tour)'의 두 가지 개념으로 구분된다.

여행에 있어서 인간의 이동이란 과거에는 여행자들이 도둑들의 습격이나 여러 형태의 강자들로부터의 약탈을 피하기 위하여 집단으로 이동하며 생활권을 여러 군데로 옮겨 다니는 이주형태였다면, 근대에는 일상의 보편적인 생활권으로부터 벗어나 미지의 세계의 사회 · 문화 등을 살피고 경험해 보는 여행의 형태로 변화되었다. 또한 최근 4차 산업혁명의 시대를 맞아 인터넷 및 IT 발달로 여행목적지 및 교통수단에 따른 다양한 정보를 미리 획득할 수 있고, 여행 중에도 여행 장소에 대한 숙박 및 환경에 대한 관련 정보를 탐색할 수 있는 수단이 다양해지고 있어 여행에 대한 관여도와 기회가 한층 높아지는 상황이다.

여행(旅行)의 용어는 어원의 뜻에 기초한 이동이라는 측면에서 머무르던 곳에서 다른 곳으로의 움직임, 즉 이동행위로서 넓은 의미로 정의를 내릴 수 있으며 구체적으로는 관광과 유사한 의미로 거주지에서 타지로 떠나서 일상 생활권을 잠시 떠났다가 다시 집으로 돌아오는 회귀의 본능을 가진 경험과정의 총체라는 개념으로 볼 수 있다. 즉 여행은 직업적인 노동시간의 선상에서 벗어난 오롯이 개인의 여가시간을 활용하여 일상 생활권을 탈피하여 의식주 이외의 자아실현과 삶의 질의 향상을 위하여 문화, 풍습, 자연적 환경 등을 다양하게 즐기고 다시 거주지로 돌아올 예정으로 떠나는 이동행위라고 할 수 있다.

2. 여행의 욕구와 동기

1) 여행의 욕구

욕구는 근본적으로 무엇인가 부족한 상태를 의미하며, 인간에게 다양한 측면에서 무수히 많은 유형의 욕구를 나타낼 수 있다.

인간은 기본적으로 욕구를 갖는 존재로서 항상 무엇인가를 끊임없이 원하고 지속적으로 또 다른 무엇인가를 원한다.

여러 학자들에 의하면 인간의 욕구는 크게 다섯 단계로 생리적 욕구, 안전의 욕구, 소속과 애정의 욕구, 존경의 욕구, 자아실현의 욕구 등으로 나누어 설명되고 있다. 여행의 측면에서 첫째, '생리적 욕구'는 1차원의 가장 기본적 욕구로서 일상 생활권에서 쌓인 스트레스와 무료함으로부터 자유롭게 벗어나 여행하는 것을 의미하여 신체적 건강증진과 심리적 정신휴양을 위한 것이다.

둘째, 안전의 욕구는 '신체적 안전과 심리적 안정에 관련된 욕구로서 신체적 안전보호와 생활을 위한 안정된 직업, 1단계의 생리적 욕구의 계속적 유지를 위한 욕구이다.

셋째, 3단계인 '소속과 애정의 욕구'는 생리적 욕구와 안전의 욕구가 충족된 후의 단계로 다른 사람들과의 애정, 타인들과의 다정한 사회구성원과의 관계를 형성하고 동료의식을 얻기 위한 MT 등 사회적인 욕구를 유지하려 하는 욕구로 사회적 욕구라고도 한다.

넷째, 4단계인 '존경의 욕구'는 대부분의 사람들이 사회생활을 통해서 기본적인 생활권 이외에 자신에 대한 평판을 높이 평가하고 자신을 존중해 주며, 자존심을 지니고 존경받기를 바라는 욕구이다. 이러한 존경의 욕구에 대한 만족은 자신감, 자존감, 명성, 권력, 지배를 만들어낸다.

여행적인 측면에서는 가보지 않은 미지의 여행 목적지나 호화로움과 수준 높은 서비스의 유람선여행을 통하여 여행경험을 다른 사람과 공유하는 방식에서 존경의 욕구를 찾기도 한다.

마지막으로 5단계인 '자아실현의 욕구'는 인간이 될 수 있는 한 되고 싶어 하는 욕망을 가지는 것으로 즉, 자기완성에 대한 갈망을 뜻하는 것으로 이 욕구는 자아발전이나 창조성과 깊이 연관되어 있고 개인의 성향에 따라 매우 다양하게 표현된다.

여행적인 측면으로서 탐구적인 모험을 통하여 자기 스스로를 평가하고 자아발견을 하려는 욕구로 평범한 여행이 아닌 특별한 여행의 기회를 가지고자 하는 경우가 이에 해당된다.

이처럼 다양한 여행의 욕구는 여러 가지 여행 동기에 의해 실질적인 행동으로 표현되며, 이러한 여행 동기는 궁극적으로 여행자의 여행결정요인이 된다. 또한 여행 욕구는 외부적 자극 또는 노출된 여행사 및 미디어의 각종 정보매체를 통한 여행정보를 이용한 동기부여로부터 소비자가 적극적인 욕구를 나타낼 수 있다.

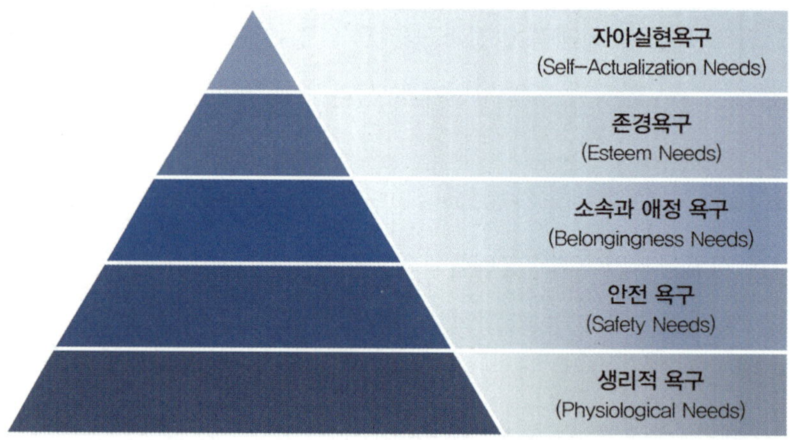

출처: 박진영 · 홍경옥 · 서보익, 관광객 행동의 이해, 남두도서, 2004, p.164

그림 3-1 Maslow의 욕구단계

2) 여행의 동기

그리스 철학자들에 의하면 동기란 '인간은 고통을 피하고 기쁨을 추구하기 위해 동기화'된다고 최초로 설명하였으며, '움직이다'의 의미를 가진 라틴어의 'movere'에서 어원을 찾아볼 수 있다.

인간은 어떠한 시점과 상황에서 다양한 욕구와 동기를 가지게 된다. 소비자들은 여행에 대한 다양한 이유와 동기를 가지고 여행이나 관광목적지에 참여하게 된다.

모든 여행의 행동은 동기로부터 시작된다. 동기는 여행에 있어 초기에 취하는 행동이고 여행행동을 지배하는 궁극적인 충동력으로 인식되고 있으며, 목적지 선택을 위한 과정으로 심리학자들은 동기를 긴장상태를 감소시키기 위한 적극적인 충동행동으로 정의한다.

여행의 동기에 있어서 긴장, 불안, 태도, 과정, 피로감 등과 같은 생리적 욕구를 비롯한 존경, 소속, 인정, 편안함 등과 같은 심리적 욕구도 있다. 즉 여행동기는 스트레스 해소, 일상탈출, 휴식, 편안함, 개인적인 만족감, 타 지역의 문화적 체험, 의식주를 벗어난 자아만족의 동기로서 어떤 행동을 충동시키는 데 있어서 충분한 압력을 가하는 욕구라고 할 수 있다.

또한 인간의 기본적 여행 동기는 단 한 가지의 동기만이 개입되어 있는 것은 아니며 여행은 다소 복잡하고 상징적인 행동양식으로서 여행자는 그것을 통하여 많은 욕구를 한꺼번에 충족하여 만족을 가지려고 하는 경향이 있다.

일반적으로 여행의 동기는 다음과 같은 요인으로 분류할 수 있다.

(1) 생리적 동기

생리적 동기는 일상적인 생활의 무료함, 반복적인 권태로부터 벗어나 신체적인 휴식과 치료 및 요양에 대한 욕구를 위해 휴식과 긴장완화를 통한 여러 가지의 활동 등이 여행 동기를 가져온다.

(2) 안정적 동기

안정적 동기는 건강증진 및 건강보호 증진을 위해 일상을 탈피하여 휴식, 요양, 치료, 온천관광 등 여러 가지 건강 및 운동 욕구의 동기가 생기는 여행욕구를 말한다.

(3) 사회적 동기

사회적 동기는 경제적인 욕구와 유사하며 사회적으로 다양한 사람들을 사교적으로 만나는 욕구를 비롯하여 친구, 지인, 사회적 동료 등을 방문하기 위한 욕구와 낯선 타지에서 새로운 사람을 만나며 터득하는 지식 및 견문 등을 포함한다.

(4) 자아실현의 동기

동기가 발생하게 되는데 이는 여행을 통해 자신을 발견하는 좋은 수단이 될 수 있다. 즉 자아실현의 동기는 스포츠대회 참여, 미지의 세계 탐구, 철인 3종 경기 도전 등의 창의적인 여행활동을 통해 자신의 능력에 대한 한계를 시험해 보는 경우가 여기에 해당한다.

〈표 3-1〉 기본적 여행 동기 4가지

유형	여행 동기
생리적 동기(신체적 동기)	신체휴식, 스포츠참여, 해변에서의 위락, 오락, 건강의 고려, 휴식, 긴장완화
문화사회적 · 대인적 동기	타국의 음악, 미술, 민속, 춤, 조각, 종교에 대한 지식탐구, 친구, 친지방문, 새로운 사회적 친구에 대한 요구
안전의 동기	온천, 해수욕장, 등산 등 건강증진 목표
자아실현의 동기	인지, 관심, 이해와 평판의 욕망

출처: Mcintosh, R. W.(1977), Tourism: Priciples, practices, philosophies(2nd ed.), Columbus, Ohio: Grid Inc., 1984, pp.60-65

3. 여행의 형태와 종류

오늘날 사회변화는 현대인들이 일상생활의 긴장감과 소외감에서 벗어나고 일상에서 탈출을 통해 생활의 권태감을 해소시키기 위하여 여행을 추구하며 삶의 여유와 휴식을 통해 재충전의 기회를 갖고자 시간과 비용을 소비하는 데 적극적인 생활의 태도로 변화되는 추세다(고호석, 2005).

한국관광공사에 의하면, 외래 관광객의 여행형태는 개별여행, 단체여행, 에어텔로 구분된다. 여행형태의 종류는 여행의 목적, 여행의 동기, 여행의 규모와 기간, 여행방향, 기획자의 의도, 여행자의 연령대, 여행상품, 판매유형, 여행코스 등에 따라 분류해 볼 수 있다.

1) 여행목적에 의한 분류

(1) 위락여행

위락여행은 개인의 시간과 비용, 여행목적에 따라 비교적 자유로운 여행의 형태로 개인의 취향이 다소 많이 적용된다고 볼 수 있다. 일반적으로 개인의 휴양, 휴가, 견학 등 여행 주관자의 여행목표가 많이 적용되는 형태의 여행으로서 일생생활의 무료함과 업무에 지친 일상생활에서 벗어나 즐기는 새로운 여행을 의미한다.

(2) 상용여행

상용여행은 사업이나 전문적인 직업과 관련된 목적을 위하여 일상적인 평소의 생활환경에서 벗어나서 머무는 숙박여행의 형태이며, 상용여행의 주된 이유는 비즈니스가 대부분의 일정으로 상품전시회, 시장 견학, 공무출장, 회의 참석 등이 대표적이다(김태영, 2003).

여행은 그 목적에 따라 상용여행과 여가여행으로 구분할 수 있다. 상용여행은 주로 기업 개인, 국제회의, 인센티브를 목적으로 하는 여행이며, 여가여행은 휴가, 공휴일, 여행, 친지 방문 여행 등을 목적으로 한다(Shaw, 1990; 정익준 · 장태선, 1999).

2) 여행규모에 의한 분류

(1) 개인여행(individual tour)

개인여행은 9명 이하의 여행으로 4명까지는 개인요금을 적용하고 5~9인은 소그룹의 요금을 적용하며, 개인여행은 여행자 개인의 의사에 따라 자유롭게 일정을 조율할 수 있으며 여행사가 호텔, 숙박, 항공편, 기차 등의 교통수단 예약을 대행하게 되는데 단체여행과 비교 시 비용이 비경제적인 반면 개인 취향에 따라 자유롭게 여행을 즐길 수 있는 장점이 있다.

(2) 단체여행

단체여행(GRP)은 10명 이상의 여행으로 단체요금을 적용하며, 개인여행과는 모집방법이 다르며 여행자대상이 희망하는 일정을 공통적으로 적용하여 이에 명시된 사항을 전체적으로 수행하는 여행이다. 이 여행의 목적은 주로 참여자들과의 친목과 공동의 여행으로 인한 비용이 개인여행과 비교 시 경제적인 것이 특징이다. 또한 기업 및 기관에서 성과 및 근무우수자를 선발하여 기회를 주는 보상여행, 수학여행, 국가의 공공목적성을 띠는 산업시찰, 지자체, 산업체 등의 홍보 및 교육, 종교목적을 둔 선교순례 등으로 구분할 수 있다.

3) 여행코스에 의한 분류

(1) 피스톤(piston)형

피스톤형은 여행자가 출발하여 단일 여행 목적지에 도달하여 그 여행지에서만 체류하고 다시 동일한 경로를 통하여 출발했던 곳으로 되돌아오는 가장 단순한 반복식 여행코스이다.

이 여행의 형태는 단일 목적지에서 발생하는 지출이 대부분으로 소비행위를 많이 하지 않아 지출이 적게 드는 특성이 있다.

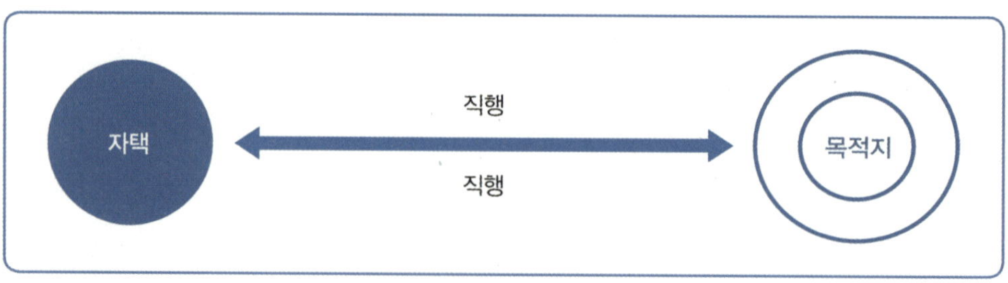

그림 3-2 피스톤형

(2) 스푼(spoon)형

스푼형은 여행자가 출발지로부터 단일여행 목적지까지 같은 경로로 도달한 다음 그곳 내에서 주변관광, 휴식, 여가시간 등 여러 곳을 여행하는 형태이다.

스푼형의 특성은 여행소비가 피스톤형보다 여행소비지출이 많이 발생하며, 목적지에서의 여행활동이 다양하여 보다 많은 서비스가 요구된다.

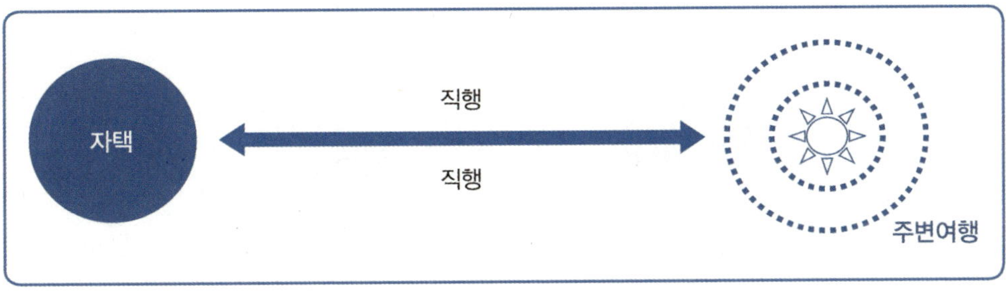

그림 3-3 스푼형

(3) 핀(pin)형

핀형은 안전핀형이라고도 하며 여행자가 출발지에서 여행목적지까지 도달한 다음 스푼형과 같은 형태로 자유로운 휴식 및 여행을 한 다음 출발코스와는 다른 경로를 이용하여 출발지로 되돌아오는 여행유형으로 핀형은 피스톤형과 스푼형보다 여행경비가 더 많이 지출되는 특성이 있다.

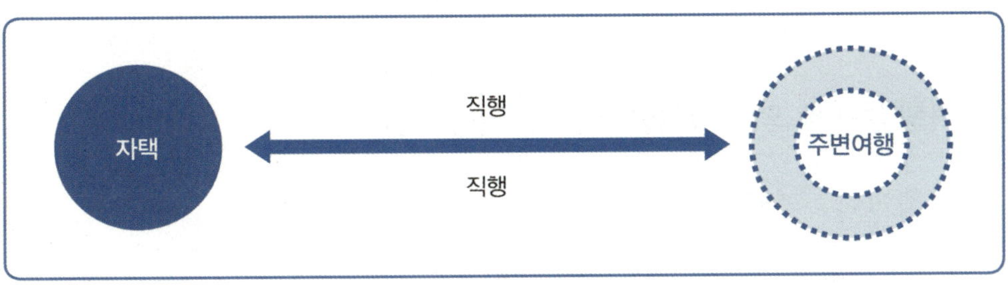

그림 3-4 핀형

(4) 템블린(Tumblin)형

템블린형은 여행자가 출발지 주변에서부터 여러 목적지를 여행한 후 되돌아갈때는 출발코스와 다른 경로를 이용하며, 비교적 다른 형태보다는 여행 시 체류시간이 길고 여행소비에 대한 지출도 많고 비교적 자유로운 여행코스 형태이다.

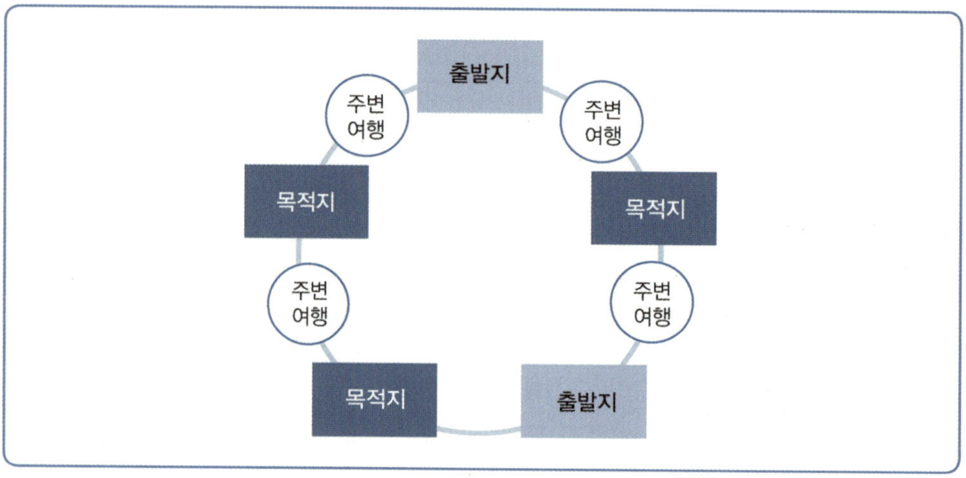

그림 3-5 템블린형

이상 4가지 코스의 여행유형을 살펴보면, 피스톤형에서 템블린형으로 갈수록 여행시간과 여행경비가 증가하고, 단독여행을 계획하기에는 정보수집 및 목적지 환경 분석, 각종 서비스 등의 예약대행 등에 관하여 전문가의 도움이 필요하다. 따라서 여행코스에 따른 여행관련 전문가의 기관이 필요하며 이러한 구조는 여행자와 여행산업의 생성 및 발달과도 연관성이 있다(안대희 · 윤대순 외).

4) 여행방향에 의한 분류(국경에 의한 분류)

(1) 인바운드 여행(inbound tour & incoming tour)

인바운드 여행은 외국인이 국내로 입국하여 국내여행을 하는 형태로서, 경제적으로는 외화획득을 가져올 수 있으며 국제적인 이미지 제고와 국제관광외교라는 점에서 정부나 문화체육관광부 등에서도 관광정책으로써 전략적으로 육성하기 위하여 외국인 관광객 증대에 많은 노력과 관심을 기울이고 있다. 현대의 여행은 개별적으로 강한 호기심을 갖고 자신이 속한 지역 외의 공간에 대한 탐색욕구가 생기면서 이로 인한 인바운드 여행이 관광산업의 중요한 부분으로 부상하면서 전 세계적으로 증가하는 추세에 있다.

이러한 세계적 추세의 인바운드 성장에 따라 인바운드 관광시장은 점점 체계화되고 있으며 여행자에게 전문적인 여행상담, 여행에 필요한 대행서비스, 여행안내를 제공하는 인바운드 시장이 형성되고 있다(정보배, 2012). 특히 우리나라의 경우, 케이팝, 드라마, 영화 등 한류관광이 인바운드 여행을 견인하고 있으며 이는 한국의 대외 이미지를 높이고 한국에 대한 홍보를 위한 매개체 역할도 할 수 있다.

(2) 아웃바운드 여행(outbound tour)

아웃바운드 여행은 내국인이 국외로 나가서 여행하는 형태이다. 아웃바운드 여행은 인바운드 여행과 반대되는 형태로 외화유출이라는 경제적 관점에서 관광통계의 지표가 되며, 사회적 · 경제적 · 문화적 · 정치적 상황에 따라 아웃바운드 여행의 수치가 인바운드 여행의 수치보다 높을 때는 부정적으로 나타나는 사회적 현상이 되기도 하지만, 글로벌 시대를 사는 현대인이 외국의 다양한 관광을 경험함으로써 사고의 다양성을 넓힐 수 있다는 장점도 있다.

5) 안내조건에 의한 분류

(1) IIT(Inclusive independent tour)

IIT는 현지안내원제도(Local guide system)라고도 하며 인솔자의 동승 없이 현지에서 안내만 받는 것이며, 그 이외의 일정은 여행자 단독으로 여행하는 형태이다. 개인여행을 뜻하는 FIT(Foreign independent tour)는 어떤 안내도 받지 않고 개인 단독으로 외국을 여행하는 형태이다.

(2) ICT(Inclusive conducted tour)

ICT는 인솔자가 여행 시작부터 동승하여 여행 전 과정을 안내하는 형태로, 주로 개인여행보다는 단체여행자가 많이 이용하는 형태이다.

6) 판매유형에 의한 분류

(1) 기획여행(planning made tour & ready made tour)

「관광진흥법」은 제2조 제3호에서 "기획여행이란 여행업을 경영하는 자가 국외여행을 하려는 여행자를 위하여 여행의 목적지 · 일정, 여행자가 제공받을 운송 또는 숙박 등의 서비스 내용과 그 요금 등에 관한 사항을 미리 정하고 이에 참가하는 여행자를 모집하여 실시하는 여행을 말한다"고 정의하고 있다. 기획여행의 특성으로는 여행업자가 항공, 숙박 등을 장기계약으로 일시에 대량으로 호텔 및 항공사와 계약해 두고 여행사 요금 세트로 상품을 기획하여 판매하기 때문에 고객 측면에서 상품에 대한 선택기회가 있고, 참가하는 인원수에 따라 비교적 가격이 저렴하다는 장점이 있으며, 제공자 측면에서는 비교적 용이한 판매력과 높은 수익률을 견인하는 장점이 있다. 또한 이러한 기획상품으로 인하여 해외여행의 대중화가 활성화되는데 결정적인 역할을 하였다(김진섭, 여행업경영론, 법문사, 1986: 25-26).

(2) 주문여행(order made tour)

고객 개인의 주문에 맞게 맞춤식의 여행상품을 개별적으로 기획하여 생산하고 판매하는 상품으로 개인취향에 맞는 상품을 기획해야 하므로 상품성에 대한 한계가 있을 수 있으며 여행목적지에 따라 수배 등이 복잡하고 이에 따른 제공자의 수익률도 비교적 낮다.

(3) 복합여행(half tour & easy order tour)

기획여행의 규모나 목적지에 따라 부분적으로 여행자의 개별적인 주문에 의해 기획하고 판매하는 상품으로 기획여행과 주문여행의 중간형으로 보면 된다.

(4) 선택여행(optional tour)

임의여행이라고도 하며 소비자중심형의 여행상품이다. 여행자가 계획에 없었던 임의의 상품을 주문해도 이를 즉시 기획하고 수배하여 상품을 제공하게 된다. 선택여행은 소비자의 여행행태에 따른 기준과 수준이 높아짐에 따라 기대이상의 상품을 원하는 여행자에게 제공자는 그들의 다양하고 높은 욕구를 만족시키기 위해 여행상품의 질을 높여야 하는 단점은 있지만 비교적 높은 수익성을 가져올 수 있는 장점이 있다.

7) 여행형태에 의한 분류

(1) 패키지여행(package tour)

여행사가 주최가 되어 여행상품을 위한 항공, 숙박, 식당, 관광, 쇼핑 등을 미리 예약하여 소요되는 모든 비용을 포함한 상품으로 패키지여행을 원하는 모든 여행자에게 가격적인 혜택을 부여하여 일반상품보다 낮은 가격에 판매한다. 이러한 'package tour'상품을 UNWTO(world tourism organization)에서는 여행목적지, 숙박, 교통수단, 각종 서비스, 관광매력을 결합시킨 것이라고 정의하였다. 또한 패키지 여행상품이란 여행 주최자가 교통, 숙박, 식사, 그 밖의 여행에 수반되는 모든 서비스를 직접 준비하여 불특정 다수에게 저렴하게 판매함으로써 고객에 대한 가격혜택을 부여하는 동시에 짜임새 있는 여행상품을 조합하여 상품화한 것이다. 판매되는 패키지상품은 가격과 종류에 따라 장점과 단점이 상존하는 상품이다.

〈표 3-2〉 패키지여행상품의 장점과 단점

구분	여행자 측면	여행사 측면
장점	• 편의성 도모 • 경제적 이점 • 품질의 보장 • 심리적 안정감 • 특정한 개인관심분야에 대한 욕구 충족 • 여행지와 여행대상의 범위 확대 가능	• 비수기의 수요증대 및 수익도모 • 특정 표적시장에 대한 소구력 강화 및 비수기 극복 • 새로운 표적시장으로의 접근 용이 • 시설과 행사 이용의 용이성 • 새로운 여행추세 및 트렌드에 대한 정보 파악 용이 • 비용 선불로 인한 기업 재무활용의 용이성
단점	• 개인의 시간 자유 제한 • 비교적 수동적 관광으로 흥미 감소 • 계약의 변경, 서비스 또는 상품 불만족 시 환불에 대한 불확실성 • 예약관리 등 여행대상의 관리가 공급자 중심이 될 가능성 높음	• 천재지변 등 여행사가 통제 불가능한 요인으로 인한 불만족 지수 고조될 가능성 • 불만족 고객의 영향력이 점차 강화되는 추세

출처: 이경모, 『크루즈산업의 이해』, 대왕사, 2004 의거 재구성

(2) 크루즈여행(cruise tour)

크루즈는 라틴어 'Cruc-'와 'Crus'에서 유래되었으며 네덜란드어인 'kruisen(건너다, 횡단하다)'으로 사용되다가 'Cruise'라는 영어단어로 바뀌어 지금까지 사용되고 있다.

크루즈여행은 순수 관광목적으로 선박에 숙박, 식음료, 위락시설 등의 편의시설을 갖추고 비교적 장기간 관광지를 항해하는 여행으로서 항구까지 항공료, 지상운송비, 선상식사, 룸서비스, 선상이벤트, 나이트클럽, 어린이 프로그램 등의 선상 프로그램 등 관광을 위한 육상활동이 함께 포함되어 있는 여행의 형태로 타 시설에 비하여 호화롭고 수준 높은 서비스를 제공한다.

크루즈여행은 단순히 운송이 주요 목적인 페리와는 달리 호텔, 여행, 운송, 리조트의 전반적인 개념을 포함하고 있으며 이는 다음의 〈그림 1-5〉와 같다.

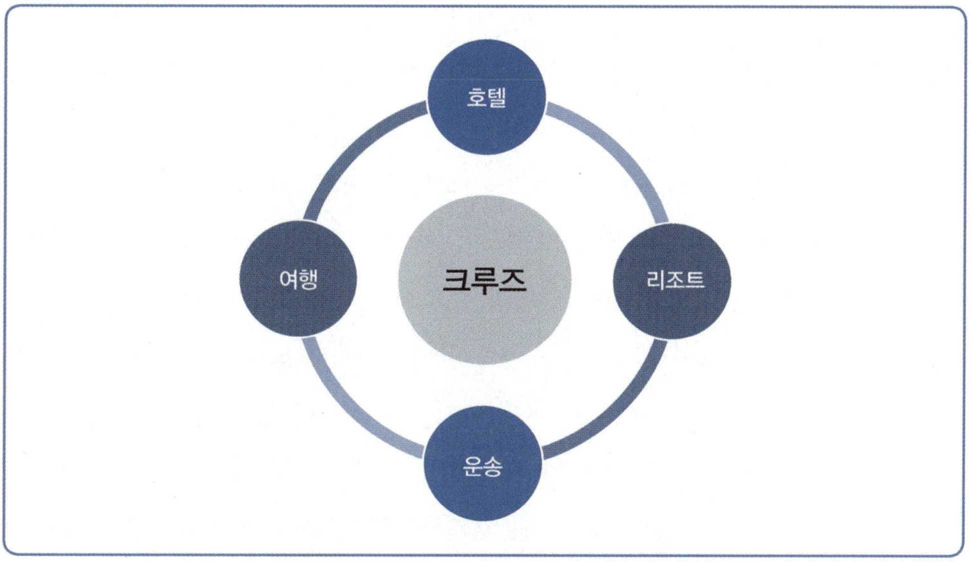

그림 3-6 크루즈여행의 공유개념 요소

(3) 국제회의여행(convention tour)

국제회의여행은 국제적인 회의를 목표로 여행하는 것을 뜻하며 국제회의, 미팅, 전시회, 산업전과 같은 회의에 참가하기 위한 것이다. 주제에 적합한 상품을 패키지화해서 판매도 이루어진다. 국제회의는 단순한 회의개최뿐만 아니라 그 나라의 국제적인 이미지, 홍보, 인지도를 높일 수 있는 수단이 될 수 있고 그 나라의 관광지 홍보, 또는 비수기 관광전략을 적용시켜 홍보할 수 있다는 장점을 극대화할 수 있으므로 convention tour를 유치하기 위한 노력이 중요하다. 이러한 이유로 국제적인 회의의 중요성은 점차 활성화되는 여행이다.

(4) 특수목적여행(special interest tour)

일반적인 형태에서 탈피하여 개인적으로 특별한 목적이나 욕구를 충족시키기 위해서 하는 획일적인 형태의 여행코스가 아닌, 개인적 목적에 맞춤식으로 보다 구체적인 사전계획과 특별히 개발된 관광형태를 지향하는 여행을 말한다. 일반적인 관광코스라기보다는 소수의 인원으로 여행지의 체험을 위주로 한 양적인 여행보다 질적인 목적이 우선시되므로 시간 제약을 받지 않는 형태이며 보다 개인적인 목적성을 추구하는 여행의 의미를 담고 있다.

SIT여행의 핵심개념으로는 여행목적지의 독특함, 창의성이 고려되어 계획되며 여행목적지의 상품이나 관련된 활동 또한 여행자의 욕구와 관심분야 위주로 상품이 주가 된다. 공급자의 다양한 사전 경험과 수요자의 특성을 결합하여 여행지에서의 가장 높은 효과를 발생시킬 수 있는 맞춤식 여행형태라 말할 수 있다.

SIT여행은 수요의 시장이 한정된 한계를 가지고 있으나 향후 장기적으로는 삶의 질을 추구하는 수요시장이 늘어감에 따라 어느 특정 시장에서의 성장과 전문성이 확보된다면 경쟁력 있는 상품이 될 수 있고 수익성 확보의 장점을 지니고 있다.

특수목적관광(SIT)의 선호유형은 문화관광, 스포츠관광, 환경관광, 모험관광, 교육관광 등이며 세계관광기구(UNWTO)에서는 "Tourism 2020 Vision" 보고서를 통해 향후 미래성장 유망 선호시장으로 10개의 세분시장(10 HOT market segments)을 선정하였다. 이는 기존의 일반적인 자원 중심의 관광유형에서 벗어나 수요시장 중심으로 유형을 세분화하였는데, 이의 유형은 해안관광(coastal tourism), 스포츠관광(sports tourism), 모험관광(adventure tourism), 자연관광(nature-based tourism), 문화관광(cultural tourism), 도시관광(urban tourism), 농촌관광(rural tourism), 크루즈관광(cruises tourism), 테마파크(theme parks), 컨벤션(meeting & conference)으로 설정하였다.

(5) 인센티브여행(incentive tour)

포상여행이라고도 하며 기업 및 기관에서 직원들에게 여행의 기회를 포상으로 제공함으로써, 생산성을 높여 업무효율 및 사기진작을 극대화하는 데 주된 목적을 둔 여행을 의미한다(SITE, 2015). 즉 인센티브여행은 개인이나 어떤 기관 및 단체에게 기업이 추구하는 목표 및 성과를 달성하였을 경우, 그에 준하는 일종의 보상의 개념으로 제공하는 여행으로(Kotler, Bowen & Makens, 2003) 실시하는 여행형태를 말한다.

4. 현대여행의 현상

1) 현대여행의 증가요인

현대의 급격한 사회변화는 일상생활에 대한 긴장감과 지루함으로부터 벗어나 일정기간 동안 자신만을 위한 소외감을 해소시키고 반복되는 삶의 틀에서 새로운 재충전의 시간을 갖고자 시간과 비용을 적극적으로 투자하게 되었다(고호석, 2005). 따라서 많은 여행업체들은 이러한 대중의 관광을 위한, 과거보다 더 진보된 여러 형태의 상품개발을 시도하고 자사만의 독특하고 상징적인 여행상품 개발에 보다 많은 노력을 기울이고 있다(신동일, 1997).

오직 경제성장만이 국가의 주된 목표가 되던 산업혁명의 시대를 지나 21세기에는 그 무엇보다도 여가 및 여행 산업이 국가경쟁력의 핵심이 되고 있다. 우리나라는 1인당 국민소득 2만 달러 시대부터 여가에 대한 인식 및 삶에 대한 가치관이 변화되었으며, 현재 국민소득 3만 달러 시대에 접어들면서 다양한 매체 및 스마트기기의 대중화 등 정보원천의 기술로 인간, 데이터, 기술이라는 패러다임 전환과 함께 더욱더 빠르게 변화하는 시대가 도래되면서 새로운 형태의 여가활동이 급성장하고 있다. 이러한 흐름은 국민 삶의 질 향상과 국가 브랜드 경쟁력 증진 차원에서의 사회환경 변화로 이어져 여가의 활성화를 견인하였다(여가백서: 15).

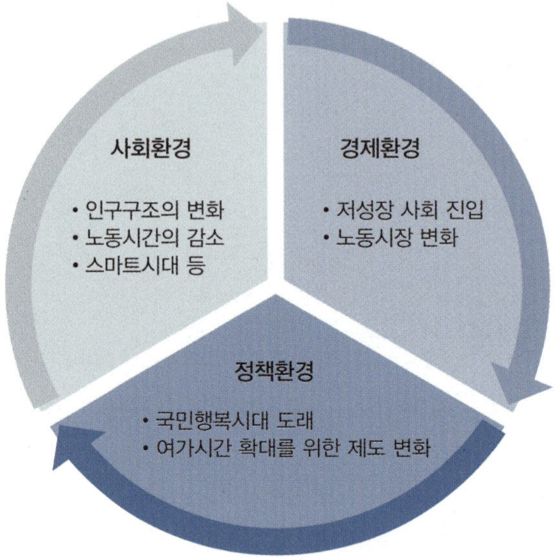

출처: 문화체육관광부(2013), 여가백서, 15

그림 3-7 국내 여가환경의 변화

한국관광공사의 통계에 의하면 국민의 해외관광과 관광 지출은 2018년까지 꾸준히 증가하였으나, 방한 외래관광객과 관광수입은 2015년 메르스 영향으로 감소하였다. 이후 2016년은 다시 증가세로 전환되었으나 2017년 사드사태, 북핵 위협사태 등 복잡한 국제적인 복합 위기로 약간 감소하였다가 2018년은 시장다변화를 통한 전략시장의 성장에 힘입어 다시 증가하였다. 또한 2018년 방한 외래관광객은 평창올림픽과 패럴림픽 등으로 전년 대비 15.1% 증가한 1,535만 명을 기록하였으며, 자국민의 해외관광은 저가항공 노선 증편 및 해외여행 열기 지속으로 2017년도 대비 8.3% 증가한 2,870만 명을 기록하였다(한국관광공사 2017-2018년도 한국관광통계, p.8).

2017~2018년 국민 해외관광통계를 살펴보면 매월 전년 대비 두 자릿수의 높은 성장세를 이어갔으며, 2018년은 명절, 기타 공휴일 및 연휴 등을 이용한 해외여행 출국자 수가 크게 늘어났다. 특히 2017년 12월은 연말 연휴 및 방학시즌으로 해외여행 출국자 수가 240만 명으로 큰 폭으로 증가하였으며, 2018년 1월에는 해외여행

출국자 수가 287만 명으로 가장 크게 증가하였으며, 전년 동월 대비 22.4% 증가하여 월간 규모 역대 최고치를 기록하였다(한국관광공사 2017-2018년도 한국관광통계, p.17).

경제협력개발기구(OECD : Organization for Economic Cooperation and Development)는 국제여행의 활성화를 위해 1965년 "국제여행의 촉진을 위한 행정상의 편의제공에 관한 이사회의 결정과 행정상의 절차에 관한 이사회의 권고"를 채택하여 국제여행을 권장하고 있다(정찬종·곽영대, 여행사경영론, p.14). 또한 이는 1967년을 국제관광의 해로 지정하면서 본격화되었다.

세계관광기구(UNWTO : UN World Tourism Organization)의 통계에 의하면, 관광산업은 2019년까지 전 세계 GDP의 9.5%를 차지하고 전 세계 총 고용인원의 8.4%가 관광관련 산업에 종사할 것으로 전망하였다(나라경제, 2013).

복잡한 현대사회에서 치열한 경쟁과 반복되는 일상생활에서 탈피하고자 하는 많은 사람들은 새로운 시간과 공간에 대한 갈망으로 여행을 선택하게 되고 이러한 현상은 앞으로 생활수준 향상 및 교통수단의 발달, 글로벌 스마트관광시대를 맞아 더욱 증가할 것으로 예상된다. 이러한 여행의 성장요인으로는 주로 정치적 요인, 경제적 요인, 사회적 요인, 문화적 요인, 자연적 요인의 측면에서 볼 수 있으며, 여행의 장애요인으로는 주로 정치적 요인, 정부관광정책 측면의 요인, 경제적 요인, 사회·문화적 요인, 기술적 요인으로 볼 수 있다(이장춘, 1979: 25-30).

(1) 법률적 요인

① 개별 인격권으로서 여행할 수 있는 권리의 입법화(정찬종, 1990: 117)

② 유급휴가제도 실시 : 법에서 정하는 유급휴가라는 사회제도의 채택으로 인하여 개인 휴가 및 여행객 증가(고영종, 1984: 83)

③ 법정근로시간 도입 : 「근로보호법」에 의한 근로시간 단축으로 개인 여가시간 확보(한국관광공사, 1988: 291)

(2) 경제적 요인

① 국민소득의 증가

② 국민 생활수준의 향상

③ 국제교역 확대 및 글로벌시대의 현상

④ 환율의 변화

(3) 사회적 요인

① 여가시간의 증가

21세기 4차 산업혁명시대에는 또 다른 부가가치를 창출하고, 여러 분야의 기술이 융복합되어 기술의 혁명과 문화가 복합적으로 함께 발전하는 경쟁의 원천 속에서 흘러가고 있다.

특히 주5일 근무제의 도입으로 인해 늘어난 여가시간에 대한 인식이 점차적으로 업무를 위한 재충전의 시간이라는 것에서 벗어나 자기계발과 욕구충족을 위한 시간으로 변화되면서, 여가시간을 보다 효율적이고 생산적으로 소비하려는 긍정적인 경향을 보이고 있다. 특히 여가를 개인의 휴식, 건강, 자기발전의 원동력으로 삼으려는 사람들의 소비성향은 수동적 문화예술의 단순한 관람의 차원을 탈피하여 적극적인 참여형, 체험형 및 여가에 대한 수요 증대로 이어져 교육시장의 체험형 교육, 자기계발 차원의 어학연수, 미래를 위한 자격증 취득, 전문지식 배양 등에 관한 교육과 문화산업의 활성화를 이끌고 있다(문화체육관광부, 여가백서, 2013: 18). 이처럼 여가활동은 우리나라 사람들이 가장 희망하는 분야로서 국민여가활동조사 결과, 향후 가장 희망하는 여가활동이 해외여행이라는 비중이 11.4%를 차지함에 비추어볼 때, 많은 국민들이 여가시간의 증가에 따른 결과로 해외 여가활동에 대한 적극적인 욕구를 가지고 있음을 알 수 있다(문화체육관광부, 여가백서, 2013: 18).

〈표 3-3〉 향후 하고 싶은 여가활동 상위 10개

구분	해외 여행	영화 보기	등산	TV 시청	스포츠	친구 동호회 모임	온천 해수욕	헬스 건강	연예 공연 관람	자연명승 및 풍경 관람
전체	11.4	8.5	5.2	3.9	3.5	3.2	3.0	2.7	2.6	2.6

출처: 문화체육관광부, 2012 국민여가활동조사

② 교통수단의 발달

국내의 신도시 및 지방도로, 고속도로 등의 광범위한 도로 개발로 인한 용이한 접근성과 도착 여행지에서의 렌터카 사용 활성화, 각 개인의 승용차 보급화 등 인간 생활의 밀접한 곳까지 도로 확충망을 따라 연결되는 고속버스 등의 교통수단은 최근의 여행을 더욱 편리하게 견인하여 대중화시키고 있고, 국내외 고속철도, 항공교통수단의 발달은 여행산업에 있어 가장 크게 영향을 미쳤다. 특히 21세기 4차 산업혁명의 글로벌시대는 자율주행자동차, 전기자동차, 로봇형 이동수단, 하늘을 자유롭게 날면서 출퇴근할 수 있는 자동차 등 미래의 혁신적인 교통수단은 지역 간, 국가 간의 거리와 시간을 효율적으로 좁혀줄 수 있어 세계 교역의 확대에 따른 상용여행자의 증가와 더불어 국외여행의 활성화를 가져올 것으로 예상된다.

③ 인구의 도시화

21세기에 접어들면서 도시화가 더욱 가속화되고, 도심으로의 인구이동이 집중화되면서 이로 인한 생활환경의 문제, 각종 소음공해, 교통체증 현상, 미세먼지 등의 환경공해문제 등으로 인한 현대인의 스트레스는 탈도심화의 욕구로 증폭되면서 주말, 또는 휴가 등을 이용한 단기여행, 또는 장기여행의 수요가 증가하고, 은퇴자들의 크루즈여행 및 세계일주 여행도 여행산업을 촉진하는 계기가 되고 있다.

④ 행동양식의 변화

도시화 및 교통수단의 발달, 여가시간의 증가는 사람들의 행동양식에도 많은 변화를 가져오게 되었다. 특히 과거에는 외출형태가 아닌 일반적인 휴식, TV 시청 등 자가 휴식형태의 정적인 여가시간을 즐기던 단순형태에서 벗어나 현대에는 스트레스 해소, 휴식, 자기계발 등 개인의 즐거움을 찾기 위한 국외 및 다양한 스포츠, 해외여행 등의 동적으로 즐기는 여행의 행동방식으로 변화되는 추세이다. 특히 21세기 행동양식의 특징은 단순한 관광형태에서 벗어나 개인이 직접 여행설계부터 장소 선택 등 체험형 관광을 즐기려는 수요가 많아지는 것이다.

〈표 3-4〉 연대별 한국인의 여가생활

구분	특징	사회 · 경제적 여건
1960년대 이전	여가인식 부재	전후복구와 원조부흥경제
1960년대	여가환경 기반 조성	도시화 및 산업화 진행 여가의 개념 태동
1970년대	관광자원 개발	관광자원 개발에 대한 정부 개입 장기적인 관광종합계획 수립
1980년대	여가활동에 대한 국민적 관심 증대	아시안게임, 올림픽, 자가용 보급과 맞물려 여가활동의 대중화가 이루어졌음
1990년대	여가산업의 양적 팽창	자율화, 국제화로 인한 해외여행의 비약적 증대 게임방, 찜질방 등 상업적 여가시설의 확대
2000년대	여가산업의 진화	주 40시간 근무제 시행과 자아실현욕구 증가 초고속인터넷 등 통신기술의 비약적 발달

출처: 문화체육관광부, 여가백서, 2007

(4) 문화적 요인

21세기는 문화와 상품이 결합되어 구체화된 시대로 문화수준의 영향력 향상에 따라 여행산업에 많은 영향을 미치고 있다.

① 소득 및 교육 수준의 향상

3만 불 시대의 국민 소득수준의 향상은 각 개인의 가처분소득의 증가로 이어져 자기계발 및 취미, 여행 등의 문화적 소비가 함께 증가하였다. 특히 교육에 대한 욕구가 높으면 높을수록 여행과 여가에 대한 욕구가 크다는 연구결과를 볼 때 소득수준과 교육수준이 높을수록 여행 및 여가에 대한 욕구가 크다는 것을 알 수 있다(박수이 외 1인).

② 대중매체의 발달로 광범위한 여행정보 활용

여행자의 증가요인은 다음과 같다. 대중매체의 수단이 다변화되고 이는 여행자의 심리를 자극함으로써 체험을 자극하는 수단으로 활용되어 촉진하는 계기가 되었고, 따라서 여행시장이 패키지에서 세미 패키지로, 자유여행에서 에어텔로 변화되었다. 또한 여행행태에 따라 세미 패키지를 선호하는 여행자 집단은 신문, 잡지, 인터넷, 여행관련 책자 등의 전통식 매체를, 자유여행자는 빅 블로거와 준거집단을, 에어텔은 SNS를 주로 활용한다. 세미 패키지 선호 집단은 비교적 안전성을 담보로 한 여행사를 중요시하며, 자유여행 선호집단은 비용을, 에어텔 선호집단은 쇼핑을 중요시한다(강명수와 김동원, 2014).

③ 지역문화 이벤트 및 세계축제의 개최 활성화

국내의 각 지역문화 이벤트는 국내의 4계절을 활용한 각 지역의 농산물 축제, 꽃 박람회, 음식 축제 등 많은 이벤트를 개최한다. 특히 세계적으로 널리 홍보된 국내의 보령 머드축제, 화천 산천어축제 등의 연중행사는 국내외 여행자에게 매력적인 지역 축제로서 이미 자리매김하고 있으며, 세계적인 10대 축제인 브라질의 리우 카니발, 스페인의 토마토 축제 등은 세계적인 여행자를 증가시키는 요인이 되고 있다.

④ 대규모 스포츠대회

세계적인 스포츠의 꽃인 올림픽, 월드컵대회, 아시안게임, 국내의 야구, 농구, 축구 등의 대규모 행사를 통해 개최지에서의 관광과 게임관전을 위한 여행자의 증가는 국내외 및 세계 여행산업에 많은 발전을 위한 밑거름이 되고 있다.

⑤ 성지순례여행의 증가

성지순례여행은 여행업에서도 다양한 상품으로 기획하고 있으며, 국가 간의 정치적 · 문화적 특징과 더불어 성지순례여행의 특징상 비교적 장기간이 소요됨으로써 위험이 발생할 수 있는 변수가 있기 때문에 최소한의 안전을 담보로 할 수 있는 여행업의 상품이 출시되고 있으며, 이는 성지순례여행의 증가요인이 되고 있다.

(5) 정치적 요인

여행은 국내뿐만 아니라 국외의 정치적 요인에 많은 영향을 미치며 외국 여행 시 경유 국가의 정치적 요인에 따라 내국인의 국외여행에 결정적 영향을 미치게 되므로 여행계획 시 각 여행도착국에 대한 출입국절차 및 조건에 대해 면밀히 검토해야 한다.

① 여행출발국의 정치적 요인

- 국외여행 자유화조치에 따른 국민여행
- 국가 또는 지방자치단체의 여행산업에 대한 개입
- 출입국절차의 완화

② 여행도착국의 정치적 요인

- 사회주의국가의 여행에 대한 문호개방

- 관광에 대한 강력한 국방력 및 치안상태
- 관광기구(NTO) 대표의 정치적 영향력 정도
- 관광산업에 대한 외국의 투자 확대를 위한 법적 조치
- 새로운 국교 수립
- 상대국과의 항공 및 관광협정의 체결
- 사증발급의 완화 및 사증면제제도의 확대시행을 위한 외교적 교류

5. 여행상품의 구성요소

1) 여행상품의 개념

여행상품은 여행자가 여행 시에 필요한 이용시설과 정보 및 여행에 수반되는 모든 서비스를 구매하는 상품이며, 개개의 대상들을 결합한 상품 또는 각각의 상품을 총칭하는 개념이다. 따라서 여행에 필요한 숙박 · 교통 · 음식 · 관광지의 상징물 또는 매력물 등을 통해 여행자를 만족시킬 수 있는 유형 · 무형의 상품으로서 시설과 서비스로 제공하게 된다.

또한 여행상품은 단순히 여행 구성요소들이 하나의 예약만으로 여행상품이 될 수 없으며, 다양한 여행 구성요소들의 합리적 결합으로 상품화되어야 하며, 여행기업이 여행자로 하여금 여행에 대한 욕구를 유발시키고 충족시켜 줄 관광대상을 통해 질적으로 좋은 상품과 서비스를 제공하는 유형 · 무형의 종합상품이다.

여행의 출발시점부터 종료되는 시점까지 모든 과정에 따른 교통, 숙박, 기타 여행과 관련된 시설과 제반서비스, 관광자원의 소재를 결합하여 제공하는 유형 · 무형의 상품을 여행업에서 생산, 판매, 서비스하는 상품으로, 관광과 관련된 사용권이며 여행기획에 의하여 사전에 여행자의 세대별, 욕구별, 경제성 등을 고려하여 단기여행 또는 장기여행 등의 상품을 숙박시설과 교통기관, 관광대상 등을 구체적으로 설계

하여 판매할 수 있도록 상품화한 것이다.

「관광진흥법」은 제3조 제1항 제1호에서 여행업을 "여행자 또는 운송시설 · 숙박시설, 그 밖에 여행에 딸리는 시설의 경영자 등을 위하여 그 시설 이용 알선이나 계약 체결의 대리, 여행에 관한 안내, 그 밖의 여행 편의를 제공하는 업"으로 정의하고 있으며, WTO(1978)는 여행상품에 대하여 관광지, 숙박, 교통, 서비스, 관광매력물이 결합한 것으로서 장소의 이동과정을 통해 관광객의 관광욕구를 충족하여 만족시키는 것으로 정의하고 있다.

2) 여행상품의 특성

일반상품과 여행상품의 차이에 대한 특성을 정확히 비교하여 차별화된 여행상품을 설계하는 것은 여행사 경영의 기초이자 출발점이라고 할 수 있다. 여행상품은 서비스상품으로서 다른 유형재와 다른 특성을 가지고 있다.

(1) 무형성

여행상품은 무형성의 특성을 가지고 있으며, 무형성(intengibility)이란 완제품의 형태를 가지고 있지 않아서 직접 눈으로 볼 수 없고 유형재처럼 만들어진 상품을 미리 확인할 수 없는 특성이 있다. 따라서 소비자는 이에 대한 안전한 소비를 위해 여행상품 구매 시에 여행사의 광고에 의존하기보다는 그 상품에 대한 사용경험이 있는 다른 사람들의 구전 또는 준거집단에 의해 구매하는 경향이 있다. 또한 소비자는 이러한 보이지 않는 무형성에 대한 불확실성을 줄이기 위해 그 무형적 서비스에 대한 유형적 증거를 찾게 된다. 소비자에게 가시적으로 보여줄 형체가 없고 미리 상품을 접하고 사용해 볼 수 없는 위험을 줄이기 위해, 즉 여행업체는 이러한 무형적인 요소를 해결하기 위해 유형요소의 질 높은 상품과 우수한 여행상품을 적극적으로 홍보하기 위해 노력하게 된다. 소비자가 상품을 이용하기 위하여 지급하는 이유는 무형적인 혜택을 받기 위한 것으로 이는 즐거움, 휴식, 종사원의 수준 높은 서비스의 태도 등과 같은 것들을 위함이다. 최근 여행상품을 구매하는 고객에게 이러한 유형의 증거로서 여행사의 이미지브랜드, 청결상태, 종사원의 유니폼과 용모, 시즌별 다양한 패키지상품 등으로 무형성을 극복하기 위하여 노력하는 추세다.

여행자의 기대에 못 미치는 서비스 제공 시, 여행자의 불만은 곧 여행기업의 신뢰도가 하락하는 원인을 제공하기 때문에 이러한 무형성을 극복하기 위하여 유형적 제품과 무형적 인적 서비스를 통하여 여행상품에 관한 사진, 영상, 브로슈어, 표지판, 상징물 등과 같은 부분에도 더욱 전문성을 갖추려고 노력한다. 따라서 질 높은 여행상품의 무형성을 잘 보완할 수 있는 상품의 효과적인 마케팅은 여행기업에서 더욱 중요한 과제로 여기고 있다.

결국 이러한 무형성 극복방안의 물리적인 전략은 기업의 이미지 형성과 직원들의 교육효과로 이어져 소비자의 구매결정에 영향을 미치게 된다.

(2) 동시성

여행상품은 생산과 소비가 동시에 일어나는 동시성의 특성이 있다. 일반적인 제조상품의 경우 생산과 소비가 분리되어 일어나므로 생산된 제품과 판매까지의 시간적인 격차가 존재한다. 따라서 일정한 유통과정을 거쳐 광고 및 홍보를 통해 소비자들에게 전달되지만, 여행상품은 생산과 소비가 동시에 일어난다. 따라서 상품에 대한 저장이 불가능하며, 소비자가 여행상품을 구매하고 여행상품에 참여하는 즉시 생산되며 동시에 소비가 함께 일어남을 뜻한다. 여행자가 그 상품을 사용하는 동시에 여행안내원 및 직원의 여행서비스 과정이 여행자에게 즉시 전달된다.

따라서 여행사직원은 여행상품이 판매하는 접점에서 모든 서비스를 제공하게 되며 여행사직원의 태도나 환경이 고객에게 불만족을 제공하게 되면 여행자들은 그 과정을 통해 여행상품의 종합적 평가를 하게 된다.

결국 이러한 여행상품의 특성인 불가분성으로 인해 여행사직원의 전문성이 요구되고, 기업에서는 이러한 점을 보완하기 위해 지속적인 직원교육과 일관성 있는 서비스를 제공하기 위한 투자와 노력을 하게 된다.

(3) 소멸성

여행상품은 소멸성(perishability)의 특성으로 즉시 소비된다. 소멸성은 생산과 소비가 동시에 일어나는 동시성과도 연관성이 있으며, 여행상품의 생산과 소비가 같은 시점과 같은 공간에서 이루어지는 특성으로 인해 일반 제조상품과 같은 재고가 발생하지 않는다. 이로 인해 당일 판매하지 않은 여행상품은 저장이 불가능하다. 호텔객실, 식음료 상품, 항공좌석 등도 마찬가지로 소멸성에 의해 당일 판매하지 못한 상품은 재고로 남길 수 없으며 동시에 사라진다. 이로 인해 소비자의 입장에서는 시간과 공간의 제약이 발생하게 되어 구매한 여행상품의 생산과 소비가 일어나는 장소에 소비자가 위치하거나 참여하지 못하면 상품을 사용할 수 없게 되고, 즉시 상품은 소멸하게 되는 것이다. 또한 여행기업 측면에서는 당일 판매한 상품을 재고로 남길 수 없고 영원히 사라지는 상품이므로 소멸성에 대한 극복방안으로 고객에게 패키지상품, 편익제공, 사전 예약시스템 강화 등의 전략을 구축함으로써 소멸성에 대한 위험부담을 최소화하기 위해 노력하고 있다.

(4) 모방의 용이성

여행상품의 모방성(imitation)이다. 여행상품은 그 이용시설에 있어 일정한 유사성을 가지고 있으며 이 유사성을 통해 일반적으로 모방이 용이한 형태이지만, 여행상품에 대해서 저작권을 부여하는 것은 불가능하다. 따라서 타사의 여행상품을 비슷하게 모방하여 제작하거나 항공, 숙소와 같은 여행상품의 일부 구성요소에 부분 변화를 주어 여행상품을 판매하고 있다. 이러한 모방성의 극복방안으로는 같은 여행상품이라도 무형적 요소인 서비스 제공에 있어 타사와의 분명한 차별화를 통해 수준 높고 독특한 여행상품을 기획함으로써 어느 정도 극복이 가능하다. 하지만 신상품에 대한 권리보장과 유사상품의 제재를 극복하기 위해서는 여행상품에 대한 제도적인 도입이 필요한 시점이다.

(5) 이질성

여행상품의 이질성(heterogerneity)은 서비스 시점과 접점에서 서비스 제공자와의 연관성을 가진 특성으로 인해 무형적인 성격이 가장 강한 부분이다. 동일한 여행상품임에도 서비스 제공자에 따라 고객이 느끼는 서비스수준이 다를 수 있으며, 특히 서비스는 무형의 특성으로 표준화가 어렵고 항상 종사원에 따라 달라지는 특성으로 인하여 일관성을 유지하는 것이 매우 어렵다. 이러한 환경에서 제공자의 일관성을 높이기 위한 방안으로 여행업체는 인력에 대한 지속적인 교육과 관리에 꾸준한 노력을 기하여 서비스의 일관성을 유지하기 위해 노력하고 있다.

(6) 계절성

계절성(seasonability)이다. 여행상품의 계절성은 여행수요의 특정시기에 대한 편중성을 뜻한다. 여행은 연중 성수기(peak season)와 비수기(off-season), 특정요일, 하루 중의 시간대, 또는 연휴와 같은 특정기간과 계절에 따라 수요가 편중되는 경향이 있다. 특히 사계절이 뚜렷한 국가에서는 계절에 따른 특성에 의해 관광수요의 차이가 매우 크다. 이에 대한 극복방안으로 여행기업은 연간 일정한 수익이 발생 가능하도록 비수기를 타계할 여행상품을 미리 제작하기 위해 많은 신상품 개발, 패키지상품에 대한 노하우와 아이디어가 필요하다. 특히 우리나라는 계절성에 대한 한계를 극복하기 위하여 겨울축제 및 이벤트 등의 기획을 통해 계절성을 극복하기 위하여 노력하고 있다.

(7) 주관성

주관성(subjectivity)이다. 여행상품은 소비자의 주관과 심리적인 요건에 의하여 기준이 정해지며, 동일한 여행상품이라도 개인이 목표했던 여행상품에 대한 고객의 목표, 욕구와 감정, 환경에 따라 그 효용과 가치가 달라진다. 따라서 고객이 여행상품을 소비할 때의 심리상태, 감정상태, 기후, 장소 등의 여러 가지 요인에 의해 상품에 대한 만족도의 차이가 발생하게 된다. 특히 여행상품은 개인의 주관적인 체험형 상품으로서 객관적인 평가보다는 주관적 결과를 가져올 수밖에 없다는 뜻이다. 이러한 여행상품에 대한 주관성을 극복하기 위한 방안으로 소비자의 여행에 대한 목적 및 욕구, 여행 트렌드에 대한 기준을 더욱 세분화하고 그 목적에 부합하는 다양하고 독특한 여행상품 개발이 필요하다.

3) 여행상품의 구성요소

여행상품은 관광과 관련한 여러 관련업체들의 재화와 서비스가 결합되어 생산되고 있다. 따라서 여행상품을 구성하는 다양한 이질적인 무형의 서비스 요소들이 관광객의 욕구를 충족시켜 주기 위한 목적으로 구성되어야 한다. 특히 여행상품은 각 구성요소들이 효용성을 높이기 위해 적절하게 조합되는 상품이 매우 중요하다.

따라서 여행상품의 구성요소로는 ① 교통수단, ② 숙박시설, ③ 요식시설, ④ 관광대상 목적물, ⑤ 지원시설, ⑥ 기념품, ⑦ 여행서비스 등의 7가지 요소 등이 있으며, 메들릭(Medlik)은 첫째, 관광객의 마음속에 있는 이미지를 결합한 관광자원들 둘째, 숙박시설, 식당, 오락시설을 포함한 관광지의 시설 셋째, 교통수단을 포함한 대상지의 접근성이라고 하였다(메들릭).

이처럼 여행상품의 구성요소와 그 조합은 보다 중요한 역할을 하게 되었고, 각 요소와 그 수준의 상품 결합에 따라 여행상품의 성격과 품질이 달라지고, 관광객 개인에 따라 그 만족도도 달라진다(윤대순, 160).

〈표 3-5〉 여행상품의 구성요소

<table>
<tr><td rowspan="8">여행상품</td><td colspan="2">교통수단
(항공기, 선박, 버스 열차 등의 좌석)</td></tr>
<tr><td colspan="2">숙박시설(호텔, 모델, 여관 등)</td></tr>
<tr><td colspan="2">요식시설(레스토랑, 식당 등)</td></tr>
<tr><td rowspan="2">관광대상 목적물</td><td>자연자원(기후 및 경관)</td></tr>
<tr><td>인간자원(인간문화, 전통행사)</td></tr>
<tr><td colspan="2">지원시설</td></tr>
<tr><td colspan="2">기념품</td></tr>
<tr><td colspan="2">여행서비스</td></tr>
</table>

출처: 정익준(1994), 최신 여행사경영론, 형설출판사

① 교통수단(항공기, 선박, 버스, 열차, 여객선 등)(정찬종, 2006: 34)

② 숙박기관(호텔, 콘도, 모텔, 게스트하우스, 리조트 등)

③ 요식업체(레스토랑, 식당, 식음료 서비스 등)

④ 쇼핑(농축산물, 어패류, 기념품, 공산품, 토산품, 특산물 등)

⑤ 여행목적지 대상(여행자원/매력물, 편의시설, 교통·수송, 환대·접대 등)

⑥ 여행인솔자(여행안내사, 여행일정관리사, 학예사, 문화관광해설사 등)

⑦ 여행수속(여권수속, 사증수속, 여행자보험수속·환전수속 등)

Chapter

4

개별여행

Chapter 4 개별여행

세계관광기구(UNWTO)에서는 21세기 관광유형의 특징을 '자유 계획 특별관심 여행(Free-Plan Special Interest Tourism)'과 '재방문 여행자의 증가'로 발표하였다. 개인의 성향과 생활양식을 고려한 여행계획을 직접 계획하여 실행에 옮기는 여행행태가 증가하고 있으며, 깊이 있고 다채로운 여행경험을 추구하는 여행자들이 방문했던 여행지를 재방문하는 건수가 증가하고 있다는 것이다.

따라서 여행사의 단체여행 형태에서 고객이 주도적으로 여행계획을 세우는 개별여행자(FIT: Free Independent Traveler)의 증가가 새로운 트렌드로 부상하고 있다. 여행경험의 증가, 소비자의 지배력 강화 및 인터넷을 통한 정보획득과 공유의 확산 등의 영향으로 고객이 주도적으로 여행계획을 세우는 개별여행이 여행의 큰 흐름이 되고 있고, 국내를 포함해 전 세계적으로 개별관광객이 증가하고 있다.

여행행태가 개별여행으로 전환되는 이유에 대해서는 여러 가지로 설명할 수 있는데, 그중에서도 자신만의 여행경험을 중요시하는 경향이 두드러지게 나타나고 있다. 단체여행상품은 획일적인 일정으로 구성되어 이른 오전부터 늦은 오후까지 이동을 반복해야 하는 불편이 있으나, 개별여행은 개인이 자신의 여행경험을 위하여 '나만의 여행형태'로 구성할 수 있기 때문이다. 단체여행상품의 획일성이나 여행일정의 부자유를 불편해 하며, 자신의 기준에 맞추어 여행일정을 세우고자 하는 경향은 밀레니얼 Z세대의 특징인 나의 취향과 니즈에 주목하는 마이사이더(mysider)트렌드라 할 수 있다. 마이사이더란 대세를 따르고 조직의 문화에 젖어드는 인싸(insider)가 아니라, 진정으로 행복한 삶의 의미와 시간을 보내는 활동 가치를 스스로 정의하려고 하는 경향을 의미한다.

개별여행객이 지속적으로 증가하는 배경을 구체적으로 살펴보면 다음과 같다.

첫째, 인구구조의 변화이다. 세계적으로 가구당 평균 가족 수는 점차 감소하고 독신자층이 늘어났다. 이에 따른 파생효과로 인해 확보된 경제적 여유는 여행의 기회를 증가시켰고, 의학의 발달에 따라 건강상태가 과거에 비해 월등히 개선된 노년층이 증가하였다. 둘째, 교육수준이 향상되었다. 평균 교육수준이 높아짐에 따라 개인의 정신적 수준이 향상되었고, 학구적 호기심을 충족하는 데 관심을 가지고 화이트컬러가 증가하였다. 이런 교육적이고 정신적인 충족을 중요시하는 여행자는 기존 관광상품에 얽매이기보다는 자신의 기대와 욕구에 맞는 개별적인 관광을 선호하게 되었다. 셋째, 여행경험이 증가하였다. 여행의 인식이 사치에서 삶을 윤택하게 하는 경험으로 변화하였다. 따라서 사람들은 관광상품의 질과 가격에 대해 객관적으로 평가하며, 비판적으로 소비하게 되었다. 따라서 관광객들은 보다 세련되고 의미있는 관광경험에 대한 욕구가 높아졌다. 넷째, 생활양식이 변화하였다. 생활양식이 의식주 중심의 필수적 생활양식에서 여가를 즐기는 선택적 생활양식으로 변화하였고, 그에 따라 레저활동 역시 다변화되고 개별화되었다. 여가에 있어 개인의 선택이 중요시되면서 여행 또한 개별화로 진화되고 있다고 할 수 있다. 다섯째, 인터넷의 활용이 대중화되었다. 전문 인력의 도움 없이도 인터넷을 통해 다양한 여행관련 정보를 손쉽게 검색하고 획득한다. 이러한 정보를 통하여 개별여행을 위한 일정계획과 준비를 어렵지 않게 실행할 수 있다. 여섯째, 여행 인프라가 발전되었다. 교통, 숙박, 편의시설, 시스템 등의 여행 인프라 구축은 누군가의 도움 없이 스스로 여행할 수 있는 편리함으로 이어졌다. 이러한 요인들은 단독적으로 또는 복합적으로 개별여행자의 증가에 영향을 미치고 있다.

특히 국내에서의 개별여행이 증가하는 이유는 국민의 경제소득 향상, 중저가 항공의 공급, 다양한 숙박업소의 등장, 가치소비문화 등으로 설명할 수 있다.

첫째, 국민의 삶과 경제 소득이 향상되면서 해외여행에 대한 수요가 해마다 증가하고 있다. 둘째, 일본, 중국, 동남아 지역 단거리 노선에 다양한 중저가항공사(LCC)의 공급이 확대되어 해외여행의 편리성과 함께 저렴하게 여행을 계획할 수 있게 되었다. 셋째, 저가숙박업소인 게스트하우스(guest house), 저예산 호텔(budget hotel), 공유숙박업 에어비앤비(airbnb)와 같은 온라인 숙박 예약 플랫폼의 활성화로 고가의 호텔보다는 상대적으로 저렴하고 다양한 대체 숙박업소 선택이 용이해졌다. 넷째, 자신이 가치 있다고 생각하는 분야에 과감히 소비하는 가치 소비문화와 최소한의 물건을 소유하고자 하는 미니멀리즘(minimalism)의 성향으로 소유가 아닌 여행을 통한 경험과 추억에 가치를 두는 라이프스타일의 변화로 볼 수 있다.

또한 특별관심여행(Special Interest Travel)이 증가하면서 개별여행의 유형이 세분화되고 있다. 특별관심여행은 여행 수요가 예술, 문화, 종교, 자연, 과학, 스포츠 등 특정 관심 분야에 의해 결정될 때 발생하는 것이다. 또한 야외활동 및 체험의 중요성이나 생태적 문제의 인식 증가, 여행자 교육수준의 향상, 자아와 사회의 미학적 판단과 개선 등에 대한 새로운 가치가 반영되어 나타나는 현상이다. 특별관심여행의 소비자 특성은 개인의 다양한 취미와 성향이 여행경험의 성립과 실행에 반영되며, 여행지에서의 다양한 활동을 위해 보다 정확한 정보를 획득하고자 한다는 것이다. 이런 변화에 맞추어 일부 여행사에서는 고객 수요를 최대한 반영하는 맞춤형 패키지, 패키지여행과 자유여행 요소를 혼합한 상품, 1:1로 여행기획을 함께해 주는 상품 등을 제공하기 시작했다. 또한 소비자가 주도하는 창조적인 관광과 스스로 결정하고 떠나는 DIY 여행 트렌드도 국민들에게 여행경험을 시켰으며, 이는 개별여행을 보다 편리하고 저렴하게 계획할 수 있는 OTA(online travel agency)의 등장과 확대에 따라 개인의 취향과 관심사를 반영한 다양한 개별여행 증가로 이어질 것으로 예측된다. 또한 여행 플랫폼 비즈니스가 그동안 자유여행의 수고로움을 덜어주는 유용한 수단으로 각광받아 왔다면, 향후는 최근 소비자 트렌드에 발맞추어 가치있는 경험을 제공하는 플랫폼으로 향유될 가능성이 높을 것으로 전망된다.

1. 개별여행의 정의

관광유형은 크게 패키지여행과 개별여행으로 분류된다. Kenneth와 Rob(2003)은 패키지여행자를 여행사를 통해 항공, 숙박 그리고 다른 요소들의 패키지나 상품을 구매하는 여행자들이라고 정의하였다. 이에 반해 개별여행자는 패키지여행자를 제외한 모든 여행자이며, 항공 숙박 패키지를 여행사를 통해 구매하지 않는 여행자를 말한다. 항공권만 여행사를 통해 구매하거나 인터넷으로 그들의 여행이나 숙박을 예약하는 여행자도 개별여행자로 정의하고 있다.

〈표 4-1〉 관광유형 분류

관광유형	특징
패키지여행 (GPT: Group Package Tour)	• 여행사를 통해, 항공, 숙박, 다른 요소의 패키지나 상품 구매 • 비교적 저렴한 경비 • 인솔자 동행
개별여행 (FIT: Free Independent Travel)	• 단체 패키지여행와 상반되는 개념으로서 단독 혹은 소규모 그룹의 개별적이며 자유로운 관광형태 • 에어텔관광(항공권과 호텔만 항공사를 통하여 예약하고 개별적으로 관광하는 형태)도 포함

출처: 윤해정, 2013

개별여행자는 여행사에서 사전에 기획된 패키지나 여행상품을 선택하지 않고, 스스로 교통수단과 숙박을 준비하고 실행하는 여행자라고 할 수 있다. 국내에서 개별여행자에 대한 일반적인 정의로는 단독 혹은 소규모 그룹으로서 개별적이며, 자유로운 형태의 여행객이라 한다. 관광과 관련한 국제기구 및 주요 외국의 단체에서도 개별여행자에 대해 국내와 유사하게 정의하고 있는데, 단체 패키지여행객과 상반되는 개념으로서 단독 혹은 소규모 그룹의 개별적이며 자유로운 형태의 여행객이라 한다.

개별여행자(FIT)의 영문표기는 “Foreign Independent Traveler”, “Free Independent Traveler”, “Fully Independent Traveler” 등이 혼용되고 있다. 대부분의 학자들은 개

별여행의 형태가 국제관광(In/Out bound)과 국내관광(Domestic) 모두에 적용될 수 있다는 점을 고려할 때, 개별여행자의 영문표기는 "Free Independent Traveler"로 사용하는 것이 적합한 표현이라고 한다. 따라서 개별여행자는 여행지, 숙소, 교통 등이 포함된 단체여행과는 다른 개념으로 여행자 개인이 여행지의 숙소 및 항공을 포함한 교통과 여행일정을 스스로 준비하고 실행한다. 이 개념에는 에어텔여행(항공권과 호텔 단체), 완전개별여행(여행자가 항공권, 숙박, 현지교통, 여행일정을 스스로 준비하는 완전자유여행), 프리타임 단체여행(에어텔 여행+공항-호텔 간 이동교통편), 기타 여행(배낭여행, 소규모 맞춤단체 등)을 모두 포함하는 광의의 개념으로 정의한다. 항공과 숙소만 의뢰하는 에어텔 여행자를 포함하는 개인 혹은 가족, 지인 단위의 통상 8~9인 이하의 소그룹 여행자를 포함하고 있다.

개별여행자에 대한 용어의 정의를 정리하면 다음 〈표 4-2〉와 같다.

〈표 4-2〉 FIT 용어 정의

기관/기구	영문표기	개념 정의
한국관광공사 (2006)	Foreign Independent Traveler	• 외래 개별 관광객 • 혼자 또는 친구, 가족 등 소그룹의 자발적인 여행형태 • 패키지 단체여행에 비해 상대적으로 자유로운 개별여행
IATA (International Air Transport Association)	Foreign Independent Traveler	• 9명 이하의 소규모 여행객 • 그룹 단체 여행객의 반대 개념
PATA (Pacific Asia Travel Association)	Free Independent Traveler	• FIT용어 사용은 다소 혼란스러운 양상을 보임 • 자유 개별여행자로 정의
ASTA (American Society of Travel Agents)	Foreign/Domestic Independent Traveler	• 과거는 외래 개별여행자로 이해되어 왔으나, 최근에는 외래 및 국내 개별여행자 모두를 포함하는 의미로 사용됨 • 개인이나 소그룹의 특수한 여행 패키지를 뜻하기도 함
Tourism Australia	Fully Independent Traveller	• 호주의 관광마케팅 전략 및 연구사업에 적용되는 정의 • 특정한 그룹(예: 가족, 가이드 인솔 단체연행, 사업/회의 참가 단체, 수학여행 등)에 소속되지 않은 개별여행객으로 구분

출처: 윤해정, 2013

2. 개별여행의 특징

개별여행객은 여행일정을 독립적으로 설계하고, 유연성 있는 시간관리, 그리고 복잡한 현대성보다 색다른 경험을 추구하는 특성을 가지고 있다. 또한 이문화 사회에의 동화를 통해서 자아발견과 자기계발을 할 뿐만 아니라, 이국적인 경관을 감상하고 자연과 이문화를 실제로 직접 경험하는 활동을 통하여 인생을 되돌아보는 자기성찰로 연결하기도 한다. 이들의 여행은 단순히 보는 관광에서 체험하는 관광으로, 휴식을 위한 관광에서 배우는 관광으로, 그리고 즐기는 관광에서 인생을 되돌아보고 성찰하는 관광으로 주 관심사가 변화하고 있다.

진정성을 추구하는 개별여행객은 익숙함과 휴식 위주의 관광활동을 추구하는 단체여행객 혹은 기획상품을 이용하는 여행객의 관광경험과는 달리 열정과 새로움의 추구와 가치 있는 것의 발견을 관광경험에 포함시키고 있다. 또한 환경보호에 대한 인식이 강하고, 타 문화권 사람들과의 상호작용을 통한 자기 계발에 관심이 많으므로 문화적 다양성을 경험하려는 의욕이 강하다.

일반적으로 개별여행자의 특징을 살펴보면 다음과 같다.

① 여행시기는 성수기에 집중되지 않고 비교적 자유로운 편이다. 또한 여행일정에 따른 체제기간이 길고, 그에 따라 여행의 총지출이 단체관광객보다는 많다.

② 여행목적이 뚜렷하고, 스스로 여행코디네이터가 되어 각각의 아이템들을 조합해 자신만의 여행을 기획할 수 있다. 자신의 상태와 관심을 고려하여 융통성 있게 관광을 진행한다. 여행 도중 자신이 선택할 수 있는 부분이 많을수록 여행의 만족도가 높다.

③ 패키지여행자에 비해 상대적으로 스스로 해결하려는 의지와 책임감이 강하고, 여행에의 관여도가 높은 편이다.

④ 일반 여행자에 비해 여행하는 지역의 범위가 비교적 넓은 경향이 있다.

⑤ 대체적으로 사물과 상황에 대해 포용력 있고, 새로운 것을 추구하는 도전적인 성격을 소유하고 있다. 또한 비형식적 행사에 참여하면서 새로운 경험을 공유

하고자 한다.

⑥ 개별여행자는 동식물원, 박물관 참관 등 친환경 · 친문화적 경험을 훨씬 더 많이 선호한다.

⑦ 일반적으로 사치품을 구입하지 않으며, 현지에서의 식사, 숙박, 교통에 더 많은 비용을 지출한다.

⑧ 인터넷을 통해 사전 경험을 중요시하고 선행 방문자들이 추천하는 곳을 중심으로 여행을 계획하여 선택의 오류를 최소화하려는 경향이 있다. 스스로 직접 찾아가는 정보매체의 영향력이 높은 특성이 있다.

⑨ 여행경험이 많고, 외국어에 자신감이 있으며 다른 여행자나 현지인들과의 만남을 선호한다.

한국인 개별여행자의 경우에는 다음과 같은 일반적인 특징이 있다.

첫째, 일반적으로 3~10일 이내의 단기여행을 선호한다. 최소한의 여행사나 항공사 서비스를 이용하면서, 현지에서 여행일정은 여행객 스스로가 계획하고 자유롭게 여행을 한다. 한국의 제한적이고 짧은 휴가문화와 근무 환경으로 여행일정에 시간적 제한이 있다.

둘째, 소득이 증대함에 따라 삶의 질에 대한 관점이 중요시되었다. 높은 교육수준과 사회 · 경제적 여가에 대한 욕구가 증가하고, 1인 가구가 늘어나면서 해외여행을 기획하는 연령대가 20대에서 50대로 확대되었다.

셋째, 대다수 국민이 모바일과 인터넷 환경에 쉽게 접근할 수 있어 여행정보를 취득하는 데 능숙하다. 만 6세 이상 국민의 85%에 달하는 스마트 폰의 보급률과 1,900만 가구(99.2%)가 인터넷 정보의 접근이 가능한 정보 인프라의 편의성은 한국 개별여행자의 높은 여행정보 원천이다.

넷째, 저가항공사(LCC)의 항공노선 확대와 저가 숙소와 같은 여행 인프라의 다양화로 인해 주변 국가로의 국외 이동이 수월해졌다. 중국과 일본의 주요 도시는 비행시간이 1~3시간 이내로 1일 생활권이다. 지리적 위치와 중국의 여행자율화 및 일본의 엔화 약세 현상으로 인해 이 지역으로 단기간 여행하는 한국 개별여행객에게는 매력적인 환경이 되었다. 특히 일본의 경우는 비자면제 등 입국절차가 매우 간소화됨으로써 보다 편리하게 국가 간 이동 및 여행 계획을 세우고 실행하는 데 편리해졌다.

〈표 4-3〉 개별여행의 장단점

장점	단점
• 자신이 원하는 장소에서 시간을 많이 가질 수 있다. • 위험하지만, 즐기면서 기억에 오래 남는다. • 예상치 못했던 친구들과의 만남을 통해 좋은 추억을 만들 수 있다. • 자기가 원하는 음식을 마음껏 선택해서 먹을 수 있다. • 자신의 외국어 실력을 얼마든지 발휘할 수 있다. • 여행의 진정한 맛을 느낄 수 있다.	• 자신이 직접 계획하고 예약하는 교통, 숙식, 방문지 등 고려사항이 많다. • 안내인이 없는 관계로 현지에서 안내와 설명 없이는 의미 파악이 어렵다. • 개별 항공권 예약으로 요금이 비싸고, 이동구간 요금도 별도로 지불하여 패키지상품보다 가격이 저렴하지 않다. • 단체여행에 비해 위험이 많을 수 있다. • 관광지와 관광지 간 이동시간이 길고, 교통수단이 복잡하다. • 개별여행으로 외로움을 느낄 수 있다.

출처: 저자 정리

3. 개별여행객의 세분화 및 특징

1) 비즈니스 여행자(Business Traveler)

- 일반 여행자들에 비해 고부가가치 시장으로 간주되며, 여행상품과 서비스의 가격보다는 질을 더 중요시하는 경향이 있다.
- 비즈니스 시장은 대부분 여행경험이 풍부하며 필요한 욕구가 분명하고, 순수관광 여행객들보다 시간에 민감하다.
- 연중 여행수요의 분포가 고른 안정적인 시장이고, 순수관광이나 위락목적의 여행은 일반적으로 여름철에 집중하는 경향을 보인다.
- 일반 여행객들보다 항공, 호텔, 렌터카를 이용하는 비율이 높다. 항공사 선택의

경우 운항 일정의 편리함이 가장 중요한 고려요소이다. 숙박호텔의 선택요인은 호텔의 위치, 청결하고 안락한 객실과 객실 요금 등이다.

- 일반적으로 고학력의 전문직, 경영직 종사자로 고수입 계층이 많다.
- 비즈니스 여행 시장은 상용 비즈니스 여행자, 여성 비즈니스 여행자, 고급 비즈니스 여행자 등으로 세분화할 수 있다.
- 방문 현지에서의 업무가 끝난 후 시간이 허락하는 범위에서 관광, 쇼핑, 문화활동, 운동 등에 참여한다.
- 최근에는 비즈니스 목적의 여행객이 아이나 가족과 함께하는 경우가 많아지면서 동반자 프로그램과 서비스에 대한 관심이 증가했다.
- 비즈니스 목적의 상용여행자 시장은 에어텔 여행상품의 가장 중요한 목표시장으로 볼 수 있다.

2) 배낭여행객 시장

- 자유로우며 융통성 있는 여행일정에 따라 방문국가에 체류하는 기간이 상대적으로 길고 지출경비가 높은 시장이다.
- 여행지역 범위가 넓은 편으로, 국내 지방관광 활성화에 긍정적인 기여를 할 수 있다.
- 타 지역의 문화 및 생태에 대한 이해와 관심수준이 높기 때문에 갯벌, 섬(다도해), 제주, 지리산 등을 소재로 한 생태관광 상품, 스쿠버다이빙, 래프팅, 트레킹 등 모험관광 상품, 농산어촌 지방문화 체험상품을 선호한다.
- 배낭여행객이 선호하는 숙박시설은 비교적 저렴한 곳이다.
- 온라인 여행정보 및 예약시스템, 안내정보, 지방연계 교통 서비스를 중요시 고려한다.

3) MICE(Meeting, Incentive, Conference & Exhibitions)

- 국제회의 참가 목적의 방문객은 소비 지출이 높은 고급시장으로 알려져 있으며, 가족이나 동료, 친구 등과 재방문하는 경우도 많은 편이다.
- 주로 일정한 테마를 가지고 여행하는 패턴으로서 그들이 관심을 가지고 있는 지적 호기심을 충족시키기 위하여 여러 지역을 순환 방문하는 형태를 보인다.
- 방문지역의 전통과 문화에 깊은 관심을 지니고 있으며, 건축기행, 박물관/미술관 순례 등 향후 여행상품 개발의 여지가 많은 유형이다.
- 문화유산관광객의 경우 일반적으로 교육수준과 경제수입이 높은 시장으로서 여행기간이 비교적 길고, 호텔에 머물거나 쇼핑에 관심을 갖고 있다.
- 모험관광의 경우 육체적인 활동이나 독특하고 흥미진지한 경험을 원하며, 대체로 외딴 지역에서 캠핑이나 오두막, B&B와 같은 숙박시설을 원한다.
- 생태관광은 비교적 덜 훼손된 지역을 방문하면서 교육적 경험을 중시하는 여행분야로서 최근 빠른 성장 추세를 보이고 있다.

(1) 온라인 여행사(OTA)의 등장과 성장

해외여행이 보편화되면서 자유여행을 선호하는 2030대 개별여행객이 증가하였고, 이는 온라인여행사(Online Travel Agencies)의 등장과 아울러 확장에 큰 역할을 했다. 여행서비스 유통 구조 역시 플랫폼(platform) 기반의 온라인여행사(OTA)를 중심으로 급속하게 변화했다. 개별관광객이 지속적으로 증가하고 첨단기술이 비약적으로 발전하면서, 해외 온라인여행사도 줄줄이 한국시장에 진출하여 비즈니스 모델을 다양하게 확장하기 시작했다.

이는 온라인여행사 입장에서 국내 여행시장은 여러 가지 이유에서 매력적인 시장이기 때문이다. 먼저 한국이 IT 강국으로서 남녀노소 가릴 것 없이 많은 국민들이 인터넷과 스마트 폰을 언제 어디서든 자유롭게 일상생활에서 활용한다는 점이다. 다음은 해외 여행객 수가 2010년 이후 지속적으로 증가하여 2019년 3,000만 명에

이를 정도로 해외여행에 대한 수요가 많아졌다. 또한 내국인들이 개별여행의 증가와 함께 '외국에서 한 달 살기', '혼행(혼자 여행)', 호캉스(호텔+바캉스) 등 다양한 여행 트렌드를 주도하고 있다는 점을 들 수 있다.

저비용항공사(LCC)의 증가도 온라인여행사 성장에 많은 역할을 하였다. 저비용항공사가 중국, 일본 등 단거리 중심으로 출국 수요를 이끌면서 자유여행이 증가하였고, 이에 따라 온라인을 활용한 숙박예약 등도 급증하였다.

한국에는 2012년 한-미 자유무역협정(FTA) 발효를 계기로 익스피디아와 같은 미국의 대형 온라인여행사들이 진출했다. 이 여행사들은 막강한 자본력과 데이터를 바탕으로 항공과 숙박을 넘나드는 상품을 함께 판매하는 플랫폼으로 부상하며, 국내 여행사들의 시장 점유율을 빠르게 잠식하고 있다.

따라서 온라인여행사가 국내를 비롯하여 전 세계 여행업계의 판도를 흔들고 있다. 이처럼 온라인여행사는 전자적 방식을 이용하여 가상공간에서 이루어지는 거래행위인 인터넷 비즈니스의 특성들을 여행사에 적용하여 주로 인터넷을 이용하여 여행업을 수행하는 기업을 의미한다. 즉 고도화된 온라인 시스템을 바탕으로 가격의 비교, 호텔과 항공권의 예약을 대행하는 등 다양한 여행 관련 서비스를 손쉽게 제공하는 온라인 여행업체를 말한다.

온라인여행사의 시초는 1994년으로 거슬러 올라간다. 호텔 검색 누리집 트래블웹닷컴(travelweb.com)이 온라인 예약기능을 최초로 선보인 것을 시작으로, 글로벌 온라인여행사들은 단순한 예약기능을 넘어 가격의 비교, 최저가 경쟁 등을 통해 성장세를 이어왔다. 이러한 온라인여행사는 지난 10년간 많은 혁신을 이루어 왔는데, 초기 항공권 요금에 대한 정보조회 서비스에서 시작해서 이제는 실시간 항공스케줄 조회 및 예약은 물론이고, 온라인 쇼핑과 마찬가지로 즉시 결제 및 전자 항공권 출력, 사전 좌석 배정 등이 가능한 수준에 이르렀다. 호텔이나 숙박예약 부문에서도 초기에는 기초적인 정보를 제공하거나 해외의 호텔예약시스템을 한글화해서 보여주던 수준이었다. 이제는 수많은 호텔의 객실 정보 및 객실 상태를 실시간으로 연결해서 예약 및 구매까지 원스톱으로 처리할 수 있는 시스템을 제공하고 있다.

온라인여행사는 기업의 입장에서 기존 관광정보의 안내수단에 비해 저렴하고 신속하게 정보를 전달할 수 있는 이점이 있다. 이용자 입장에서도 쉽고 빠르게 여행정보를 탐색하고 취득할 수 있을 뿐만 아니라, 저렴한 여행상품을 구입할 수 있어 기업과 이용자 모두에게 중요한 역할을 하고 있다.

〈표 4-4〉 주요 글로벌 OTA 현황

	국적	설립연도	글로벌 플랫폼
부킹홀딩스(booking holdings)	미국	1997	부킹닷컴(bookin.com), 아고다(agoda), 카약(kayak), 호텔스컴바인(hotels combine), 프라이스라인(priceline)
익스피디아그룹(expedia group)	미국	1996	익스피디아닷컴(expedia.com), 호텔스닷컴(hotels.com), 트리바고(trivago), 홈어웨이(homeaway), 오비츠(orbitz), 이겐시아(egencia), 핫와이어(hotwire), 트래블로시티(travelocity)
씨트립(ctrip)	중국	1999	트립닷컴(trip.com), 스카이스캐너(skyscanner)

출처: 저자 작성

대부분의 일반적인 온라인 여행상품 구매자들이 알고 있는 온라인여행사 웹사이트(website)들은 대부분 익스피디아와 부킹홀딩스에서 소유하고 있다. 이 복합기업들은 공통적으로 호텔, 항공권, 렌터카 예약뿐만 아니라, 복수의 온라인여행사에 대한 가격의 비교를 가능하게 하는 메타서치 엔진(meta search engine)인 트리바고와 카약을 각각 보유하고 있다. 즉, 숙박, 항공권 등의 여행상품을 판매하는 온라인여행사를 다수 운영하면서 동시에 가격 비교를 위해 메타서치 엔진을 이용하는 여행자들을 자사 온라인여행사로 유입시켜 예약을 하도록 유도하여 수입을 올리는 전략을 구사하고 있다.

국내 온라인여행사들은 원래 오프라인 여행사를 운영해 오던 일반 여행사들이 자체적으로 온라인 사이트를 제작하여 상품 예약 및 결제가 가능한 온라인여행사를 병행하여 운영하는 방식이 대부분이다. 외국계 온라인여행사의 국내시장 잠식에 수많은 국내 여행사들이 폐업을 하였으나, 최근 주요 여행사들은 외국계 온라인여행사에 대응할 만한 플랫폼을 시작하여 이를 발판 삼아 재도약을 도모하고 있다. 또한 IT를 기반으로 한 야놀자, 여기어때와 같은 신흥 기업들이 온라인 플랫폼을 기반으로 한 여행 예약서비스를 제공하고 있다.

네이버, 카카오 등 국내 포털의 여행업 진출도 주목할 부분이며, 네이버와 카카오는 구글만큼 적극적이지는 않지만, 이미 여행업 관련 서비스를 제공하고 있다. 네이버의 경우 호텔, 항공, 현지투어에 이어 패키지여행 메타서치 서비스인 네이버 패키지여행을 시작하였다. 쿠팡, 위메프 등 전자상거래 업계들도 온라인 여행시장을 블루오션으로 보고, 항공 · 호텔 실시간 가격 비교 및 예약서비스를 개편하며 관련 사업에 힘을 싣고 있다. 이와 같이 온라인여행시장을 둘러싸고 국내 업계들 간에 경쟁이 점점 심화되고 있다.

또한 온라인여행사에 대한 이용이 증가하는 반면에 소비자 불만이 계속해서 늘어나고 있어 이에 대한 대책이 시급한 상황이다.

한국소비자원은 국내외 온라인여행사 중 최근 3년간(2016~2018년) 소비자 불만이 100건 이상 접수된 11개 사업자를 대상으로 소비자 불만 현황 및 거래조건에 대한 상품정보 제공 실태를 조사했다. 최근 3년간 1372소비자상담센터 및 국제거래소비자 포털에 접수된 숙박 · 항공서비스 관련 11개 온라인여행사 사업자의 소비자 불만 건수는 총 8,033건이다. 연도별로는 2016년 884건, 2017년 2,461건, 2018년 4,688건으로 매년 급증하는 추세이다.

유형별로는 '취소 지연 및 환불 거부'가 5,036건(62.7%)으로 가장 많았다. 특히 무료취소 기간에 취소 요청을 했음에도 정당한 이유 없이 환불이 지연되거나 '환불불가' 표시가 명확하지 않아 소비자가 인지하지 못했던 상품에 대한 사업자의 환불 거부 사례가 많았다. 당초 결제한 금액보다 많은 금액을 청구하거나 사전에 고지하지 않았던 수수료를 청구하는 등의 '위약금 · 수수료 부당청구 및 가격불만'이 1,042건(13.0%)으로 나타났다. 사업자의 과실로 호텔 예약이 갑자기 취소되거나, 항공사 사정으로 운항이 취소되는 등 '계약불이행'이 870건(10.8%)으로 뒤를 이었다.

국내외 온라인여행사를 대상으로 상품정보 제공 실태를 조사한 결과, 판매가격, 환불 조건 등 중요 정보의 제공이 미흡한 것으로 나타났다. 또한 해외 숙박과 항공

예약 시 신용카드 수수료 및 환율에 따라 결제 금액과 실제 청구 금액에 차이가 발생해 소비자 불만이 제기되고 있다.

〈표 4-5〉 OTA 관련 불만유형별 현황 (단위: 건, %)

피해유형	2016년	2017년	2018년	계	비율
취소환불교환 지연 및 거부	429	1,478	3,129	5,036	62.7
위약금 수수료 부당청구 및 가격불만	177	309	556	1,042	13.0
계약불이행	87	376	407	870	10.8
결제관련	47	94	209	350	4.3
사업자 연락 두절 사이트 폐쇄	80	87	105	272	3.4
기타 단순문의, 미상	64	117	282	463	5.8
합 계	884	2,461	4,688	8,033	100.0

출처: 한국소비자보호원, 2019

4. 개별여행객을 위한 관광전략

해외 개별여행자 시장의 효율적인 유치를 위해서는 인바운드 관광정책과 국내 관광정책의 연계 협력을 보다 강화할 필요가 있다. 구미주 아웃바운드시장, 젊은 연령층의 배낭여행객, 비즈니스 및 MICE시장, 특정 관심의 테마여행시장을 공략하기 위한 전략이 필요하다. 온라인 마케팅 강화, 차별화된 관광매력 발굴, 관광안내와 지방 교통, 숙박시설 등 기반 인프라 개선, 체계적 시장 조사 및 연구 추진이 필요하다.

1) 여행정보 플랫폼 구축

개별여행자를 위한 여행정보 플랫폼을 구축할 필요가 있으며, 이를 통해 개별여행자 및 소그룹 여행자를 위한 여행정보와 서비스 제공을 강화해야 한다. 특히 숙박, 지방 관광지 정보, 교통, 전자안내지도, 공연 및 활동 관련 정보 등이 필요하다.

온라인 예약 및 구매 시스템을 보다 체계화하고 온라인 마케팅 강화를 통해 구미주 등 장거리 시장에서 쉽게 접근할 수 있도록 해야 한다. 한국관광공사 및 민간업계와의 공동 협력을 통해 웹서비스를 개발하여 다양한 여행정보 검색과 예약시스템을 제공한다. 개발형 DB를 축적하는 구조를 구축하여 온라인 사용자가 생산한 콘텐츠를 통한 정보의 확대 재생산으로 풍부한 DB를 확보해야 한다.

2) 출입국 제도 개선

지속적으로 성장하고 있는 중국 관광시장의 경우 비자발급을 포함한 출입국 절차의 불편 때문에 여행객의 심리적이고 시간적인 부담이 크다.

따라서 단체 관광객 인원에 대한 기준 완화, 무사증 경유제도 확대, 당일 사증발급, 전자기반 비자시스템 도입 등 출입국 제고를 위한 개선 노력 필요하다.

또한 워킹홀리데이 비자(working holiday VISA) 발급대상은 비교적 젊은 청소년층으로 국내에서 체류기간이 일반 여행객보다 훨씬 길고, 향후 재방문 가능성이 높은 시장이라고 볼 수 있다. 따라서 세계 청소년 시장을 대상으로 국내 워킹홀리데이 제도를 적극적으로 홍보하고 아시아, 북미, 유럽 등 방한 관심이 높은 타 국가들과 비자협정 체결의 확대 추진이 필요하다.

3) 관광매력의 차별화 전략

개별여행자시장은 자연과 생태, 문화유산, 모험활동, 지역관광 등에 대한 이해와 관심이 높으며, 친밀한 교류와 체험적 요소가 중요한 고려 요인이다.

우리나라가 주변 관광 경쟁국에 비해 차별성과 다양성을 지닌 특정 테마 · 체험 위주의 관광 매력물과 콘텐츠를 집중적으로 개발할 필요가 있다.

한국여행을 대표하는 관광 아이콘의 개발 및 필수 방문코스에 대한 홍보 전략과 연계가 필요하다. 외국어 안내정보, 관광지도, 안내서적, 안내표지, 통역가이드 등 우리나라 관광안내 체계의 통합적인 개선이 요청된다. 아울러 개별여행자들에게 필요한 다양한 볼거리, 먹거리, 살거리, 즐길거리, 머물거리 등에 대한 외국어 안내정보를 제공하기 위해 민간업체와의 협력이 필요하다. 관광안내표지 및 도로교통표지의 정확성 · 식별성 · 정체성 등 표준화 개선 사업과 함께 우리나라의 IT를 활용한 통역안내 서비스 개발에 노력해야 한다.

개별여행자는 비교적 자유로우며 융통성 있는 여행일정을 선호하며, 지방 고유의 문화와 주민, 음식 등을 체험하는 데 큰 관심을 가지고 있다. 이러한 시장 요구에 부합하고, 서울을 비롯한 수도권에 집중되어 있는 인바운드 관광의 한계를 극복하기 위해 지방을 연결하는 교통망에 대한 편의를 시급히 개선할 필요가 있다.

개별여행자 시장은 주로 호텔을 이용하는 편이나, 선호도 및 가격 수준에 있어 다양한 유형의 숙박시설이 요구된다. 고급 비즈니스호텔, 중저가 호텔, 배낭여행객숙소, 게스트하우스 등 틈새시장을 겨냥한 숙박시설의 확충과 특히 지방의 숙박시설을 개선하기 위한 투자가 필요하다. 지방의 관광음식점업에 대한 외국어 서비스를 개선하고, 주로 단독으로 여행을 즐기는 특성을 고려하여 안전과 치안문제를 점검할 필요가 있다.

4) 홍보 마케팅의 효율화

한국관광에 대한 외국인 개별여행자 시장의 인식과 이미지 조사를 실시하여, 주변 경쟁국과의 차별화된 마케팅전략 수립이 필요하다. 실제로 외국인이 인지하고 있는 한국관광의 이미지와 한국관광공사에서 홍보하고 있는 이미지와의 차이가 존재할 수 있다.

미디어를 통한 관광홍보는 기자회견, 언론기사 보도, 언론인 팸투어(FAM tour), 인터넷 웹사이트(website), 뉴스레터(newsletter) 발송 등 다양한 방안이 활용될 수 있다. 외국인 개별여행자들이 자주 이용하는 SNS를 비롯한 다양한 채널을 통해 한국관광에 대한 온라인 마케팅 강화가 필요하다. 또한 해외유력 방송매체, 여행전문

TV 채널, 비즈니스 여행 및 배낭여행 전문서적 등을 통한 한국관광 안내홍보를 추진해야 한다.

5) 개별여행자를 위한 전문 여행상품 개발

개인이나 소수를 위한 차별화, 다양화, 전문화된 여행상품 개발을 위해서는 인바운드 업계 및 국내 여행업계와의 공동 노력이 필요하다. 개별여행자를 비롯한 외래객들의 국내 체류기간이 1주일 미만인 점을 감안할 때, 안정적이고 지속적인 여행상품과 이벤트 개발(상시, 매일/격일 운영)이 필요하며, 연중 1회, 분기나 월례상품은 실제로 참여할 수 있는 기회가 매우 제한적인 측면이 있다. 특정 관심분야나 테마여행(문화답사, 역사탐방, 자연경관, 전문레저), 다양한 체험여행상품의 개발 및 체계적인 운영관리가 필요하다.

개별여행자 시장 특성을 고려한 지방 여행상품의 활성화, 다양한 옵션 관광프로그램을 개발하는 데 노력할 필요가 있다. 일정, 식사, 관광, 쇼핑 등 다양한 선택기회를 제공할 수 있는 개별여행과 단체 패키지여행의 복합형태가 확산되고 있다. 방한 여행상품의 가격경쟁력을 제고하기 위한 노력과 동시에 외국인 개별여행자의 고급시장을 겨냥한 고품격 · 고가의 여행상품을 개발한다.

5. 개별여행의 유형과 사례

한국관광공사는 개별여행의 유형을 한국 여행업의 실정에 맞추어 완전여행, 에어텔, 배낭여행, 특수목적관광, DIY여행으로 분류하였다.

첫째, 완전여행은 여행사의 도움 없이 여행자 스스로 항공권, 숙박, 현지교통편, 체험프로그램 등을 관련 업체에서 직접 예약하고, 여행일정을 계획하는 완전히 자유로운 여행유형이다.

둘째, 에어텔은 항공권과 호텔만을 여행사 또는 항공사에 예약하는 패키지이다. 에어텔의 종류로는 기본 에어텔 패키지에 현지에서의 공항과 호텔 간 이동 등의 일부분에 여행사의 도움을 받는 유형이 있다. 또한 에어텔 패키지에 다양한 현지 옵션프로그램을 추가하여 여행자가 자유롭게 옵션상품을 구매할 수 있는 에어텔 패키지+패키지 투어의 절충형 등이 있다.

셋째, 배낭여행은 학생층을 중심으로 한 배낭여행이 대표적인 유형이다. 항공권 등 이동수단에 대한 예약만을 선행하고, 그 밖의 일정은 현지에서 즉흥적 또는 여행자 계획에 의해 자유롭게 진행되는 여행유형이다.

넷째, 소비자의 특별한 관심을 만족시키기 위해 여행일정을 진행하는 소규모 테마형(맞춤형) 패키지이다. 특수목적관광(SIT, Special Interest Tour)은 하나의 주제를 가지고 특별히 관심을 가지는 분야에 지식과 경험을 높이기 위해서 떠나는 관광이다.

다섯째, DIY(Do It Yourself)여행은 여행자 자신이 여행사에서 제공하는 시간표, 안내서 등을 이용하여 자신의 욕구에 부합하는 여행을 기획하고 진행하는 것이다. 왕복항공권, 도착 당일의 호텔 등 최소한의 기본적인 사항만 여행사에 예약을 의뢰하고, 그 외의 이동, 숙박, 관광, 교통수단 등은 적극적으로 자신이 직접 계획하는 것으로 일반적인 패키지보다도 주체적으로 자유여행을 즐기려는 고객층을 위한 여행유형이다.

〈표 4-6〉 FIT상품의 유형 분류

상품유형	상품 특징
완전 개별여행	• 여행사의 도움 없이 여행자 자신이 항공권, 숙박, 현지교통편 등의 예약 및 일정을 계획 · 실행하는 완전한 자유여행
에어텔 패키지	• 항공사에서 호텔 사용을 필수조건으로 하고, 특별요금의 항공권 제공 • 항공사에서 출시한 항공+호텔을 기본 사항으로 하고, 공항-호텔 간 교통편, 시티투어(city tour), 관광지 입장권 등을 선택하는 상품으로 여행자에 맞게 여행일정의 변형이 가능 • 1999년 KLM항공의 Europe 4 you 상품 출시 이후, 현재 각 항공사별로 상품 출시

상품유형	상품 특징
배낭여행	• 학생층을 중심으로 한 대표적인 유형으로 항공과 교통패스만을 구매하고, 현지에서 저렴한 숙소를 이용하는 여행으로 여러 도시를 여행하는 저예산 장기 여행 • 단체배낭여행, 호텔팩, 점프팩, 호스텔팩 등 배낭여행상품
소규모 테마형(맞춤형) 패키지/특별목적여행 (SIT, Special Interest Tourism)	• 소비자의 특별한 관심을 만족시키기 위해 여행일정을 만들고, 여행사가 진행하는 소규모 맞춤 여행 • 여행사가 특정 고객층을 대상으로 만들어 판매하는 10인 미만 소규모 패키지 • 예술여행, 건축기행, 에코투어(Eco-tour), 와인투어(wine tour), 쇼핑투어(shopping tour) 등
DIY (Do It Yourself)	• 최근 증가세가 뚜렷한 상품으로 미주, 유럽지역에서는 이미 보편화된 상품 • 여행자 자신이 직접 일정을 계획하고, 항공 · 호텔 · 가이드 등을 관련 업체들을 이용하여 직접 예약하고 진행하는 상품 • 개별여행의 자유로움을 즐기면서도 여행에 필요한 기본적인 요소들이 일정에 맞게 미리 갖춰져 스케줄 관리가 제공되는 형태 • 타 여행의 형태보다 가격이 저렴하나, 여행정보가 미흡할 경우 타 여행상품보다 경비가 증가할 수 있음 • 여행을 준비하기 위한 장시간이 필요 • 여행중 발생하는 문제들에 있어 스스로 책임을 져야 함

출처: 저자 재작성

6. 개별자유여행의 유형

1) 완전 개별여행

여행사의 도움 없이 자신의 여행목적에 맞게 항공권, 숙박, 현지교통편, 현지 투어 등을 예약하고 여행일정을 계획하는 완전 자유여행이다. 여행 스케줄 관리를 스스로 직접 해야 하기 때문에 여행에 대한 사전 준비가 철저해야 한다. 현지에서 일정변경이 자유롭고, 유스호스텔이나 민박을 선택하여 이용할 경우에는 경제적으로 장점이 될 수 있다. 여행이 끝난 후 큰 성취감을 가질 수 있으나, 숙소 찾기, 여행지 찾아가기 등 모든 것을 스스로 준비해야 하는 부담감과 함께 사전 준비하는 데 많은 시간이 필요하다는 단점이 있다.

자유여행의 특징은 여행계획을 탄력적으로 세우는 성향이 있으며, 특히 인터넷을 통해 사전 경험을 중요시하고, 선행 방문자들이 추천하는 곳을 중심으로 여행을 계획하여 선택의 오류를 최소화하려는 경향이 있다. 또한 안내원이나 홍보물 등 간접적 정보매체보다는 스스로 직접 찾아가는 정보매체의 영향력이 높은 특성이 있다. 개별여행은 자신이 직접 결정하고 계획하는 부분이 많기 때문에 다양한 관광정보는 개별관광객의 행동에 영향을 미치며, 여행 도중 자신이 선택할 수 있는 부분이 많을수록 여행의 만족이 높아지는 경향이 있다.

그런데 특히 자유여행에서 반드시 주의해야 할 것은 안전문제이다. 여행경험이 많고 외국어가 능통하더라도 가이드나 동행자가 없는 경우가 많으므로 해외에서 예상치 못한 일이 발생할 수 있다. 따라서 여행계획을 세울 때는 안전이 최우선이 되어야 하고 사전에 철저한 준비가 필요하다. 따라서 해외여행을 계획할 때는 먼저 외교부의 해외안전여행 웹사이트(website)를 방문하여 사전에 방문계획 중인 국가들에 대한 안전관련 정보를 수집하는 것이 좋다. 이 사이트엔 해외안전소식, 최신 여행경보단계, 현지 국가 및 지역별 정보 등 기본적인 안전정보부터 동행서비스, 영사콜센터 등 해외여행에 필요한 모든 정보를 제공한다. 이 중 해외안전여행 애플리케이션(application)을 통해 신청할 수 있는 동행서비스는 해당 여행객의 실시간 위치 정보를 지정한 가족 혹은 지인에 전송하기 때문에 위급상황 발생 시 큰 도움이 된다.

사례 **자유여행 사례**

1. 자유여행의 인기 도시

하나투어가 자사 호텔 예약데이터 11만여 건을 분석해서 2018년 자유여행객이 가장 많이 찾았던 도시의 순위를 공개했다.

자유여행객이 하나투어 호텔예약시스템을 통해 가장 많이 예약한 지역은 괌, 홍콩, 오사카, 도쿄, 방콕, 호놀룰루, 다낭, 세부, 싱가포르, 후쿠오카 순으로 나타났다.

1위는 12.1%를 차지한 괌이다. 괌은 호텔 및 리조트의 수가 많지 않아 상위 3개 호텔이 괌 전체 예약의 41.3%를 차지하는 등 대표적인 4~5성급 호텔에 예약이 집중되었다.

2위는 홍콩으로 9.8%를 차지하였다. 인기호텔은 침사추이 등 유명 관광지 또는 쇼핑몰에 인접해 있었으며, 3성급부터 5성급 호텔로 다양하였다.

3위는 6.4%의 오사카다. 오사카는 저비용항공사(LCC) 증가로 인한 노선 확충 등으로 높아진 접근성으로 많은 자유여행객이 방문하였다. 인기가 있었던 호텔은 최대의 번화가인 난바 부근에 위치해 있으며, 대부분 가성비 좋은 2성급과 3성급의 실속형 호텔이었다.

젊은 세대뿐 아니라 중장년 세대도 인터넷 · 모바일 이용에 익숙해지고, 여행의 트렌드가 바뀌면서 단체여행 역시 패키지보다는 자유여행을 선호하는 추세가 나타나고 있다.

2. 자유여행객의 안전여행

1) 자유여행계획은 외교부 해외안전여행 정보를 찾는 것에서 시작된다

자유여행객이 우선적으로 고려해야 할 것이 안전이다. 여행지는 생각보다 안전하지 못한 경우가 있다. 그래서 자유여행계획을 세울 때는 먼저 외교부의 해외안전여행 웹사이트를 방문해 사전정보를 수집하는 것이 좋다.

이곳에서는 우리 국민의 안전한 해외여행을 위해 해외안전소식, 최신 여행경보단계, 현지 국가, 지역별 정보 등 기본적인 안전정보부터 동행 서비스, 영사콜센터 등 해외여행에 필요한 모든 정보를 제공한다. 이 중 해외안전여행 앱(App)을 통해 가능한 동행 서비스는 미리 가입하면 해당 여행객의 실시간 위치정보를 지정한 가족 혹은 지인에게 전송하기 때문에 위급상황 발생 시 큰 도움이 된다. 안전정보 외에도 방문하려는 국가에 반입되지 않는 물품정보, 교통법규, 현지문화 등 여행에 유용한 정보들이 많다.

2) 현지에서 피해상황 발생 시 증명서류를 발급받는 것이 필수이다

피해보상의 기본은 증명이다. 자유여행이 많아진 만큼 여행자 보험을 들고 여행 가는 사람들이 많아졌다. 하지만 보험의 혜택을 받기 위해서는 계약조건에 부합하는 증명서를 제출해야 한다. 해외에서 위급상황에 빠졌을 때, 낯선 상황에서 공관에게 증명서를 발급받지 못해 피해에 대한 보상을 받지 못하는 경우가 많다.

외교부에 따르면, 해외여행 시 가장 많이 당하는 위기상황은 절도와 강도이다. 만약 피해

사실이 있다면, 현지 인근 경찰서에 신고하거나 방문해서 증빙서류를 챙겨야 한다. 경찰관이 작성한 서류를 토대로 몇 가지 질의 후에 조서를 작성한 다음 귀국 후, 여행자 보험에 가입한 보험사에 제출하면 일부 금액을 보전받을 수 있다. 만약 언어가 통하지 않는다면, 영사 콜센터의 통역서비스(국가번호 82, 지역번호 2, 3210-0404)를 이용하면 된다.

3) 자세한 여행정보를 SNS에 남기지 말아야 한다

인스타그램에 사진을 올리기 위해 해외여행을 떠나는 사람이 있을 만큼 여행자들에게 소셜네트워크서비스(SNS)는 여행의 필수다. 하지만 본인의 여행정보를 너무 자세하게 올리면 범행의 대상이 될 수 있다.

특히 항공권에는 여행자의 이름, 성별, 전화번호, 주소, 이메일 주소, 신용카드 정보, 항공사 회원정보, 출발지와 도착지 등 모든 개인과 항공권 정보가 들어 있어 범죄자들의 대상이 될 수 있다. 자신이 묵는 숙소나 현재 있는 장소를 시간대별로 인증하는 것도 범죄의 표적이 될 수 있다. 외국인이나 한국사람이 우연을 가장하여 접근해서 사기를 칠 수 있기 때문이다. 서툰 한국말로 한국인 여행객에게 접근해 경계심을 무너뜨리고, 사기를 치는 이들도 있다고 하니 여행 중에 실시간 여행 기록은 신중하게 남겨야 한다.

4) 자유여행에서 여행 정보 및 검색엔진 앱은 필수적이다

여행 중에 항공권을 다시 검색해야 하는 순간이 종종 생길 수 있다. 비행기를 놓치거나 자연재해의 발생 또는 위급상황 시 항공권을 알아봐야 하는 일이 발생할 수 있기 때문이다. 개인의 부주의로 비행기를 놓치는 경우도 많다. 여권을 챙기지 못해서, 공항을 혼동해서 또는 여행객의 실수로 비행기를 놓쳤다면, 항공권 규정에 따라 수수료를 부담하고 항공권을 변경하거나 기존 항공권을 환불하고 새 항공권을 예약하면 된다.

항공권을 재예약해야 한다면, 여러 가지 방법 중에서 가장 저렴한 항공권을 검색할 수 있도록 도와주는 항공 관련 앱을 이용하는 것이 좋다. 공항 카운터에서 직접 구매하는 것보다 가격이 저렴할 수 있다. 만약 이전 비행기가 지연돼서 환승을 못하게 될 경우, 다른 항공편을 제공해 준다. 또한 다음 연결편 환승이 여의치 않아 1박을 해야 하는 상황이면, 호텔숙박비를 제공해 주기도 한다.

3. 자유여행을 위한 필수 앱

매년 해외여행객의 급격한 증가와 함께 해외여행의 트렌드도 변화하고 있다. 변화의 중심에는 여행사에 의지했던 과거와 달리 능동적으로 여행 정보를 찾아 여행을 준비하는 TIY(Travel It Yourself)가 있다. 해외여행을 자기 스스로 준비하는 TIY족이라면, 해외여행 준비를 위해 안전, 숙소, 항공권, 교통, 맛집, 여행일정 등 필수 앱을 우선적으로 확인할 필요가 있다.

해외안전여행

외교부가 제공하는 해외안전여행을 위한 앱이다. 우리 국민들이 해외에서 위기에 처할 경우, 영사가 바로 옆에서 도와주는 효과를 낼 수 있도록 개발되었다.

이를 위해 모바일 동행서비스, 위기상황별 대처 매뉴얼, 국가별 여행경보단계, 좌충우돌 상황별 카툰, 공관 위치 찾기, 영사콜 센터번호, 대사관&총영사관 연락처 및 현지 긴급구조 연락처 등 안전한 해외여행을 위한 다양한 서비스를 제공한다.

㈜마이리얼트립(my real trip)

여행을 떠나기 위해 필요한 모든 것을 한 곳에서 검색하고, 예약할 수 있는 국내기업이 개발한 여행 앱이다. 2012년 가이드 투어 서비스를 시작으로 2018년 항공서비스까지 확장하였다. 전 세계 630여 개 도시에서 여행 가이드와 항공권부터 액티비티, 현지체험, 입장권, 교통패스, 에어텔, 숙박, 렌터카 등 약 1만 7,000개 상품을 판매하고 있다.

스카이스캐너(Skyscanner)

2003년에 설립돼 여행자들의 간편한 여행 예약 회사이다. 스카이스캐너는 52개국, 30개 이상의 언어로 매달 1억 명 이상의 사람이 항공편, 호텔, 렌터카 예약서비스를 이용하고 있다. 스카이스캐너는 컴퓨터, 모바일에서 사용할 수 있으며, 앱은 9,000만 번의 다운로드를 기록했다.

에어비앤비(airbnb)

에어비앤비는 2008년 8월에 창립된 숙박 공유 플랫폼 회사이다. 본사는 캘리포니아주 샌프란시스코에 있으며, 191개 이상의 국가, 3만 4천 개 이상의 도시에 진출해 있다. 아직 10년이 채 안 된 기업이지만, 전 세계 4억 명이 이용하는 숙박 공유사이트이고, 190개국 현지인들의 다양하고 독특한 숙소를 예약할 수 있다.

트립어드바이저(tripadvisor)

여행자들이 실제로 제공하는 다양한 리뷰, 사진, 지도를 바탕으로 생생한 정보를 얻을 수 있는 앱이다. 여행코스를 계획하기 위해 필요한 최저가 항공편이나 내게 적합한 숙박시설, 맛집, 쇼핑, 주요 관광명소 등의 정보까지 가득하여 여행을 검색할 때 유용하다. 많이 찾는 유럽, 방콕, 뉴욕, 싱가포르 등 전 세계 300여 개 유명 관광지를 지도로 다운받을 수 있다. 또한 현재 위치를 기반으로 주변 관광 장소도 검색해 볼 수 있고, 세계 어느 곳이든 유명한 음식, 음식점, 가격 등 여행자의 평가에 따라 음식점도 추천받을 수 있다. 방문객들의 리뷰와 평점에 따라 지역별 추천 레스토랑 순위가 정해져서, 객관적인 맛집 정보를 얻을 수 있다.

클룩(KLOOK)

쉽고 빠르게 전 세계 액티비티, 관광명소, 공연, 테마파크를 예약할 수 있는 앱이다. 원하는 관광지에서 투어나 액티비티를 예약할 수 있다. KLOOK에서는 세계 각지의 관광 명소와 다양한 활동을 현지보다 저렴한 가격으로 예매할 수 있다. KLOOK은 수천 개의 다양한 액티비티를 한눈에 검색할 수 있고, 사용자들의 생생한 리뷰를 수만 건 확인할 수 있다. 또한 세계 곳곳의 관광 명소 티켓을 할인받을 수 있다.

파파고(Papago)

에스페란토어에서 앵무새를 뜻하는 파파고는 네이버 LABS에서 자체 개발한 인공신경망(Artificial Neural Network) 기반 번역 서비스이다. 현재 사용 가능한 언어는 한국어, 영어, 일본어, 중국어, 프랑스어, 스페인어 등 6개 언어로 총 30종 언어쌍의 통·번역을 제공한다. 이로 인해 대도시 외에도 영어를 사용하지 않는 국가들과 소도시에서 현지인과 쉽게 소통할 수 있다. 특히 밀레니얼 세대를 중심으로 소도시 여행이 각광받으며 통·번역 앱의 유용성도 부상하고 있다.

구글맵(Google Maps)

구글 지도는 전 세계에서 통하는 지도 앱이다. 구글 지도의 가장 큰 장점은 방대한 데이터이다. 220여 개 국가 지역의 정보를 비롯해 현재 내 위치, 길찾기 등을 바로 확인할 수 있다. 출발지와 목적지를 정하면 자동차, 도보 등 각각의 소요시간을 안내받을 수 있다.

현재 위치와 현지 대중교통 정보 및 이동 경로 내비게이션 기능까지 탑재한 앱으로 한국에선 사용 제한이 있지만 전 세계에서 가장 큰 사랑을 받고 있는 여행지도 앱이다. 운전, 자전거 및 도보 이동을 위한 음성 안내도 지원되며, 최적 경로 검색을 위한 실시간 교통 상황이나 교통사고 정보에 따라 자동 경로 변경 기능까지 제공된다. 맵스미(Maps.me)는 미리 다운로드만 해놓으면, 인터넷 연결이 되지 않는 곳에서도 활용할 수 있는 지도 앱다.

우버(UBER)

우버 테크놀로지스는 우버 캡(Uber Cab)이라는 이름으로 2009년 3월에 설립되었다. 공식 우버 서비스는 2010년 6월 샌프란시스코에서 처음 시작되었다.

도심과 같이 평소 택시를 잡기 어려웠던 곳에서도 쉽게 이용이 가능하여 이용자들에게 큰 인기를 얻고 있다. 앱을 통해 서비스를 신청하면 가장 가까운 곳에 등록되어 있는 차량과 연결되며 비용, 시간 등을 협의하여 신속하게 이용할 수 있다. 현재 전 세계 700여 개 도시에 서비스를 공급하는 우버는 우버앱을 통해 버튼 하나로 차량을 호출하는 기술 혁신을 구현하고 있다.

국내에서 운영 중인 카카오 택시 서비스와 가장 유사하다. 기사의 사진과 차량 정보, 차량의 실시간 위치, 요금까지 확인할 수 있기 때문에 바가지 쓸 일이 적으며, 기본적으로 결제는 카드로 이루어진다.

2) 에어텔(Airtel)

에어텔은 airplane과 hotel을 합친 합성어로 단체여행시대에서 개별여행시대로 변화되면서, 개별여행자에 대한 관심을 반영하여 출시된 상품이다. 에어텔 여행자를 순수한 개별여행자라고 할 수는 없기 때문에, 준 단체여행 또는 준 개별여행으로 구분하기도 한다. 하지만 이들 성향은 단체여행 또는 패키지에서 제공하는 정해진 프로그램에 참가하는 것을 지향하지 않는다. 또한 관광하는 데 있어서도 가이드와 함께 단체로 여행하는 형태가 아닌, 항공과 호텔을 제외한 여행스케줄을 개별적으로 기획하므로 배낭여행자와 더불어 개별여행자의 한 유형으로 파악하는 것이 옳다.

에어텔은 항공사에서 출시한 항공과 호텔을 기본 사항으로 한다. 공항과 호텔 간 교통편, 시티투어, 관광지 입장권 등을 포함하거나 선택이 가능한 상품으로 여행일정은 여행자에게 맞도록 변형이 가능하다. 젊은층을 중심으로 트렌드가 형성되고 있으며, 대도시와 온라인을 중심으로 급속히 확대되고 있다. 불필요한 여행스케줄의 생략으로 인해 패키지 여행상품보다 상대적으로 저렴하기 때문에 가격 측면에서도 매력적이다. 또한 다른 사람들과 함께 다니는 불편함을 해소할 수 있어 이러한 추세는 지속될 것으로 예측된다. 따라서 여행업체에서는 완전 패키지형 상품보다는 다양한 옵션 중에서 직접 선택 가능한 세미 패키지형 상품의 도입이 필요하다. 따라서 에어텔 패키지상품에 다양한 현지 옵션프로그램을 구축하여 여행자가 자유롭게 옵션상품을 구매할 수 있다.

사례 **에어텔 사례**

1. 항공사 에어텔 상품

싱가포르항공(Singapore Airline)은 자사 에어텔 상품 '시아 홀리데이(Sia Holiday)'를 아멕스 카드로 구매한 여행객에게 각종 바우처(voucher)를 증정하는 프로모션을 진행한다. 이번 프로모션에 해당하는 에어텔 상품은 싱가포르 베이직, 싱가포르 MBS(Marina Bay Sands), 싱가포르 RWS(Resort World Sentosa) 총 3가지다. 아멕스 카드 결제 시 1인당 50싱가포르 달러의 쇼핑 바우처와 싱가포르 대표 음식인 '야쿤 카야 토스트' 세트 쿠폰을 받을 수 있다. 쇼핑 바우처는 싱가포르 내 18개 쇼핑 매장에서 사용이 가능하다. 프로모션 상품인 싱가포르 베이직은 호텔 1박 포함이다. 싱가포르 MBS는 마리나 베이 샌즈 호텔 1박과 조식, 싱가포르 RWS는 센토사섬 내 호텔 2박과 조식, 유니버설 스튜디오 및 S.E.A 아쿠아리움 1일 패스를 제공한다.

캐세이패시픽항공(Cathay Pacific Airways)은 결혼을 준비 중인 예비부부들을 겨냥해 최고급 리조트호텔과 항공권을 결합한 허니문 에어텔 상품을 판매한다. 푸켓, 발리, 몰디브로

가는 비즈니스석 항공권과 최고급 리조트호텔을 결합한 상품이다.

에어텔 상품으로 선보이는 호텔은 선수리 푸켓, 파빌리온 푸켓, 물리아 발리, 알릴라 스미냑, 아난타라 디구 몰디브, 몰디브 포시즌 쿠다후라 등 총 6개의 럭셔리 리조트호텔이다. 에어텔 구매 시 각 호텔별로 디너 제공, Day Tour 제공, 룸 업그레이드, 스파 트리트먼트 무료 제공 등 다양한 혜택도 제공된다.

캐세이패시픽 비즈니스석 2인 왕복항공권과 푸켓 남서부 해안에 위치한 선수리 푸켓 4박 일정의 에어텔 상품으로 상품 예약은 캐세이패시픽 홈페이지에서만 가능하다.

제주항공은 카노아리조트, 피에스타리조트, 하얏트리젠시 등 사이판의 주요 인기 호텔에서 숙박할 수 있는 에어텔 상품을 제주항공 온라인 트래블 라운지에서 판매한다. 기본 예약조건은 성인 2명이 식사를 포함하지 않은 3박을 기준으로 오션뷰 호텔 하얏트리젠시를 예약할 수 있다.

제주항공 트래블 라운지에서는 해외 각 도시의 숙소와 렌터카, 공항과 호텔 간 픽업 서비스 등을 예약할 수 있다. 그리고 온라인라운지 외에 괌, 사이판, 필리핀 세부, 베트남 다낭, 말레이시아 코타키나발루 등의 트래블라운지에서는 유모차 대여, 짐 보관, 긴급상황 통·번역 서비스 등을 제공하고 있다.

2. 국가별 에어텔 상품

여행사가 정해주는 일정에 따라 움직이는 패키지여행이 아닌, 여행지까지 향하는 항공편과 숙소만을 이용할 수 있는 에어텔 상품을 통해 자유여행을 할 수 있다. 자유여행을 계획하고 있을 고객들을 위해 매력적인 호텔에서 머무르며 여행을 즐길 수 있는 에어텔 상품이다.

- Hot Spring from Deep Water Osaka Hinode Hotel Nipponbashi

  짧은 일정으로도 완벽한 휴가를 즐길 수 있는 곳을 찾는다면, 오사카를 추천한다. 식도락과 관광, 쇼핑 등이 모두 완벽한 조화를 이루고 있기 때문이다. 오사카로 여행을 떠나고자 하는 여행객을 위해 자유투어는 오사카 히노데 호텔에서 머물 수 있는 에어텔 상품을 추천한다. 히노데 호텔의 장점은 라멘(ramen)과 생맥주를 무제한으로 제공한다는 점이다. 또 기모노 체험부터 핸드 크래프트 체험, 일본식 문화 체험 등 요일별로 다양한 체험 이벤트를 준비한 것은 물론, 저녁 시간 한정으로 요일별로 다른 종류의 라멘을 맛볼 수 있는 이벤트도 펼치고 있다. 역시 돈키호테에서 사용할 수 있는 할인쿠폰을 제공하며 항공편은 제주항공을 이용한다.

- Sheraton Grand Danang Resort

  가족과 함께 다낭으로 여행을 계획하고 있다면, 쉐라톤 그랜드 다낭 리조트에 머물면서 여행을 즐길 수 있다. 다낭에서 가장 긴 풀장을 보유하고 있으며, 어린이 풀장도 갖추고 있어 가족 단위 여행객들에게 안성맞춤이다. 기본 일정은 3박 4일이며 티웨이 항공을 이용한다. 다만 쉐라톤 그랜드 다낭 리조트에서는 1박만 할 수 있으며, 나머지 2박 호텔 요금은 포함되어 있지 않다.

- Grande Centre Point Hotel Terminal 21

  낮과 밤이 모두 매력적인 방콕으로 여행을 떠나고자 하는 여행객들을 위해 3박 5일 일정의 에어텔 상품이 있다. 항공편은 티웨이 항공을 이용하며, 센터포인트 터미널 21 호텔을 사용한다. 센터포인트 터미널 21 호텔은 BTS 아속역과 터미널 21 쇼핑센터와 연결돼 있어 이동이 편리하다.

- Hilton Hawaiian Village Waikiki Beach Resort

  남국의 정취를 느끼고자 하와이로 향한다면 4박 6일 에어텔 상품을 이용할 수 있다. 항공편은 아시아나항공을 이용하며, 숙소는 힐튼 하와이안 빌리지 와이키키 비치 리조트를 이용할 수 있다. 이 호텔은 와이키키에서 해변가에 위치한 유일한 호텔로 프라이빗 비치까지 보유하고 있어, 보다 한적한 휴양을 즐길 수 있다. 공항부터 호텔까지 이동에 불편함이 없도록 왕복 셔틀 차량이 준비돼 있으며, 하나우마베이 스노클링도 포함돼 있다.

- HOLIDAY INN MACAO COTAI CENTRAL

  마카오로 여행을 계획하고 있다면, 제주항공을 이용해 홀리데이 인 마카오 코타이 센트럴 호텔에서 머물면서 자유롭게 여행을 즐길 수 있는 에어텔 상품을 이용할 수 있다. 호텔은 마카오의 종합 리조트인 샌즈 코타이 센트럴 중심부에 위치해 있으며, 다양한 레저, 쇼핑 및 엔터테인먼트 시설을 갖추고 있다.

3. 테마형 에어텔 상품

하나투어가 일본 도쿄에서 열리는 세계 최대 EDM(Electronic Dance Music) 축제 '울트라 재팬 2015'(이하 UMF 도쿄)를 관람할 수 있는 에어텔 상품을 출시했다. '울트라 재팬'의 공식 해외 투자사 자격으로 출시한 'UMF 도쿄 자유여행 2박 3일'은 왕복항공권과 도쿄 호텔 2박, 울트라 재팬 티켓 등이 포함되어 있다. 'UMF 도쿄' 티켓만 단독 구입할 수도 있다.

하나투어는 일본 오사카에서 열릴 음악 페스티벌 '서머소닉 2013' 입장권을 포함한 2박짜리 오사카 에어텔 상품을 출시했다. 세계 최대 수준의 음악 페스티벌로 자리 잡은 '서머소닉 2013'은 메탈리카, 뮤즈, 린킨파크, 스매싱 펌킨스 등의 화려한 라인업을 자랑한다. 우리나라에서는 'FT아일랜드'와 '씨엔블루'가 참가하는 등 지구촌을 대표하는 60여 개 팀 이상의 최고의 밴드와 아티스트들이 참가해 화려한 공연을 성황리에 마쳤다.

하나투어 상품은 오사카 왕복항공권, 호텔 2박, 1만 3천 엔짜리 서머소닉 1일 입장권으로 구성됐다.

4. 호텔 에어텔 상품

항공과 숙박을 묶는 에어텔 패키지도 이젠 여행사의 전유물이 아니다. 호텔이 에어텔 상품을 만들었다. 여행숙박업계의 크로스오버(crossover)가 관광산업의 융·복합 추세와 함께 가속화하고 있다.

제주신라호텔은 항공권과 호텔 숙박을 한 번에 해결하고 조식 · 중식까지 제공하는 에어텔 서프라이즈(Airtel Surprise)프로그램을 출시하였다.

에어텔 2박 상품은 스탠다드 객실, 제주 왕복 항공권(2인), 더 파크뷰 조식(2인 1회), 풀 사이드바 랍스터 짬뽕 1회, 플로팅 필로우 1개, 실내외 수영장 이용 등으로 구성돼 있다.

롯데호텔제주는 호텔과 항공을 한 번에 준비할 수 있는 에어텔 상품을 만들었다. 이번 패키지는 2박 전용 상품으로 제주도 왕복 항공권 2인과 제주의 이국적인 풍광이 한눈에 펼쳐지는 디럭스 레이크뷰 룸, 사계절 온수풀 '해온' 무료 이용혜택이 포함된다. 투숙객 전용 프라이빗 클럽 라운지로 변신한 '풍차라운지'를 하루 동안 마음껏 이용할 수 있는 혜택도 추가로 제공돼 완벽한 소확행을 누릴 수 있다.

3) 배낭여행

배낭여행은 일상생활을 떠나서 수많은 나라의 사람들을 만나보고 현지인들의 문화를 감상하고 느끼며, 끊임없이 연구하고 탐험하며 여행하는 것이다. 또는 시간적 여유가 있는 여행자가 비교적 긴 기간 동안 최소한의 여행경비로 여행자 스스로 여정을 관리해 가는 여행이라고 할 수 있다. 주로 젊은 학생들을 중심으로 한 개별여행자들에게서 유행하는 유형으로 항공권 등 이동수단에 대한 예약만을 하고 떠나는 여행이다. 그 밖의 일정은 현지에서 즉흥적 또는 예정에 의하여 진행된다. 해외여행이 어려웠던 시기에 대학생들 위주로 국내 여행을 떠나던 무전여행이 해외 선진국들의 문화를 탐방하고, 여행하며 간접 체험을 하고자 넓은 세상으로 지식 탐구를 위해 떠나기 시작한 것이 지금의 배낭여행이다.

배낭여행의 본격적인 시작은 1989년 전면적으로 해외여행이 자유화되면서 시작되어 해마다 여행자들이 꾸준히 증가하게 되었다. 초창기에는 대학생들이 주축이 되어 배낭여행을 떠나기 시작하였으며, 점차로 여행자들의 연령층도 다양해지기 시작했다. 특히 배낭여행의 목적지 중에서 유럽배낭여행은 시간이 지나면서 배낭여행자라면 누구나가 한 번쯤은 여행하고 싶어하는 선호도 1위의 지역으로 자리매김을 하게 되었다. 특히 대학생에게는 유럽배낭여행을 다녀오는 것이 젊은층의 대표적인 여행 트렌드가 되었다.

최근 증가하고 있는 중·장년층 배낭여행족은 박물관, 미술관 등 역사와 문화를 경험할 수 있는 곳을 선호하고, 여러 곳을 많이 다니는 것보다 여유 있고 느긋하게 휴식을 즐기면서 여행하는 추세이다. 한 번에 여러 나라를 방문하기 위해 먼 거리를 이동하거나, 야간열차를 이용하는 여행은 기피한다. 배낭여행이 처음인 경우 낯선 곳에 대한 두려움, 언어 소통에 대한 부담감 때문에 개별배낭여행보다 단체배낭여행을 선호하는 경우가 많다. 단체배낭여행은 여행사가 항공권과 숙박권을 미리 예약해 주고 현지 인솔자도 동행한다. 일정에 대한 사항은 사전에 정해져 있지만, 체류하는 지역에서의 일정은 여행객이 자유롭게 결정할 수 있는 형태이다. 현지 인솔자도 전체 일정을 인솔하는 패키지여행 가이드와 달리 여행객을 도와주는 역할만을 한다. 이런 여행 형태는 여행지에 대한 자료를 사전에 검색하고 공부하면서 개별 여행스케줄을 계획하는 데 어려움을 겪는 중·장년층을 겨냥한 것으로 인기가 높은 편이다.

배낭여행자들의 주요 유형으로 오피스 배낭여행자, 대학생 배낭여행자, 선생님 배낭여행자, 기획 배낭여행자, 가족 배낭여행자, 허니문 배낭여행자, 실버 배낭여행자, 기업 배낭여행자 등으로 분류할 수 있다.

국내에서 판매되는 배낭여행 프로그램은 자유(개별)배낭여행, 단체배낭여행, 호텔팩(호스텔팩, 민박팩)배낭여행, 점프팩 배낭여행, 맞춤형(tailor made)배낭여행, 에어텔(airtel)배낭여행, 다국적 배낭여행(다국적 단체배낭여행, 다국적 자유배낭여행), 믹스팩 배낭여행 등으로 분류하였다.

(1) 개별배낭여행

개별배낭여행을 떠나는 배낭여행자들은 대부분 자유롭게 여행하고 싶어하며, 저렴한 비용으로 여행하고자 한다. 또 개인별로 특별한 목적을 가지고 여행을 준비하는 경우가 많기 때문에, 대부분 자신이 여행사나 여행 동호회를 통해서 간단하게 항공권과 현지 교통패스 정도만을 구입을 해서 떠난다. 다른 여행상품에 비해서 준비기간이 길고, 의지력도 강한 여행자들이 선호하는 프로그램이다.

(2) 단체배낭여행

단체배낭여행자는 대부분 여행경험이 많지 않거나 언어에 대한 자신감이 부족해서, 개별배낭여행에 대한 두려움을 많이 가지고 있다. 그래서 여행은 하고 싶은데 혼자 여행하기는 두려움이 있기 때문에, 다른 여행자들과 함께 어울려서 여행을 하고 싶어한다. 배낭여행에 필요한 구성요소들을 포함해서 인솔자와 함께 동행하며, 현지에서는 개별적으로 여행할 수 있도록 독립성을 부여하기도 한다.

(3) 호텔팩, 호스텔팩, 민박팩, 에어텔 배낭여행

호텔팩이나 호스텔팩 참가자의 특성은 여행사에서 기획한 여행상품을 이용해서 여행을 떠나는 경우와 자신이 원하는 일정을 여행사에 의뢰해서 맞춤여행으로 떠나는 2가지 경우가 있다. 2가지 여행형태 모두 배낭여행을 준비하는 기간이 자유여행자에 비해서 비교적 짧은 여행자이다. 여행에 필요한 준비는 대부분 여행사에 맡기고, 여행자들은 일정에 맞춰 배낭여행지에 대한 공부를 하고 떠나면 된다. 또 여행일정에 맞춰 숙소를 미리 예약하기 때문에 현지에서 숙소를 예약할 필요가 없다. 그래서 비교적 안전한 여행을 할 수 있기 때문에 많은 여행자들이 선호하는 여행방식이다.

호텔팩, 호스텔팩, 민박팩 그리고 에어텔 배낭여행은 숙소의 형태와 여행기간만 다소 차이가 있을 뿐, 여행프로그램은 거의 동일하게 운영된다.

① 호텔팩 배낭여행

숙소를 호텔로 이용하고 호스텔팩에 비해 가격이 다소 비싸며, 2인 이상이어야 출발한다. 호텔팩을 선호하는 경향을 성별로 보면 여성이 남성보다 많고, 직장인이

학생보다 더 선호한다. 특히 신혼 여행자나 부부, 가족 단위 여행자들이 많이 선호하는 배낭여행이다.

② 호스텔팩 배낭여행

숙소를 호스텔로 이용하고 호텔팩보다 가격이 저렴하며, 1인도 가능하다. 호스텔팩은 저렴하게 여행하고자 하는 여행자들이 선호하는 배낭여행이다. 또한 외국인 여행자들과 동일한 숙소를 사용하기 때문에, 직접적인 교류를 할 수 있어서 선호하는 여행자가 많다.

③ 민박팩 배낭여행

숙소를 민박으로 이용하기 때문에 호텔팩보다는 가격이 저렴하고, 1인도 이용이 가능하다. 민박팩은 저렴하게 여행하고자 하는 여행자들이 선호하는 여행으로 유럽의 경우 민박집 주인이 한국말을 하는 경우가 많고, 한식을 제공하는 경우가 많아 여행의 장점이 있다.

④ 에어텔 배낭여행

여행형태는 호텔팩과 비슷하나 여행기간이 상대적으로 짧다. 주로 비즈니스를 하는 여행자들이 소수의 나라를 짧은 기간 동안 여행한다.

⑤ 점프팩(Jump Pack) 배낭여행

여행형태는 호텔팩, 호스텔팩, 민박팩과 동일하지만, 여행기간 중 모든 숙박을 사전에 예약하는 것이 아니다. 일반적으로 여행의 처음과 중간, 마지막 일정의 숙소만을 예약하는 형태이다. 여행 중간에 자유롭게 일정을 변경하면서 여행하고 싶어 하는 여행자들이 선호하는 프로그램이다.

⑥ 믹스팩(Mix Pack) 배낭여행

여행자들에게 꾸준한 인기를 얻고 있는 여행형태로서, 숙소를 호텔과 호스텔 그리고 민박 등을 모두 이용하며 여행하는 방식이다. 호스텔팩의 장점인 외국인 여행자들을 만나서 여행하기도 한다. 또한 한국인들이 경영하는 민박에 묵으면서 한식도 즐기고, 한국인 여행자를 만나서 정보도 공유하면서 여행하는 프로그램이다.

⑦ 맞춤팩 배낭여행

여행사에서 기본적으로 제공되는 일정이 마음에 들지 않을 경우, 자신이 희망하는 도시나 국가들로만 별도로 선택하여 여행일정을 개개인에게 맞추어 진행하는 방식이다. 대부분 기본적인 일정보다는 방문하는 국가 및 도시 수가 적다. 따라서 전체 일정이 여유롭게 계획되어 있고, 방문 국가의 많은 도시들을 여행할 수 있는 프로그램이다.

⑧ 다국적 배낭여행

다국적 배낭여행에 참여하는 여행자는 일반적으로 외국어에 대한 두려움이 적거나, 외국인과 함께 여행하는 것에 대한 거부 반응이 없다. 외국인 투어리더와 여행담당자가 함께 동행하며, 일정 동안 전용버스를 타고 숙소까지 이동하기 때문에 자유롭고 안전하게 배낭여행을 즐길 수 있다는 장점이 있다.

한국관광공사는 국민들의 보다 안전하고, 의미 있는 해외여행을 돕기 위해 배낭여행 시 필요한 내용을 다음과 같이 제시한다.

1. 항공권 선택, 가격이 전부는 아니다.
   저렴한 항공권은 환불, 마일리지 적립, 발권 후 출발일, 귀국일 변경, 경유지 스톱오버(stop over) 등 까다로운 제약이 있는 경우가 많다. 여행 날

짜가 정해졌다면 빨리 항공권을 예약하는 것이 저렴한 항공권을 구입하는 노하우이다.

2. 배낭여행의 안식처는 유스호스텔(youthhostel)이다.
   저렴하면서도 신뢰할 수 있는 숙박시설을 찾는다면, 유스호스텔이 가장 이상적이다. 미리 한국에서 유스호스텔 회원으로 가입(유료)도 가능하다.
3. 여행경비를 현금에만 의존하지 말자.
   분실사고나 혹시 모를 비상상황에 유연하게 대처하기 위해 현금 이외에 국제 체크카드나 신용카드 등 다양한 결제수단을 준비하는 것이 좋다.
4. 명함을 만들어 가라.
   배낭여행은 만남과 헤어짐의 연속이다. 그러므로 여행길에서 만나는 수많은 인연들에게 연락처를 교환하고, SNS로 소통할 수 있도록 명함을 만들어 가자.
5. 가방 속 작은 한국을 담아 떠나자.
   외국에 나가서 만나는 현지인들에게 한국의 전통문양이 그려진 부채, 열쇠고리 등 한국 문화를 알릴 수 있고, 여행을 풍요롭게 하는 작은 선물을 챙겨 가자.
6. 구글맵과 GPS를 활용하자.
   구글맵은 전 세계 어디서나 가장 믿을 만한 정보를 제공해 준다. 인터넷이 연결되어 있으면 대중교통도 검색이 가능하며, GPS를 켜면 자신의 위치도 확인할 수 있다.
7. 가이드북을 맹신하지 말자.
   국내의 해외여행 가이드북은 대부분 1년 주기로 정보가 갱신된다. 그래서 비인기 지역인 경우 2~3년이 넘도록 정보가 바뀌지 않는 곳이 있다.
8. 엽서는 가장 좋은 선물이자 여행을 추억하는 방법이다.
   요즘같이 문명이 발달된 시대에 손 글씨와 이국적인 풍경 사진이 담긴 엽서 한 장은 훌륭한 선물이 된다.

사례 **배낭여행 사례**

1. 배낭여행도 골라가는 즐거움이 있다

여행사에서는 패키지 여행상품뿐만 아니라, 패키지와 에어텔은 물론 자유여행을 뛰어넘어 이제 배낭여행상품도 선택할 수 있다. 특히 웹투어에서는 일반 배낭여행은 물론 단체 배낭여행, 다국적 배낭여행 등으로 그 콘셉트를 다양하게 세분해 놓았다. 배낭여행도 여행자의 형편과 취향에 맞게 골라 갈 수 있다.

일반 배낭여행은 민박팩과 호텔팩으로 다시 나뉘는데, 민박팩은 유럽 내 570여 개의 한인 민박을 선택해 이용할 수 있다.

단체 배낭여행은 항공 좌석이 미리 준비되어 있는 상품이다. 일반 배낭여행과 다르게 인솔자가 한국에서부터 함께 출발해 현지에서도 여행에 도움을 주어 배낭여행이 처음인 여행자들도 어려움 없이 즐길 수 있다. 하지만 일정 모객이 되어야 출발이 가능하다는 단점이 있다.

타국의 문화도 직접 체험하고, 국적을 넘어 친구도 사귀고 싶다면 다국적 여행을 추천한다. 세계 각지에서 모인 배낭여행자들과 함께 떠나는 특별한 경험이 된다. 전문 트래블디렉터(travel director)가 직접 안내하기 때문에, 문화 · 언어적 차이가 있어도 문제가 되지 않는다.

2. 중 · 장년 배낭여행상품

최근 중 · 장년층의 해외여행 수요가 늘면서 각 여행사도 다양한 상품을 출시하고 있다. 중 · 장년층의 주된 해외여행 방식인 패키지여행에서 벗어나, 배낭여행상품을 내놓은 여행사도 있다.

하나투어에 따르면 50대 이상 여행객의 해외 여행수요는 매년 증가하고 있다. 50대 이상의 여행수요 비중은 2013년에는 전체 연령대 중에서 40.8%를 차지했으나, 2014년에는 43.0%, 2015년에는 45.4%, 2016년에는 47.9%로 매년 늘었다. 50~60대 이상이 주로 찾는 여행지로는 매년 중국이 압도적으로 많았으며, 그다음은 일본 순이었다. 중국에서는 장자제(張家界), 일본에서는 북규슈(九州) 지역에 여행수요가 집중됐다고 한다.

배낭여행을 가고자 하는 중 · 장년층도 많은 것으로 나타나 이들을 겨냥한 관련 상품은 앞으로 더 많이 출시될 것으로 보인다. 익스피디아(expedia)가 국내 50세 이상 남녀 1천 명을 대상으로 조사한 결과 '시니어 배낭족'에 대해 응답자의 87.8%가 '긍정적'이라고 답했으며 응답자의 72.2%는 시니어 배낭족이 되고 싶다고 답했다.

내일투어는 40~50대를 대상으로 한 배낭여행상품인 '4050 퀸즈 배낭여행'이 있다. 파리, 스트라스부르그, 바젤, 베네치아, 로마 등 서유럽을 15일 동안 둘러보는 '퀸즈맘 유럽배낭여행'과 부다페스트, 자그레브 등 발칸반도 도시를 13일 동안 여행하는 '퀸즈러브 유럽배낭여행' 등이 있다. 이 상품은 자유여행을 하다가도 박물관이나 미술관에서는 전문 지식을 가진 가이드의 설명을 들을 수 있는 것이 특징이다.

내일투어는 4050세대 여성을 대상으로 한 3가지 프로그램을 선보였다. 엄마와 딸이 함께 떠나는 배낭여행, 리마인드 웨딩(remind wedding) 등 부부만의 특별한 여행을 원하는 사람들을 겨냥한 부부 배낭여행, 자매나 친구와 함께 떠나는 배낭여행 등이다. TV 예능프로그램 '꽃보다 할배'가 화제가 된 뒤 여행사 'SJR 유럽'은 짐꾼 인솔자가 동행하는 '꽃중년끼리 함께 하는 유럽 배낭여행'상품을 내놓았다.

3. 유럽 단체배낭여행상품

또래 친구들과 함께 특별한 추억을 만들 수 있는 스위트유로의 21기 유럽 단체배낭여행 상품이다.

2030여행객을 대상으로 진행되는 이번 상품은 혼자 유럽여행을 떠나는 청춘들에게 동행을 만들어 보다 즐겁고 의미 있는 여행을 선사한다. 2명의 전문 인솔자와 전용 버스로 진행되는 이번 단체배낭여행은 20~30대 학생, 직장인들로 구성되며, 예약 시 나이, 성별 등을 고려하여 조 배정이 이루어진다. 28일 동안 영국부터 프랑스, 스위스, 독일, 체코, 오스트리아, 헝가리, 이탈리아 등 유럽 핵심 국가 10곳과 22개 도시를 돌아본다. 일반적인 유럽 패키지 여행상품과는 다르게 No tip, No option, No tax, No shopping을 지향하는 것이 특징이다. 패키지의 장점과 자유여행의 장점을 결합한 2030단체 배낭여행상품은 각 도시에서 자유일정과 전문 가이드 투어를 원하는 대로 선택할 수 있으며, 전 일정 동행하는 인솔자의 도움으로 다양한 현지 정보를 얻을 수 있다.

구체적인 일정은 런던을 시작으로 파리, 콜마르, 인터라겐, 뮌헨, 프라하, 비엔나, 부다페스트, 베네치아, 로마를 마지막으로 이동하는 것으로 구성돼 있다. 2030 유럽 단체 배낭여행상품의 가장 큰 장점은 혼자서 혹은 여행지에서 만난 마음 맞는 또래와 함께 편안하면서도 안락한 대형버스를 타고 유럽 방방곡곡을 누비며 특별한 추억을 만들 수 있다는 점이다. 또한 옹플뢰르, 몽생미셸, 퓌센, 친퀘테레, 바티칸 투어 등 다양한 선택 프로그램과 이탈리아 유명 아웃렛을 선택 방문해 자칫 무료해질 수 있는 여행일정에 재미를 더했다.

4) 특수목적여행(SIT) 및 테마형 여행

특정한 관심을 가진 사람들이 모여 여행을 진행하는 소규모 패키지를 SIT(Special Interest Tour)라고 하며, 예술여행, 건축기행, 에코투어 등이 이에 속한다. 특수목적관광은 하나의 주제를 가지고 특별히 관심을 가지는 분야에 지식과 경험을 높이기 위해서 떠나는 관광이다.

특수목적관광을 정의함에 있어 다음과 같은 특성을 내포하고 있어야 한다.

첫째, 보상과 보람이 있는 경험(rewarding), 둘째는 몸과 마음을 풍요롭게 하는 경험(enriching), 셋째는 모험성이 있는 경험(adventuresome), 넷째는 학습적인 경험(learning) 등의 특성이다.

위의 조건을 만족시키는 세계관광기구(UNWTO)의 특수목적관광의 정의는 다음과 같다. 특별히 관심있는 일들을 개발하거나, 목적을 가지고 어떠한 장소를 찾는 개인 혹은 단체관광과 관련 있는 활동이다. 또한 개인이 특별한 관심을 갖는 분야에 대한 식견과 경험을 높이기 위해 특정 주제와 관계된 장소나 지역을 방문하는 단체 또는 개별 여행상품이라 할 수 있다.

특수목적관광은 학력, 국민소득, 그리고 여가시간의 증대에 따라 여행경험이 증가하게 되므로 단순한 여가의 의미에서 여행이 아니다. 여행을 통해서 자기발전과 자아실현을 할 수 있는 관광상품의 수요가 높아지게 된 것에서 비롯되었다. 관광객들의 여행 동기요인이나 결정요인이 주로 예술 · 문화 · 종교 · 자연 · 과학 · 스포츠 등 특정한 관심분야에 의해 결정될 때 발생하는 것으로 여행목적지 환경이 초점이 되었다. 야외활동의 중요성 및 생태적 문제에 대한 인식의 증가, 교육수준의 향상, 자아와 사회에 대한 미학적 판단과 개선 등에 대한 새로운 가치가 반영된 결과물이다.

특수목적관광객의 특성은 목적지를 선택한 후, 목적지에서의 다양한 활동을 위해 보다 정확한 정보를 획득하고자 노력한다. 이처럼 여행목적지에서 알게 된 지식과 정보를 소중히 여기는 경향이 있다. 또한 많은 관광 기회 속에 관광경험이 풍부해질수록 차별화되고 색다른 관광상품과 여행목적지를 추구하며, 목적지 선택에 있어 중요한 속성을 고려하는 성향이 있다.

특수목적관광과 유사한 의미의 테마여행은 유 · 무형의 문화자원의 테마(thema)를 통한, 문화공간에서의 문화행동과 문화접촉이 이루어지게 하는 문화체험이라 할 수 있다. 테마여행에 참여하는 여행객을 테마여행객이라 칭하며, 테마여행객들은 현대 사회의 변화에 따른 현대인들의 특징이 반영된 개개인의 다양하고 특별한 기호를 관광을 통하여 충족하고자 하는 특징을 가지고 있다. 테마여행은 이러한 테마여행객 개개인의 기호에 따라 다른 목적과 동기가 만족될 수 있도록 한다. 상품가치를 명확히 설정할 수 있게 하며, 여행객의 욕구실현을 보다 높이 달성할 수 있도록 하는 장점이 있다.

여행을 떠나는 목적도 분명해서 아프리카 출사 여행, 도쿄 미식 여행, 파리 미술관 투어 등 한 가지 목적을 위해 여행을 떠나는 사람들이 증가하고 있다.

〈표 4-7〉 특수목적관광의 유형과 참가 동기

	SIT유형	참여 동기
도시	박물관	신기로움, 다양성, 새로운 발견, 실제성, 독특함, 교육
	미술관	감동, 아름다움, 유익함, 독특함, 실제성, 교육
	문화유산	자연환경, 전통, 아름다움에 대한 발견, 실제성, 새로운 발견, 교육
	예술 및 지역축제	실제성, 감동, 도취
	문화(종족)관광	실제성, 독특함, 종족과 교류, 신기로움, 교육
	스포츠 관광	관람, 건강증진, 사회적 교류
전원	문화(종족)관광	실제성, 독특함, 종족체험, 신기로움, 교육
	예술 및 지역축제	실제성, 감동, 도취
	문화유산	자연환경, 전통, 아름다움에 대한 발견, 실제성, 새로운 발견, 교육
	모험관광	모험에 도전, 자아발견, 자아실현, 자연과의 만남
	건강관광	사회와의 교육, 건강증진
	스포츠관광	건강증진, 사회와의 교육
	농장 및 농원관광	전원환경과 자연과의 만남, 사회와의 교육, 새로운 발견
자연	자연경관 관광	자연과의 만남, 새로운 발견, 지식습득, 교육, 과학적 호기심
	모험관광	모험에 도전, 자아발견, 자아실현, 자연과의 만남, 사회와의 교육

출처: Betty & Colin(1992)

사례 **특수목적관광사례**

1. 영국 축구 테마여행

하나투어는 영국 프리미어 리그 축구 경기를 관람하는 테마여행상품을 출시했다. 오직 '축구 덕후'를 위해 축구 마니아들이 좋아할 만한 요소에 초점을 맞춘 테마 여행상품 '축덕의 길 런던/맨체스터 8일'이 있다.

'축덕의 길' 상품에는 2018~19시즌 챔피언스리그 준우승팀 토트넘의 홈경기와, 프리미어 리그 우승팀 맨체스터 시티의 홈경기 총 2회의 EPL 직관이 포함돼 있다. 이 밖에 아스날 FC의 경기장 에미레이츠 스터디움과, 우리나라의 박지성 선수가 맹활약했던 맨체스터 유나이티드의 경기장인 올드 트래퍼드 스터디움 투어도 총 2회 진행한다. 축구 굿즈 샵을 방문해 특별한 축구 기념품도 구매할 수 있다. 장거리 이동은 전문 인솔자와 함께 단독 차량으로 안전하게 이동하고, 축구 경기와 스터디움 투어를 제외한 일정에는 자유시간을 보장한다. 편리한 위치의 시내 3성급 호텔에 숙박하여 개별 관광에도 어려움이 없다.

2. 이탈리아 인문학 기행

하나투어가 '인문학 여행상품'을 기획했다. 피렌체 우피치 미술관과 베니스 아카데미아 미술관을 관람하고, 몬탈치노 와이너리에서 와인을 시음하며 20세기 거장의 발자취를 따라가는 일정이다.

'인문학 테마여행'은 유럽 르네상스 시대에서 바로크시대, 20세기 거장의 발자취를 따라 유럽의 문화를 배우는 여행이다. 르네상스 500주년을 맞아 레오나르도 다빈치의 비밀이 깃든 클로뤼세 성, 인상파 화가 모네의 발자취 루앙, 지베르니를 방문한다. 샴페인의 수도라 불리는 에페르네와 랭스에서 모엣샹동과 때땡저 등 샴페인하우스를 방문해 술에 담긴 프랑스 역사를 배운다. 이탈리아 동유럽 지역도 인문학 여행을 출시할 계획이다.

'역사 테마여행'은 3.1운동 및 임시정부 100주년을 맞아 우리나라 항일운동의 역사가 깃든 임시정부와 의거지를 방문하고, 독립운동가의 정신을 배울 수 있는 일정이다. 스타강사가 전 일정 동행한다.

3. 스페인 예술기행

하나투어는 증가하는 수요의 다양한 니즈에 발맞춰 '스페인 예술기행 8일' 상품을 출시했다. 유네스코 세계유산, 미술관, 건축물 등의 볼거리가 많은 '스페인'을 보다 깊이 있고, 품격 있게 즐길 수 있는 여행을 선보이겠다는 방침이다.

'스페인 예술기행 8일' 상품은 피카소의 걸작 '게르니카', 미술관 자체가 하나의 작품인 '구겐하임 미술관' 외에도 달리 · 미로 · 벨라스케스 등 스페인 출신 화가들의 작품과 전설의 건축가 가우디의 여러 건축물을 감상할 수 있다. 전문가 동반 상품으로 스페인의 유명 미술관은 물론 각각의 유명 관광지마다 전문가의 쉽고 재미있는 설명이 더해져, 스페인 여행의 감동과 여운을 짙게 남길 수 있다.

'미술 테마여행'은 전문 큐레이터가 동행한다. 뉴욕에서 워싱턴DC까지 9개 미술관을 돌며 미동부 아트로드를 완전 정복하는 미술 여행상품이다. 멘토가 전시 관람법 및 작품에 대한 깊이 있는 설명을 곁들인다. 이외에 러시아, 네덜란드, 벨기에, 이탈리아 지역에서도 미술 테마여행을 준비하고 있다.

참좋은여행에 따르면 '아모르 de 베네룩스'는 7일 동안 동유럽의 대표적인 미술관 세 곳과 유럽 고유의 문화가 그대로 보존된 관광지를 중심으로 이색적인 일정을 선보인다.

미술관 기행에 포함된 세 장소는 네덜란드 빈센트 반 고흐 미술관, 프랑스 오르세 미술관, 벨기에 르네 마그리트 미술관이다. 오르세 미술관은 기차역을 개축해 만든 독특한 형태로 프랑스 파리의 3대 미술관 중 하나이다. 마그리트 미술관은 벨기에 최고의 초현실주의 화가 르네 마그리트가 24년간 실제로 생활한 가옥을 개조해 작품을 전시한 곳이다. 아울러 반 고흐의 대표작을 관람하는 빈센트 반 고흐 미술관을 비롯해 그가 짧은 생을 마감한 오베르 쉬르 우아즈 역시 방문한다. 반 고흐가 10주 동안 머물며 70여 점의 작품을 완성한 의미 있는 곳으로, 고흐의 그림 속 실제 풍경마다 작품번호를 설치해 실물과 그림을 비교해 볼 수 있다.

이 밖에도 6박 7일 코스는 동유럽의 대표적인 예술 명소 외에 '천장 없는 박물관'이라 불리는 벨기에 브뤼헤, 중세의 모습이 그대로 보존된 프랑스 스트라스부르, 원색의 전통가옥과 독특한 건축물들이 한데 모인 네덜란드 잔담 등을 관광하는 일정도 포함된다

4. 레포츠 여행

이봉주 선수와 함께 달리는 '국제 마라톤 여행', 산악인 허영호 대장과 함께 떠나는 '트레킹 여행' 등 전문가로부터 노하우를 배우는 차별화된 형태의 투어를 연이어 출시했다. 한편 전문가와 떠나는 자전거 라이딩, 다이빙 여행 등도 운영 중이다. 또한 평소 해외여행을 계획하기 어려웠던 장애인들을 대상으로 한 배리어프리 테마여행상품도 선보인다.

이색적인 파티상품으로 개그우먼 박나래와 함께하는 클럽파티 여행상품 'DJ 나래 우주텐션파티 in 다낭'을 선보였다. 'DJ 나래 우주텐션파티 in 다낭'은 베트남 다낭에서 박나래와 함께 클럽파티를 즐길 수 있는 상품이다. 파티는 양일 동안 다낭 최대 규모의 클럽인 'OQ'에서 열린다. 행사는 오후 7시부터 시작하며, 개그맨 홍인규의 진행으로 오프닝 행사와 경품 추첨 이벤트, 현지 DJ의 클럽파티 등 다양한 프로그램으로 구성됐다. 박나래는 오후 8시부터 1시간 동안 개그우먼이 아닌 'DJ 나래'로서 스테이지에 올라 신나는 파티를 함께한다. 이번 클럽파티는 성인만을 위한 상품으로, 미성년자는 구매할 수 없다.

5. 와이너리 투어

본격적인 포도 수확철을 맞아 와인의 향기를 찾아 떠나는 여행상품이 있다. 와인이 만들어

지는 과정부터 보관·숙성 과정을 눈으로 직접 볼 수 있는 와이너리 여행상품까지 있다. 미국 나파밸리, 이탈리아 토리노, 스페인 포트와인 등 다양한 와이너리 여행상품은 포도 수확과 함께 찾아가볼 만한 곳이다. 프랑스, 이탈리아 등으로 대표되는 구대륙과 미국, 칠레 등 신대륙의 와이너리를 각각 방문한 뒤, 비교해 보는 것도 와인 마니아들에게 좋은 추억이 될 것이다.

미국 캘리포니아 나파밸리는 로버트몬다비, 오퍼스원 등 유명한 와인이 생산되는 지역이다. 아름다운 항구도시 샌프란시스코 북동쪽에 있는 나파밸리는 캘리포니아 고급 와인의 대명사로 평가받고 있다. '파리의 심판'으로 알려진 1976년 와인 테이스팅 행사에서 프랑스 와인을 제치고 상위권을 휩쓸면서 처음 주목받기 시작했다. 리지빈야드, 스태그스 립 와인 셀러스 등은 '파리의 심판' 이후 30년 이상 세계적인 테이스팅 행사에서 상위권에 랭크되고 있다. 나파밸리는 50㎞마다 기후가 미묘한 차이가 있어 프랑스 전역과 필적할 만큼 다양한 포도 품종이 생산되고 있으며, 실제로 나파밸리에는 400개 이상의 와이너리가 있다. '캘리포니아 와인의 아버지'로 불리는 로버트 몬다비 와이너리와 1876년 설립된 베린저 와이너리 등이 대표적이다.

스페인과 포르투갈로 떠나는 와인 여행은 와인 전문가가 인솔하는 경우가 많아 와인에 대한 풍부한 지식을 얻을 수 있다. 포르토의 번영을 가져온 포트와인 와이너리와 세계적으로 알려진 스페인의 스파클링 와인이 생산되는 카바공장 등을 직접 방문할 수 있다. 특히 카바에는 국립기념물로 지정된 와인창고가 있어 스페인 전통 건축양식도 만날 수 있다. 포르투갈 도루강 주변의 수많은 포트와인 시음장 중 4대째 이어져 오고 있는 칼렘도 들러야 할 코스이다.

이탈리아에서는 토리노의 가야 와이너리와 와이너리 세레토에서 시음할 수 있다. 2006년 동계올림픽이 열리면서 잘 알려진 토리노는 이탈리아 북부에 위치한 지역으로 알프스산맥과 인접해 지중해 느낌이 강한 지역과는 또 다른 느낌을 받을 수 있다.

5) DIY 여행

자유여행의 한 형태인 DIY(Do It Yourself) 여행은 여행객 스스로 이동과 숙박을 예약하고, 자유로이 여행을 즐기는 것을 보장하는 형태이다. 따라서 여행 전문 사이트를 통해 항공권이나 호텔을 직접 예약하는 사람들이 계속 늘어나는 추세다. 여행자 자신이 여행사에 준비되어 있는 시간표, 안내서 등을 이용하여 자신의 욕구에 부합하는 여행을 기획하고, 왕복항공권과 도착일의 호텔 등을 최저 한도로 여행사에 의뢰하는 것이다. 그 외의 이동, 숙박, 관광 등은 적극적으로 자신이 수배를 실행하는 것으로 통상적인 패키지여행보다 주체적으로 자유여행을 즐기려는 층을 위한 여행상품이다.

해외 여행객이 직접 자신의 취향대로 일정을 짜거나, 해외에 나가 현지의 투어그룹에 합류하는 여행 패턴은 지속적인 증가가 전망된다. 따라서 과거의 패키지 형태에 수동적이었던 여행객이 스스로 자신의 일정을 조립하며 능동적으로 움직이고 있다. 해외여행의 급격한 증가로 여행의 경험이 쌓이고 남들과 색다른 여행을 선호하는 경향이 짙어지면서, 기존 패키지여행의 수요가 자유여행으로 옮겨가고 있다. 이러한 추세는 여행 관련 모바일 앱과 소셜네트워크서비스(SNS) 등을 통해 최신 여행정보의 수집이 쉬워지고, 현지투어 이용이 늘면서 패키지 못지않게 자유여행이 확대되는 모습으로 나타난다. 모바일 앱을 활용해 알뜰하고 개성 있게 여행하는 사람이 증가하고 있는데, 이들은 관광명소 방문 위주의 패키지여행 대신 여행지에서 차별화된 색다른 경험을 원한다. 이미 방문한 적이 있는 해외 관광지를 다른 테마로 재방문하는 관광이 증가하는 등 여행산업이 성장하며 나타나는 현상이다. 여행관련 모바일 앱만 있으면 DIY여행도 어렵지 않다. 해외여행을 DIY로 준비하는 해외여행객, 이른바 TIY(Travel It Yourself)족은 여행이 일반화됨에 따라 여행에 적극적인 자세로 임하는 여행자의 증가와 함께 꾸준히 증가하고 있다. 본인의 여행스타일에 따라 일정을 계획할 수 있다는 점에서 굉장히 스마트한 여행이지만, 여행에 앞서 꼼꼼히 따져보고 준비해야 할 것들이 많다.

DIY 여행의 큰 주제로는 액티비티, 관광, 디너쇼, 식도락, 추억만들기, 로컬시장 뒤집기 등으로 카테고리를 분류한다. 그리고 주제별로 다양한 일정을 짜놓고 고객이 마음대로 선택할 수 있어 더욱 편리한 시스템이다.

또한 DIY 패키지는 가이드 동행 박물관투어, 야간 시티투어 등 현지에서 그룹 형태로 운영하는 현지투어 상품을 여행자가 골라서 이용하는 방식이다.

사례 DIY 여행 사례

1. 여행도 DIY시대

모두투어는 여행객들이 원하는 일정을 직접 짜는 '프라이빗 투어'상품을 출시했다. 즉 맞춤 여행 브랜드인 프라이빗 투어 서비스를 시작했다. 획일화된 여행에서 벗어나 나만의 특별한 여행을 찾는 사람들을 위한 이른바 소비자가 직접 만드는 상품인 'DIY(Do It Yourself)' 여행이다.

프라이빗 투어는 4인 이상의 단독여행객을 대상으로 진행된다. 여행객 스스로가 원하는 여행지역부터 관광, 쇼핑까지 일정을 자유롭게 구성할 수 있는 것이 특징이다. 모두투어와 연결된 전 세계 모든 지역의 호텔 등 여행상품뿐만 아니라, 엄선된 가이드까지 이용할 수 있다. 이를 통해 여행지에 대한 정보 부족과 불신 등 개별여행의 위험을 최소화할 수 있다.

프라이빗 투어는 콘셉트 테마여행의 연장선이다. 모두투어는 패키지여행의 인기가 다소 주춤하고 여행 트렌드가 개별여행으로 옮겨가면서, 패키지와 개별여행의 장점을 결합한 테마여행을 선보이고 있다. 태국에서 마라톤 대회에 참가하거나 페루 잉카문명을 공부하는 콘셉트 투어를 선보였다. 야구팬과 사진촬영이 취미인 사람들을 위한 부산 야구원정경기 투어, 시흥 출사여행상품은 짧은 시간에 매진되기도 했다.

이처럼 여행객의 니즈를 충족시키는 테마여행이 연이어 인기를 끌자, 여행사가 제안하는 여행이 아닌 소비자가 직접 만드는 여행을 확대하기로 했다.

2. 취향대로 여행을 계획

여행박사는 자신들만의 특별한 여행을 원하는 DIY족을 위해 맞춤형 홈페이지를 마련하였다. 자유여행 코너에서 볼 수 있는 우리 가족 맞춤여행 이용방법은 간단하다. 여행을 원하는 고객들이 가족 숫자, 원하는 테마, 코스를 간략히 올려놓으면, 전용 상담사가 알아서 해준다. 노팁 · 노옵션은 기본이고, 맞춤 일정표까지 미리 만들어준다. 특히 매력적인 건 특별한 여행에 걸맞게 전용 차량이 대기한다.

웹투어는 나만의 기차여행 만들기 서비스로 제공하고 있다. 기차여행 만들기는 기차를 메인으로 한 DIY코스를 계획할 수 있는 게 강점이다. 기차, 숙박, 렌터카 등 여행객이 원하는 상품만을 직접 골라 담아 예약할 수 있는 신개념 내륙 자유여행이다. 부산, 대구, 광주, 경주, 여수 등 주요 노선의 기차, 국내 전 지역의 호텔, 콘도, 펜션, 전국 30여 곳 렌터카, 유명 관광지 입장권 중 원하는 것만 실시간으로 선택할 수 있다.

3. 허니문 DIY

해피허니문클럽에서는 신혼여행객들의 요구에 맞추기 위해 몰디브, 모리셔스, 칸쿤, 하와이 등의 상품을 다양하게 준비했다.

특히 모든 커플들이 동일한 스케줄대로 움직이는 것이 아니다. 여행전문가답게 현지에서 가장 핵심이 되는 코스들을 취향에 맞게 선택할 수 있는 DIY상품이나 자유여행 일정으로 꾸며 고객들의 좋은 반응을 얻고 있다.

허니문 DIY여행의 큰 주제로는 액티비티, 관광, 디너쇼, 식도락, 추억 만들기, 로컬시장 뒤집기 등으로 카테고리를 분류한다. 그리고 주제별로 다양한 일정을 계획하여 고객이 마음대로 선택할 수 있어 더욱 편리한 시스템이다.

특히 하와이 허니문 DIY상품의 경우 신혼여행객의 커플 취향에 따라 관광, 액티비티를 최대한 활용할 수 있다. 신혼여행객이 직접 볼거리(관광 · 투어), 즐길거리(액티비티 · 해양스포츠), 놀거리(체험 · 휴식), 먹거리(현지식 · 투어식 · 특별식)를 구성할 수 있다는 것이 장점이다.

마우이, 오아후, 빅아일랜드 등 하와이 주요 섬별로 준비된 호텔을 합리적 가격으로 선택할 수 있다. 일정 중 컨버터블 렌터카(풀커버 보험 포함) 자유투어, 전용차량 시내관광, 섬별 명소 관광, 리무진을 이용한 스노클링투어, 리조트 자유시간 등을 무료로 지정하여 배치할 수 있다.

개별여행객들이 주로 이용하는 유럽과 일본의 철도 · 교통 패스와 세계여행을 하고자 하는 여행객에게 필요한 마일리지 세계일주 항공권패스를 소개한다.

1. 철도 · 교통 패스(Train & Transportation Pass)

• 유레일 셀렉트 패스(Eurail Select Pass)

장기 배낭여행객이 많았던 과거에는 유럽 28개국의 국철을 무제한으로 이용할 수 있는 유레일 글로벌 패스(Eurail Global Pass)의 인기가 많았다. 하지만 최근엔 서로 인접한 2~3개국만 선택해 국철을 무제한 이용할 수 있는 유레일 셀렉트 패스의 인기가 훨씬 높아졌다. 여러 번에 걸쳐 짧게 유럽여행을 떠나는 사람들이 많아졌기 때문이다. 최근 한국인들이 가장 많이 애용하는 셀렉트 패스 조합은 영국-프랑스-스위스와 독일-이탈리아이다(www.eurail.com).

• 스위스 트래블 패스(Swiss Travel Pass)

스위스의 철도와 유람선, 소도시의 구석구석으로 뻗어 있는 대중교통, 박물관까지 자유롭게 이용할 수 있는 패스이다. 이 패스가 있으면 필라투스산 열차와 케이블카를 무료로 이용할 수 있고, 스위스의 여러 특급 열차를 할인받을 수 있다. 스위스 트래블 시스템(Swiss Travel System)이라는 회사에서 운영하는 상품으로, 유레일에서 운영하는 스위스 패스와는 다른 상품이다. 연속이용은 최소 3일(3,4,8,15일)부터 가능하고, 한 달 이내 선택적으로 사용일에 대한 지정(3,4,8,15일)이 가능하다(www.sbb.ch).

• 융프라우철도 VIP 패스(Jungfrau Railway VIP Pass)

스위스 융프라우 지역 구석구석을 둘러보고 싶은 여행객들에게 유용한 패스다. 최근 융프라우 지역에만 며칠씩 체류하는 여행자들이 증가했는데, VIP 패스를 사용하면 아이거 글렛쳐-융프라우요흐 산악열차 왕복 1회를 비롯해 융프라우 지역의 6개 노선을 무제한으로 이용할 수 있다. 융프라우요흐에서 컵라면 · 기념품 등과 교환할 수 있는 바우처(voucher), 융프라우 지역 액티비티 및 레스토랑, 유람선 등의 할인 혜택도 제공된다. 연속이용(1~6일까지 선택 가능)만 가능하다(www.jungfrau.co.kr).

• 간사이 쓰루패스(KANSAI THRU PASS)

일본 오사카를 기점으로 교토, 고베, 나라, 와카야마 등 간사이 지방을 여행할 때, 가장 유용하게 사용할 수 있는 패스이다. 해당 지역의 JR 철도노선을 제외한 모든 사철과 시내버스를 무제한 이용할 수 있다. 2일권 또는 3일권 중에서 선택할 수 있는데, 여행 기간 중에서 원하는 날을 택해 비연속적으로 사용할 수 있다는 것이 큰 장점이다. 또한 지역의 관광지와 음식점 등 다양한 시설에서 우대할인 혜택을 받을 수 있고, 할인쿠폰도 함께 이용할 수 있다(www.surutto.com).

• JR 간사이 미니패스(JR KANSAI Mini Pass) & JR 간사이 와이드 패스(JR KANSAI Wide Pass)

JR 간사이 미니패스는 오사카 · 교토 · 고베 · 나라 지역에서 JR 노선을 3일 동안 무제한으로 이용할 수 있다. 쓰루패스보다 가격이 저렴하다. 공항특급열차인 하루카와 오사카 유니버설 스튜디오로 가는 노선을 무료로 이용할 수 있다. 고속열차를 이용해 도시 간 이동시간을 단축할 수 있다는 점이 좋다. 그러나 도시 내 사철 등 대중교통은 이 패스로 이용할 수 없다. 패스의 구입은 한국에서만 가능하다. 미니패스의 혜택을 모두 포함하고 있는 JR 간사이 와이드 패스는 5일 동안 오카야마, 구라시키 등 오사카에서 장거리 이동을 할 때 유용하고, 외국인만 이용할 수 있다(www.kintetsu.co.jp).

• 오사카 주유패스(OSAKA Amazing Pass)

오사카에만 머무는 여행자에게 적합한 패스이다. 오사카시 교통국의 뉴트램, 버스, 지하철을 중심으로 오사카 시내에서(사카이시와 아마가사키시의 일부 포함) 공영 교통 및 사철을 무제한으로 이용할 수 있는 패스이다. 또한 오사카성, 우메다 공중정원, 츠텐카쿠 전망대 등 주요 관광지를 무료 입장할 수 있고, 다양한 정보와 할인쿠폰을 제공하는 패스이다. 1일권과 2일권이 있다(www.osp.osaka-info.jp).

• JR 규슈 레일패스(JR Kyushu Railway Pass)

JR 규슈 레일패스는 규슈 지역을 여행할 때 유용한 철도 패스이다. JR규슈열차, 신칸센, 특급열차를 무제한으로 이용할 수 있다. 후쿠오카, 유후인, 벳푸, 오이타, 나가사키, 하우스텐보스 등 규슈 북부를 무제한으로 이용할 수 있다. 3일권과 5일권이 있다(www.jrkyushu.co.jp).

• 스이카(Suica)

도쿄에서는 '스이카' 카드를 이용하는 것이 편리하고 활용도가 높다. 한국의 티머니와 비슷한 카드로 전차, 지하철, 버스 등 모든 대중교통뿐 아니라, 백화점, 자동판매기, 보관함, 편의점, 레스토랑 등 다양한 시설에서도 결제 수단으로 이용할 수 있다. 현금으로만 충전이 가능하다(www.jreast.co.jp).

일본정부관광국(www.welcometojapan.or.kr)에서는 상기의 패스 외에도 다른 종류의 일본 여행 패스를 확인할 수 있다.

2. 입장권 패스(Ticket Pass)

• 파리 뮤지엄 패스(Paris Museum Pass)

프랑스의 루브르, 오르세, 오랑주리, 퐁피두센터, 피카소 등 미술관과 개선문, 베르사유궁전까지 총 50여 곳의 파리 명소를 자유롭게 입장할 수 있는 패스이다. 명소마다 매번 티켓을 구매하기 위해 긴 줄에 서서 기다릴 필요가 없고, 패스트트랙(Fast Track)을 통해 입장할 수 있어 시간을 절약해 준다. 파리 여행에서 가능한 많은 미술관을 둘러보고 싶은 경우, 입장권을 하나씩 낱개로 구입하는 것보다 훨씬 저렴하게 관람할 수 있다. 2일권, 4일권, 6일권이 있다(www.parismuseumpass.fr).

• 시티패스(City Pass)

미국 주요 도시인 뉴욕, 시애틀, 휴스턴, 탐파, 샌프란시스코, 보스턴, 애틀랜타, 시카고, 필라델피아 그리고 캐나다 토론토의 시티패스가 출시되어 있다. 각 도시의 관광명소를 40~50% 저렴하게 입장할 수 있는 패스이다. 각 도시의 랜드마크에 해당하는 핵심적인 관광지 5~6곳만 지정하였기 때문에, 관광지 선택에 대한 시간절약을 할 수 있다. 첫 시작일로부터 9일 동안 연속 사용할 수 있어 여유로운 여행이 가능하다. 뉴욕 시티패스가 가장 인기 있는데, 엠파이어스테이트빌딩 전망대, 메트로폴리탄 미술관, 록펠러 센터, 구겐하임박물관, 관광유람선, 자유의 여신상 등 6개 관광명소를 관람할 수 있다(www.citypass.com).

• 아이벤처카드(i Venture Card)

카드 한 장당 평균 20~30개 관광명소의 입장권이 포함되어 있는 패스형 카드이다. 별도의 사전 예약 없이(투어 상품의 경우 예약 필요) 포함된 관광지에 이 카드를 지참하면 무료입장이 가능하다. 알차게 이용하면 50%의 입장료를 절약할 수 있다. 가맹점이 자주 변경되므로 아이벤처카드 영문홈페이지에서 어트랙션(Included Attraction)정보를 확인한 다음 구매하는 것이 좋다. 구매 과정이 다른 카드보다 번거롭다고 느껴질 수 있지만, 자유여행을 많이 해본 여행자들은 이 카드의 혜택을 알고 즐겨 이용한다. 한국에서는 홍콩 · 마카오 아이벤처카드가 가장 인기 있는데, 공항-도심 간 철도, 마카오-홍콩 간 철도 이용권까지 포함되어 매우 효율적이다. 호주에 본사가 있어 시드니, 멜버른, 골드코스트, 케언스 등 호주 상품의 구성도 추천할 만하다. 사용 기간을 정해 이용하는 '무제한권'과 사용횟수를 정해 이용하는 '선택권'이 있다(www.iventure.com).

3. 세계일주 항공권 패스(Round the World Pass)

• 스카이팀(SKYTEAM) 마일리지 세계일주 항공권

대한항공, 델타항공, 에어프랑스, 아에로멕시코, 베트남항공 등 20개 항공사의 동맹인 '스카이팀'의 마일리지를 이용해 세계일주를 할 수 있는 항공권이다. 스카이팀 소속 항공사 170여 개국의 1,000여 개 취항지 중에서 원하는 곳을 선택해 여정을 계획할 수 있다. 항공권 발권일로부터 1년의 유효기간 동안 출발 · 도착 항공편을 포함해 10회까지 탑승할 수 있다. 단 10회 중 6회만 공항 밖으로 나가 24시간 이상 스톱오버(stopover)가 가능하기 때문에, 최대 6개 도시만 항공으로 여행할 수 있는 셈이다. 대한항공을 통해서만 마일리지로 예약할 수 있으며, 스카이팀 홈페이지에서는 유상으로 판매한다(www.skyteam.com).

• 스타얼라이언스(Star Alliance) 마일리지 세계일주 항공권

아시아나항공, 에어캐나다, 에티오피아항공, 루프트한자, 타이항공, 유나이티드항공 등 28개 항공사의 동맹인 '스타얼라이언스'의 마일리지로 세계일주를 할 수 있는 항공권이다. 190여 개국의 1,300여 개 취항지 중에서 선택해 1년의 유효기간 동안 여행할 수 있다. 한 방향으로만 이동해서 지구를 한 바퀴 도는 루트로 여행해야 한다. 총 8회 탑승이 가능하며, 최대 7회까지 24시간 이상 스톱오버 체류가 가능하다. 동일 국가 내에서는 최대 2회까지만 스톱오버가 허용된다. 아시아나항공을 통해서만 마일리지로 예매할 수 있고, 스타얼라이언스 홈페이지를 통하면 유상으로 구매할 수 있다(www.staralliance.com).

• 원월드(One World) 세계일주 항공권

중남미 최대 항공사인 라탐항공(LATAM Airlines)이 속해 있는 항공동맹, 원월드는 남미(브라질 · 칠레 · 페루 · 아르헨티나 중 한 곳)여행을 하면서 유럽과 미주 · 대양주를 함께 여행할 수 있는 항공권을 판매하고 있다. 남미로 가는 길에 유럽 1개 도시를 경유해서 여행하고, 남미여행을 마친 뒤 한국으로 돌아오는 길에 북미 또는 대양주의 1개 도시를 경유해서 여행할 수 있다. 그 반대 방향으로도 이동이 가능하다. 유럽은 프랑크푸르트 · 밀라노 · 바르셀로나 · 마드리드 · 런던 · 파리 중 선택할 수 있고, 대양주는 시드니 · 오클랜드 중 선택할 수 있다. 북미는 로스앤젤레스 1개 도시만 가능하다. 항공권 사용 개시일부터 1년 안에 여행을 마쳐야 하고, 경유지에서의 스톱오버 기간은 자유롭게 정할 수 있다. 스톱오버는 최대 3회까지 가능하며, 1회당 100USD씩 추가 지불해야 한다(www.oneworld.com).

Chapter

5

특별관심관광의 실제 콘텐츠

Chapter 5 특별관심관광의 실제 콘텐츠

1. 특별관심관광의 이론

1) 특별관심관광의 개념

Derrett(2001)은 특별관심관광(SIT- Special Interest Tourism)에 대해 개인이나 소규모 그룹이 가지는 특정한 관심사에 의해 수행되는 맞춤형 레저 및 레크레이션 활동이라고 정의했다. 즉, 특별관심관광(SIT- Special Interest Tourism)은 패키지투어(Package Tour), 단체관광(Mass Tourism)과 대비되는 개념으로, 대체관광(Alternative Tourism)이라는 용어로도 설명한다.

특별관심관광이 단체관광과 대비되는 이유는, 소수의 특별한 니즈(Needs)를 충족시키기 위해 구성되기 때문이다. 기존의 패키지투어나 단체관광은 여행사에서 대량구매를 통한 원가절감으로 특정 여행지마다 일률적이고 획일화된 프로그램을 제공하였다. 즉, 여행일수와 목적지를 선택하면 출발부터 귀국까지 정해진 시간표대로 프로그램을 이용하도록 짜여진 상품을 구입하여 여행을 즐겼던 것이다.

이들 패키지투어의 문제점은 여러 가지가 있다. 우선, 여행목적지 선택이 제한적이라는 것이다. 여행사에서는 최대한 많은 사람들이 이용해야 타 여행사 혹은 개인이 예약할 때보다 저렴한 가격으로 서비스를 판매할 수 있기 때문에 보편적이고 대중화된 여행지만을 상품으로 판매한다. 그러나 우리나라 사람들의 해외여행 경험이 증가함에 따라 기존 유명 관광지를 여러 번 다녀온 사람들은 새로운 관광지를 찾는다. 이러한 소비자층은 추가로 비용을 지불하더라도 일반 패키지 투어에서 제공하지 않는 특별한 관광지를 찾게 된다.

여행목적지의 선택은 여행목적과도 밀접한 연관이 있다. 앞서 최근 여행의 트렌드 파트에서 살펴봤듯이, 최근에는 사람들이 다양한 목적과 필요에 의해서 여행을 한다. 예를 들어, 최근 몇 년 사이에 인기를 끌고 있는 인문학투어는 인문학적으로 유서 깊은 역사 유적지나 박물관 등을 방문하여 지식을 쌓고 새로운 것을 배우는 활동을 바탕으로 한다. 따라서, 이러한 경우에는 일반적인 여행목적지와는 전혀 다른 곳을 선택할 가능성이 있다.

다음으로 여행규모에 따른 문제다. 단체관광은 일반적으로 여행지에 거주하는 현지 가이드가 대형 차량을 이용하여 관광객을 인솔하여 이동한다. 편의성의 측면에서는 단체로 인솔하는 차량을 이용하는 것이 낫다고 볼 수 있으나, 대규모의 인원이 이동해야 한다는 점 때문에 관광지별로 제한된 시간 안에서만 관광할 수 있다는 큰 제약이 뒤따르게 된다. 사람들이 선호하는 여가 활동에는 차이가 있고, 좋아하는 관광지도 다를 수 있는데 관광지별로 일률적으로 계산된 시간만 체류할 수 있기 때문에 여행상품 자체에 대한 불만족이 나타나게 된다.

여행규모에 따라 관광의 형태가 달라지는 추세이므로, 타깃마켓 또한 달라지게 된다. 우선, 기존의 패키지 투어는 연령별/소득별 매스마켓에 집중되어 상품이 구성되었다. 예를 들어, 20~30대 신혼부부를 대상으로 하는 허니문 투어 상품, 30~40대 가장이 중심이 되는 가족투어, 50~60대 연령층을 대상으로 하는 실버투어 등이 그것이다. 이에 비해, 특별관심관광은 연령과 세대를 넘어 하나의 관심, 활동에 집중하는 경향이 강하다. 최근 각광받고 있는 원데이 클래스는 여행지에서 간단한 교양수업을 통해 새로운 것을 배우는 개념의 여행활동이다. 원데이 클래스는 국내여행, 해외여행 모두에서 새롭게 떠오르는 활동으로, 향후에도 지속적으로 성장할 가능성이 있다. 원데이 클래스의 특별한 점은 관심사를 공유하기 때문에 나이의 제약이

크지 않다는 것이다.

〈표 5-1〉 특별관심관광과 패키지투어의 비교

구분	특별관심관광	패키지투어
여행목적지	여행목적지를 다양하게 선택	대중화된 유명 관광지
여행목적	여가, 휴식, 레저, 학습 등 다양	유명 관광지 방문
여행규모	개인이나 소규모 그룹	단체관광
타깃마켓	세분화, 개인화된 마켓	연령별/소득별 매스마켓

특별관심관광은 글로벌 트렌드일 뿐만 아니라 국내에서도 빠르게 확산되고 있다. 특별관심관광이 늘어나고 있다는 것은 그만큼 여행을 즐기는 인구가 늘어나고, 여행의 경험이 증가했다는 뜻이다. 즉, 특별관심관광은 성숙한 형태의 여행스타일이라 할 수 있고, 앞으로 내국인의 여행 트렌드를 이끌어 나갈 것이다.

2) 내국인의 여행형태 변화와 특별관심관광

대한민국 국민의 여행형태에 많은 변화가 일어나고 있다. 다음의 표는 한국관광공사에서 소셜빅데이터를 분석하여 사람들이 자주 검색하는 검색어의 변화에 따라 여행 트렌드를 예측한 것이다.

조사기준연도인 2015년부터 지금까지의 대체적인 흐름을 살펴보면, 여행에 대한 관심이 급증하는 것을 알 수 있다. 제시된 모든 검색어가 증가되었지만, 그중에서 가장 급증한 키워드는 '음식관광'이다. 최근 TV에서 주로 다루는 음식을 테마로 하는 관광은 사람들의 주요한 여행 테마가 되었다. 그 밖의 검색어들도 여행형태의 변화를 파악하는 데 중요한 단서가 된다. 예를 들어 '자연 및 풍경감상'의 키워드를 살펴보면 사회적으로 힐링과 여가가 중요한 화두로 떠오르는 만큼, 사람들의 관심사도 힐링 여행지에 초점이 맞춰져 있는 것을 알 수 있다.

〈표 5-2〉 국내여행 목적 및 활동 관련 카테고리별 변화

	종합	자연 및 풍경감상	휴식/휴양	야외위락 및 스포츠	테마시설	테마관광	음식관광
15.10 ~16.09	606,878	142,174	65,844	198,951	22,737	84,138	93,034
16.10 ~17.09	2,697,857	645,634	261,532	758,584	102,016	343,868	586,223
17.10 ~18.09	2,982,327	667,695	276,136	760,151	108,217	363,323	806,805
18.10 ~19.09	3,254,215	524,431	334,685	773,924	106,959	338,245	1,175,981

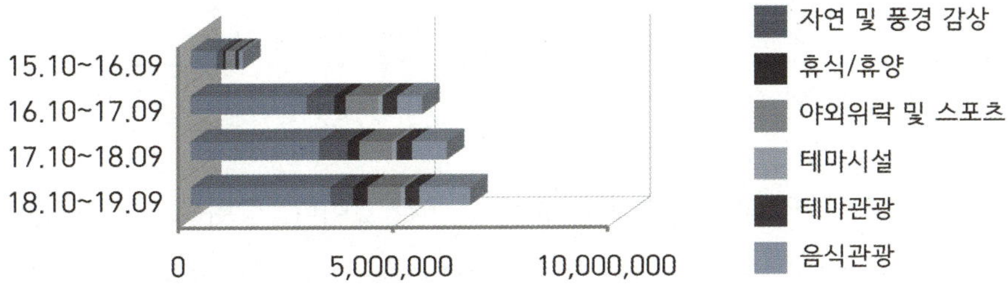

출처: '19~'20 소셜빅데이터 활용 국내여행 트렌드 보고서, 한국관광공사

〈표 5-3〉 국내여행 목적지 활동 TOP 20(2018~2019)

순위	키워드	빈도수	전년대비 순위변동
1	맛집	625,317	–
2	카페	371,981	▲1
3	축제	333,681	▼1
4	휴가	139,521	▲5
5	바다	130,868	–
6	영상	119,641	NEW
7	사진	108,028	▼3
8	음식	75,666	▲3

순위	키워드	빈도수	전년대비 순위변동
9	힐링	70,439	▲3
10	먹방	62,929	NEW
11	데이트	61,517	▲8
12	체험	60,344	▼2
13	시장	51,026	▼5
14	공원	44,604	NEW
15	캠핑	40,481	▲2
16	풍경	38,538	▼3
17	공연	37,551	NEW
18	식당	31,804	▼2
19	낚시	29,614	NEW
20	촬영	27,600	NEW

출처: '19~'20 소셜빅데이터 활용 국내여행 트렌드 보고서, 한국관광공사

위 표는 국내여행의 목적지 활동의 순위를 매긴 것이다. 상위를 차지한 검색어를 살펴보는 것도 중요하지만, 기준연도 이전과 비교하여 새롭게 순위를 차지한 검색어도 중요하다. 먼저 새롭게 검색어 순위에 진입한 검색어는 영상 및 먹방, 공원, 공연, 낚시, 촬영이 있다. 이들 검색어는 사회적 트렌드와 밀접한 연관이 있는데, 먹방 및 촬영, 영상은 최근 사람들에게 인기 있는 유튜브 등 1인 미디어의 확산으로 인한 것이다.

이 밖에, 검색어의 상위를 차지한 검색어는 맛집, 카페, 축제, 휴가, 바다 등이 있다. 이들 검색어도 인스타그램 등 소셜네트워크서비스(SNS)의 이용과 관련이 있다. 즉, 자신이 즐기는 것들을 다른 사람에게 자랑하고자 하는 심리가 반영되어 여행의 스타일과 목적에도 영향을 끼치는 것이다.

2. 특별관심관광의 실제 콘텐츠

특별관심관광은 여러 가지 형태로 나타난다. 다음의 그림은 최근의 트렌드에 맞추어 특별관심관광의 사례들을 분류한 것이다. 중요한 것은, 특별관심관광의 범위는 트렌드의 변화에 따라 얼마든지 변화 가능하므로, 아래의 그림은 단지 현재 행해지는 SIT의 사례로써 이해해야 한다는 점이다.

특별관심관광의 시작은 여행액티비티로 시작한다. 여행액티비티라는 것은 최근에 폭넓게 사용되는 개념으로서, 여행지에서 하는 활동을 뜻한다. 때로는 활동이 중심이 되어 여행지를 선택하고 여행일정을 조정하기도 한다. 본 챕터에서는 최근 국내외에서 주목받고 있는 여행액티비티에 대해 알아보고, 여행액티비티에 의해 파생되는 특별관심관광의 콘텐츠를 살펴보고자 한다.

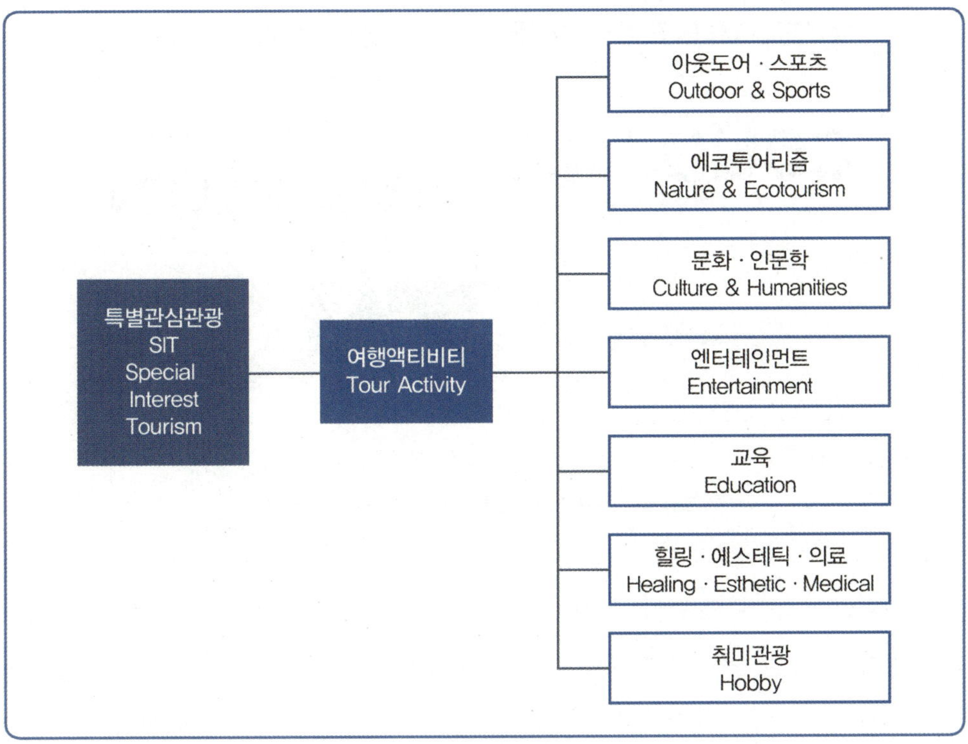

그림 5-1 특별관심관광의 분류

1) 여행액티비티 서비스

다음은 우리나라에서 여행액티비티 서비스를 제공하는 10곳의 업체로써, 매출액이나 기타 순위와는 관계없이 무작위로 정리한 것이다.

출처: 각 회사 홈페이지

그림 5-2 국내 여행액티비티 서비스 업체

위 그림에서 볼 수 있듯이, 우리나라에서 현재 여행액티비티 시장은 빠르게 확산되고 있다. 항공권 구입, 호텔예약 등의 여행서비스를 제공하던 기존 업체들뿐만 아니라 여행액티비티를 목적으로 새롭게 창업한 업체들도 다수 존재 한다.

여행액티비티 서비스는 특별관심관광(SIT)과 밀접한 관련이 있다. 특별관심관광은 개개인이 자신들의 취향과 관심에 맞는 활동을 바탕으로 여행을 설계함으로써 시작되는 것이기 때문이다. 따라서, 여행액티비티는 특별관심관광의 한 분야로써 기존의 여행 트렌드와 차별화되는 부분이기도 하다.

여행전문 리서치 기관인 컨슈머인사이트가 2018년에 소비자를 대상으로 분석한 자료에 따르면 2018년 상반기(1~6월) 해외여행을 떠난 국내 개별 여행객 10명 중 4명은 여행지에서 액티비티 프로그램을 이용한 것으로 조사됐다. 분석 결과 중 흥미로운 점은, 체험여행상품을 이용하는 연령대가 기존의 20~30대에서 40~50대로 확대되는 경향이 두드러졌다는 것이다(이선우, 2018.10.28). 국내 여행액티비티 업체에서 제공하는 서비스는 다음의 표와 같다.

〈표 5-4〉 여행액티비티의 분류

여행액티비티 대분류	액티비티 상품 종류
야외위락 및 스포츠	낚시, 유람선/크루즈, ATV/카트, 서핑 등
테마관광	체험프로그램(원데이 클래스), 한복/의상대여, 시티투어 등
테마시설	놀이공원, 박물관, 동식물원, 워터파크, 테마파크 등
유흥/오락/게임	VR시설, 롤러장/볼링장, 테마카페(만화카페, 슬라임카페) 등
휴식/휴양	테마카페(수면카페, 휴식카페) 등
온천/스파	온천, 스파, 찜질방 등

출처: '19~'20 소셜빅데이터 활용 국내여행 트렌드 보고서, 한국관광공사

위 표는 국내 여행객을 대상으로 여행액티비티 서비스 제공업체가 판매하는 상품들 중 선호도가 높은 상품을 분류한 것이며, 각각의 분류에 해당하는 구체적인 액티비티들을 정리한 것이다.

여행액티비티 중 테마시설(36.7%), 야외위락 및 스포츠(28.2%), 테마관광(24.1%) 등이 높은 비중을 차지하였다. 이들 활동 외에도 유흥/오락/게임, 휴식/휴양, 온천/스파 등은 비록 현재 차지하는 비중은 낮은 편이지만 향후에 비중이 높아질 가능성이 있으므로 주의 깊게 살펴볼 필요가 있다.

(1) 국내 여행액티비티의 분석

① 테마시설

테마시설은 전체 야외 액티비티 중 가장 높은 비율인 36.7%를 차지하였다. 테마시설과 관련된 액티비티에서 가장 높은 순위를 기록한 상품은 '기타 시설 입장권'이다. 제공된 데이터에 따르면, 기타 시설 입장권은 박물관이나 동식물원, 워터파크 등의 시설 사용료나 공연, 축제참가, 전시회 관람 등에 소요되는 입장권을 구입하는 비용이다.

〈표 5-5〉 테마시설 액티비티 TOP 10

순위	종류
1	기타 시설 입장권
2	워터파크
3	키즈카페
4	박물관
5	테마파크
6	아쿠아리움
7	놀이공원
8	동식물원
9	온천/스파
10	시즌권

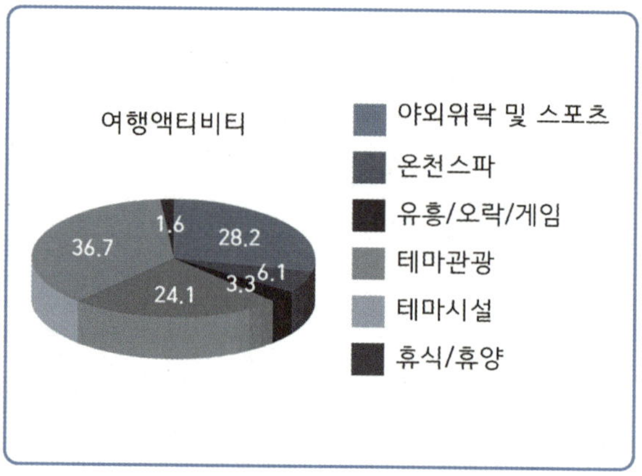

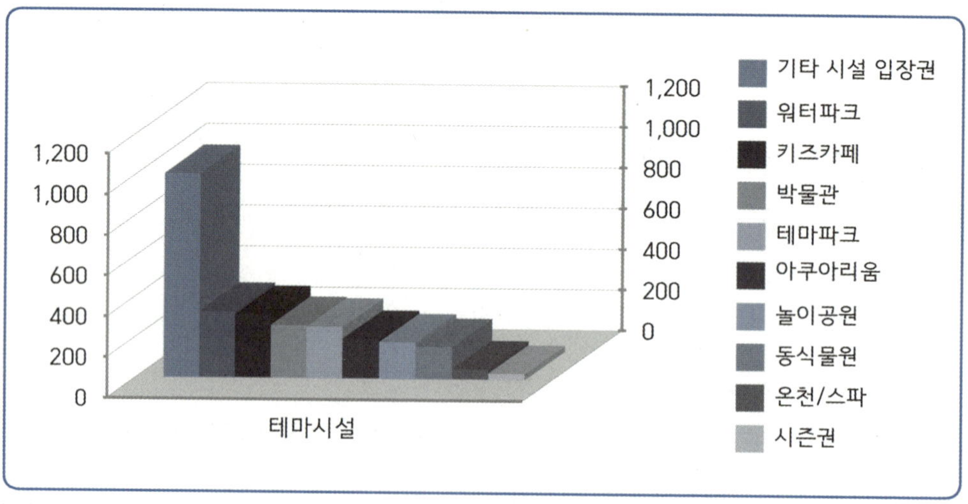

출처: '19~'20 소셜빅데이터 활용 국내여행 트렌드 보고서, 한국관광공사

② 야외위락 및 스포츠

여행액티비티 서비스 제공업체에서 판매하는 상품 중에서 '야외위락 및 스포츠'는 전체 상품 대비 28.2%를 차지하여 야외 액티비티 중 두 번째를 차지하였다. 해당 활동 중 1위는 요트(보트)/유람선(크루즈)/잠수함이었고, 2위는 ATV/카트/4륜 바이크 등이었다. 이들 활동이 높게 집계된 것은 순위권 내에 있는 다른 활동들보다 비교적 진입장벽이 낮기 때문이다. 유람선이나 잠수함은 간단히 비용만 지불하면 이용할 수 있고, ATV나 카트는 간단한 조작방법만 교육받으면 탈 수 있기 때문이다.

〈표 5-6〉 야외위락 및 스포츠 액티비티 TOP 10

순위	종류
1	요트(보트)/유람선(크루즈)/잠수함
2	ATV/카트/4륜 바이크
3	카약/카누/래프팅
4	패러글라이딩
5	레일바이크
6	시티투어
7	서핑
8	짚라인/짚와이어/짚트랙
9	기타 시설 입장권
10	스키/썰매

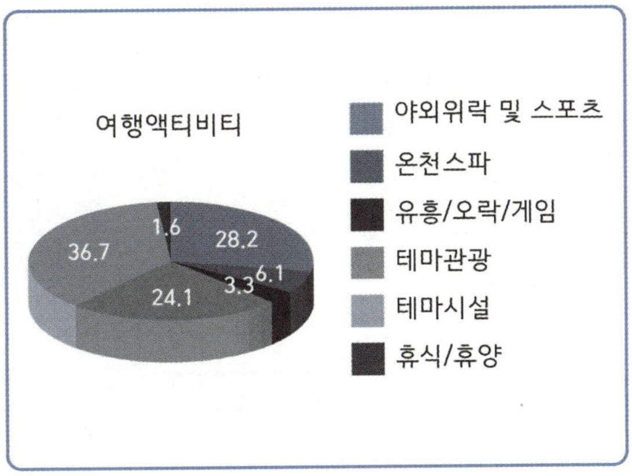

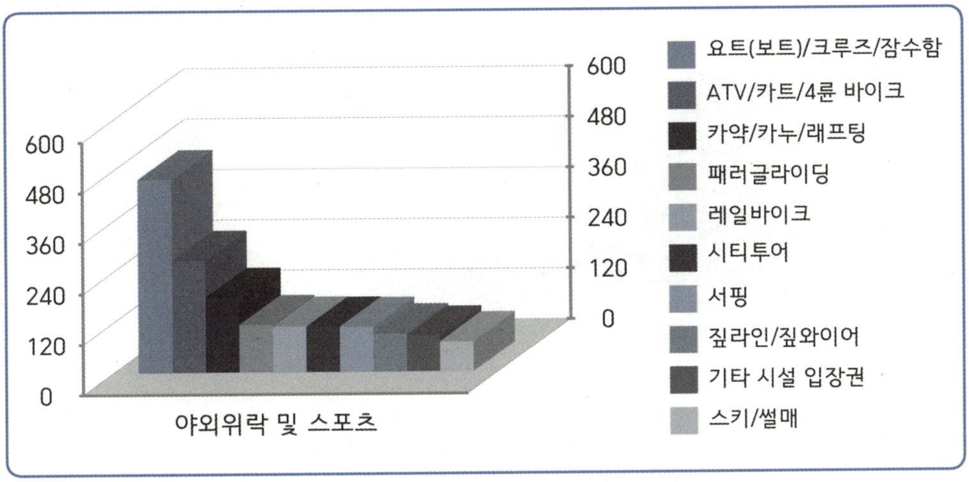

출처: '19~'20 소셜빅데이터 활용 국내여행 트렌드 보고서, 한국관광공사

③ 테마관광

테마관광은 야외 액티비티 중 24.1%로써 세 번째로 많은 비중을 차지하였다. 테마관광은 서울 및 수도권 지역을 중심으로 판매되는 원데이 클래스 관련상품이 많이 판매되는 것으로 나타났다. 즉, 최근 여행의 트렌드 챕터에서 배웠듯이, 점점 사람들이 여행을 단순한 휴양으로 여기는 것이 아니라 여행을 통해서 무엇인가를 배울 수 있는 것을 선호하는 경향이 늘고 있음을 뜻한다.

〈표 5-7〉 테마관광 액티비티 TOP 10

순위	종류
1	체험프로그램
2	시티투어
3	한복/의상대여
4	스냅촬영
5	케이블카
6	축제
7	기타 시설 입장권

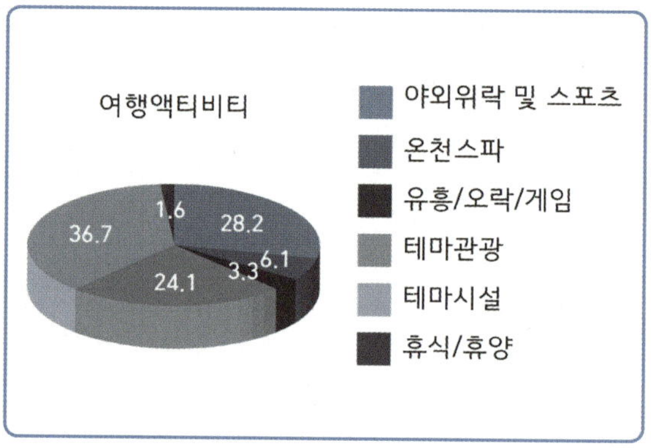

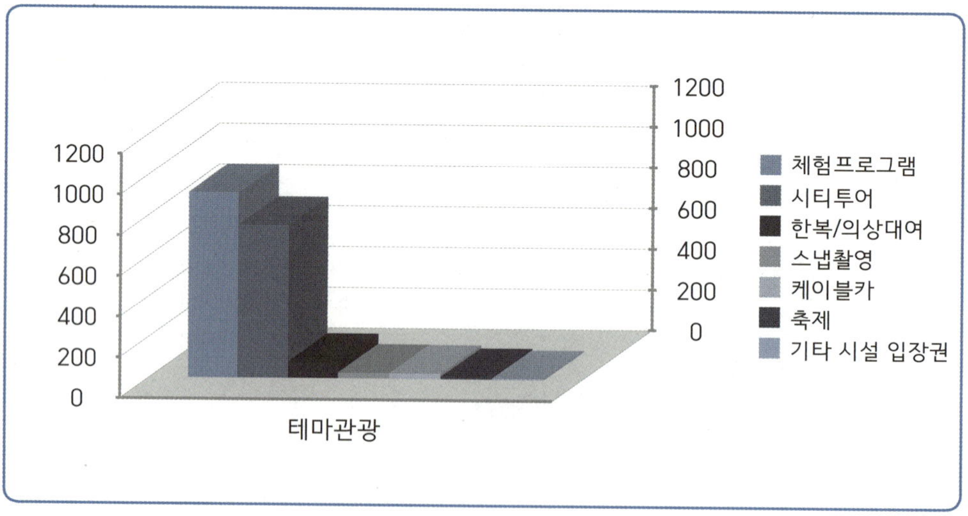

출처: '19~'20 소셜빅데이터 활용 국내여행 트렌드 보고서, 한국관광공사

(2) 글로벌 여행액티비티의 분석

여행액티비티를 즐기는 것은 세계적인 추세이다. 글로벌 자유여행 액티비티 플랫폼인 클룩(KLOOK)에서 발표한 2019글로벌 액티비티 여행 트렌드는 다음과 같다.

첫째, 혼행족의 증가이다. 혼행족은 '혼자 여행하는 사람'을 뜻하는 신조어이다. 클룩 플랫폼을 이용하여 혼자 여행을 떠난 사람들의 숫자가 2017년 31%였던 것과 비교해 2018년에는 38%로 증가한 것으로 나타났다. 혼행족은 향후에도 지속적으로 증가할 것으로 보인다.

둘째, '액티비티'를 우선시하는 프로여행러의 증가이다. 사람들은 이제 관광지의 선택뿐만 아니라 관광지에서 할 수 있는 활동을 중심으로 여행계획을 짜기 시작했다. 클룩에서 조사한 바에 따르면, 전체 응답자 2,400명 중 63%는 여행지를 선택하고 항공편이나 호텔을 예약하기 전에 어떤 활동을 할 수 있을 것인지를 먼저 고려한다고 한다. 여행액티비티의 중요성이 점점 커지는 것을 입증하는 결과이다.

셋째, 유튜브여행이다. 세계 여러 1인 크리에이터들이 유튜브에 자신들의 여행경험을 기록하고 공유한다. 사람들은 이들의 영상을 보면서 같은 곳을 관광하며 마치 개인 가이드와 같은 개념으로 활용한다고 한다.

넷째, 인싸여행의 증가이다. 인스타그램 등 SNS를 사용하는 사람들이 증가하면서 'Fear of missing out'이란 뜻의 FOMO(포모)가 신조어로 등장하였다. 이는, 다른 사람들에게 잊혀질까봐 공포심을 느끼는 사람들이 늘어난 것을 설명하는 단어로써 유행에 뒤처지지 않기 위해 노력하는 세태를 보여준다. 여행에 있어서도 이슈가 되는 관광지는 트렌드에 뒤처지지 않도록 선택하는 사람들이 늘어난다는 뜻이다.

다섯째, 손가락 여행이다. 클룩 내 밀레니얼 고객들을 대상으로 분석한 결과, 해당 세대에 속하는 사람의 70%가 모바일 앱을 통해 예약을 완료한 것으로 나타났다. 밀레니얼 세대는 1980년대부터 2000년대 초반까지 출생한 세대를 뜻하는 것으로, 이들은 액티비티를 더욱 중시하는 것으로 알려져 있다.

여섯째, 즉흥여행이다. 사람들은 예전에 비해 더 즉흥적이고 가변하는 성향을 지니고 있다. 클룩에서는 이들의 취향에 맞춰 여행지에서 구입 즉시 사용할 수 있는 액티비티 상품을 출시했다(전진홍, 2019.3.7).

이상에서 살펴본 바와 같이, 글로벌 트렌드 역시 여행의 액티비티를 중심으로 변화하고 있는 것을 알 수 있다.

2) 특별관심관광의 콘텐츠 사례

(1) 아웃도어 · 스포츠(Outdoor & Sports)

아웃도어와 스포츠는 다양한 활동을 포괄적으로 설명할 수 있다. 그러나 관광의 기본은 일정 시간 동안 체류하는 것을 전제로 한다. 따라서, 본 분류에서는 체류 시간을 기준으로 했을 때 가장 대표적인 아웃도어 관광활동이라 할 수 있는 캠핑에 대해 알아보고자 한다.

캠핑이라는 단어를 떠올리면 단순히 야외에서 숙박하는 것만을 떠올리기 쉽지만, 실제 캠핑의 정의는 '자신의 거주지 밖에서 텐트, 트레일러, 캠핑카 등을 이용하여 최소 하룻밤 이상 머무르면서 다양한 레크리에이션 활동이나 아웃도어 활동을 즐기는 것'이다(캠핑아웃도어진흥원, 2018).

2018년 GKL사회공헌재단의 후원을 받아 실시된 캠핑산업 통계조사에 따르면 국내 캠핑 산업규모는 약 1조 5천억 원, 캠퍼의 숫자는 310만 명 정도인 것으로 나타났다. 캠퍼의 숫자만 놓고 보면, 우리나라 인구 대비 큰 비중을 차지하지 않는다고 생각할 수 있다. 그러나 특별관심관광의 콘셉트 자체가 다양한 관심사를 가진 소규모의 개인 혹은 그룹으로 세분화되는 관광의 새로운 형태이기 때문에, 캠퍼의 숫자는 중요하지 않다. 더욱 중요한 것은, 이들 캠퍼의 숫자를 기반으로 유관 관광산업과 어떤 방식으로 유기적으로 연결시킬 수 있을지에 대한 연구이다.

계속해서 통계 자료를 분석해 보면, 캠핑을 가는 이유는 가족이나 친구와 더 많은 시간을 보내기 위해(46%), 휴식을 취하기 위해(26%), 스트레스 감소를 위해(14%) 순서로 집계되었다. 전체 응답자의 반 정도가 가족 및 친지와 보내는 시간이라고 응답한 것은 충분히 주목할 만하다. 캠핑을 즐기는 사람들이 가장 중요하게 여기는 가치가 단순히 색다른 경험이나 아웃도어 활동 자체에 있는 것이 아니라 여가와 재충전에 있다는 뜻이기 때문이다. 즉, 이들에게 있어 캠핑이나 기타 아웃도어 스포츠는 매개체에 지나지 않을 수도 있다. 더욱 중요한 것은, 휴식과 재충전을 소중한 사람과 함께하는 것이기 때문에, 캠퍼들을 타깃마켓으로 지역관광과 연계시키기 위해서는 휴식을 바탕으로 동행자와 함께 특별한 추억을 남길 수 있는 상품을 개발하는 것이 효과적일 것이다.

〈표 5-8〉 캠핑관련 통계자료 2018

순위	캠핑을 가는 이유
1	가족이나 친구와 더 많은 시간을 보내기 위해(46%)
2	휴식을 취하기 위해(26%)
3	스트레스 감소를 위해(14%)
4	정서적 안정을 위해(12%)
5	건강개선을 위해(1%)
6	기타(1%)

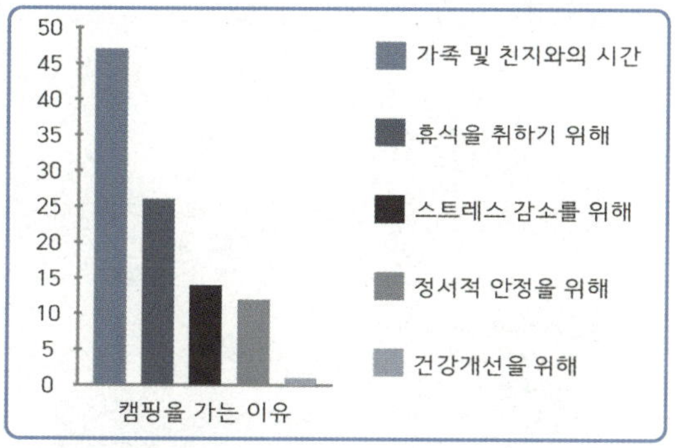

순위	캠핑 시 선호하는 숙박형태
1	일반텐트(45%)
2	글램핑(22%)
3	카라반(13%)
4	특별한 선호형태 없음(19%)
5	기타(1%)

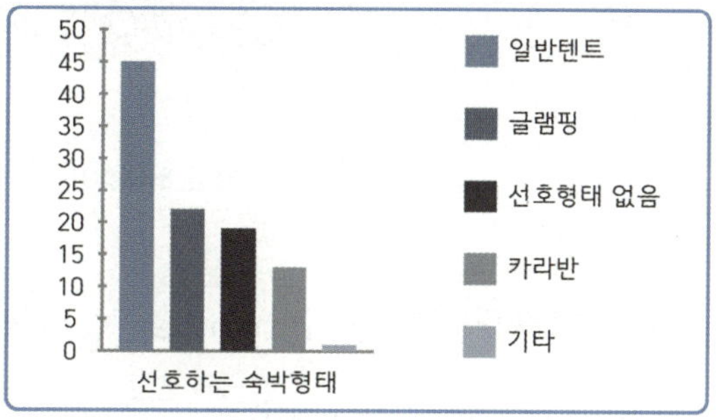

순위	캠핑장 선택기준
1	캠핑장 청결(21%)
2	경관/주변명소(18%)
3	편의시설(15%)
4	가격(14%)
5	접근성(12%)
6	안정성(9%)
7	캠핑장 규모(3%)
8	예약 용이성(3%)
9	야영장 등록여부(3%)
10	기타(3%)

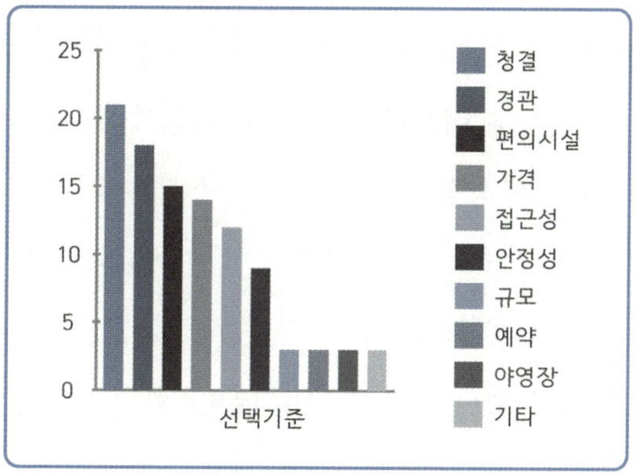

출처: https://pixabay.com

그림 5-3 아웃도어 투어리즘

(2) 에코투어리즘(Nature & Ecotourism)

에코투어리즘이란 생태학(Ecology)과 관광업(Tourism)의 합성어로써 생태관광이라는 용어로도 사용된다. 환경부에서는 생태관광에 대해 '자연과 문화를 보고 배우는 친환경 여행이며 생태계 보전과 지역사회 발전에 기여하는 여행'으로 정의한다.

국토환경정보센터에서는 에코투어리즘에 대하여 세 가지 원칙을 제시하였다. 첫째, 환경보전에 공헌할 것 둘째, 지역경제에 문화적 · 경제적으로 공헌할 것 셋째, 방문객들에게 학습의 경험을 제공할 수 있을 것 등이다(국토환경테마정보).

위에 제시한 에코투어리즘의 정의 및 원칙으로 미루어 알 수 있듯이, 생태관광은 지속가능한 관광(Sustainability Tourism)의 한 분야다. 구체적인 방법으로써, 세계 각지를 방문하는 관광객들이 해당지역의 자연환경을 보전하는 노력을 기울이고, 지역사회는 관광객의 방문으로부터 수익을 얻는다. 이렇게 발생한 수익을 지역의 자연환경을 보존하고 가꾸는 데 투자하여 선순환 관광 시스템을 구축하게 된다.

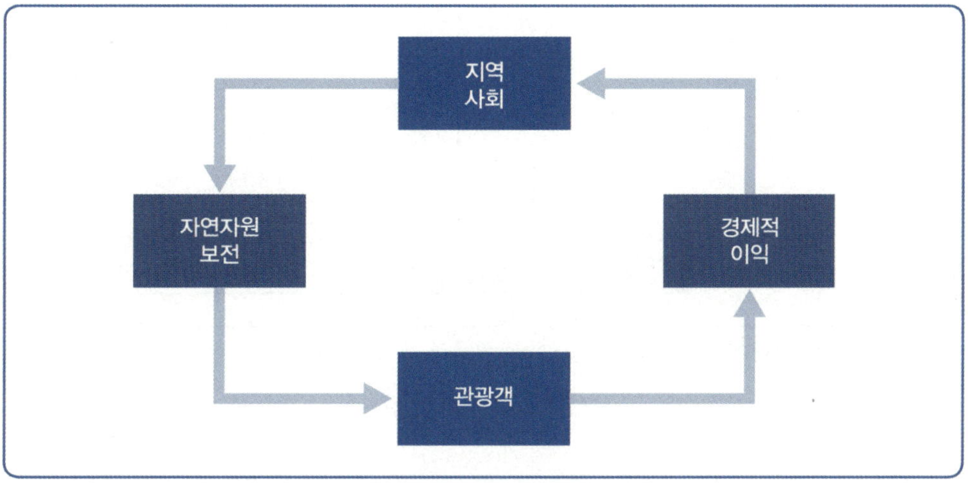

출처: 환경부홈페이지(http://me.go.kr/home/web/main.do)

그림 5-4 에코투어리즘의 개념

에코투어리즘을 목표로 하는 지역은 반드시 당위성을 설명할 수 있어야 한다. 지역의 방문자들이 납득하고 기꺼이 지역의 자연환경 보존을 위해 참여할 수 있는 이유가 제시되어야 하기 때문이다.

에코투어리즘의 필요성은 다양하다. 우선, 국민 여가생활의 패턴이 변화함에 따라 대안관광의 수요가 증대하고 있다. 기존의 관광은 관람형 관광으로서 관광객들은 단순히 유명 관광지를 관광하는 것에서 그쳤다. 그러나 최근에는 경험을 중시하는 풍조가 더해져 문화, 레저, 자연생태를 직접 느끼는 체험형 여가패턴으로 변화하고 있다. 이에 따라, 자연을 경험하고 보존에 직접 참여하는 에코투어리즘이 지속적으로 주목을 끌게 될 것이다. 다음으로 지역 이미지 제고이다. 환경을 보존하고 가꾸기 위한 노력을 기울이는 지역은 같은 가치관을 공유하는 사람들의 호응을 이끌어내기 쉬우며, 지역 이미지 향상에도 기여하게 된다.

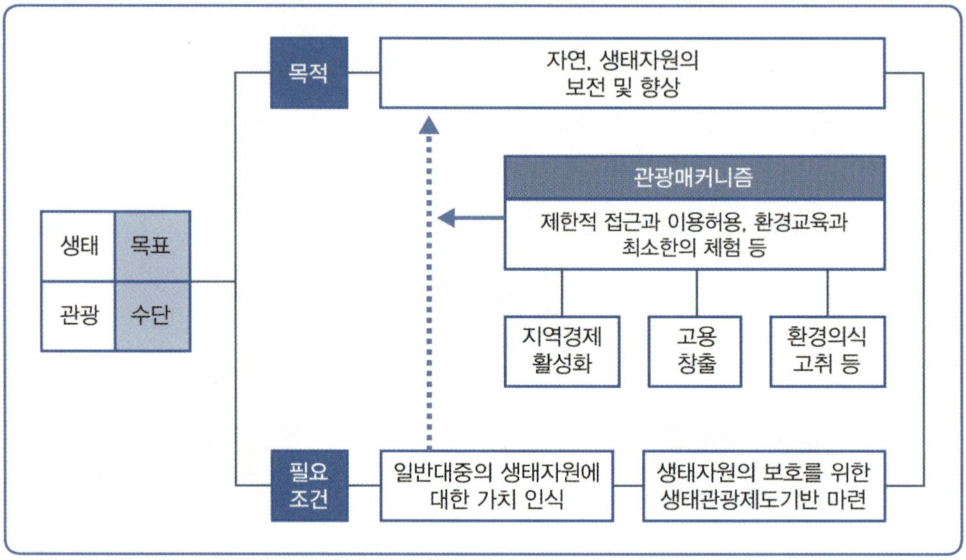

출처: 국토환경정보센터(http://www.neins.go.kr/etr/ecology/doc04b.asp)

그림 5-5 생태관광의 개념

에코투어리즘의 궁극적인 필요성은 경제적인 이유와도 맞닿아 있다. 대규모 관광지에서 벌어들이는 수익보다 생태관광이 지역경제 활성화에 더욱 큰 이익이 되기 때문이다. 지금까지 세계 각지에서 진행되는 호텔 및 대규모 리조트 개발은 지역주민들에게 실질적인 혜택을 주는 데 한계가 있다. 국토환경정보센터의 자료에 따르면, 인도네시아에 있는 코모도섬을 방문하는 생태관광객은 하루 평균 100불을 지역에서 소비하는 반면, 패키지 관광객은 50불, 크루즈관광객은 5센트만을 소비하는 것으로 조사되었다고 한다. 일반적으로 대규모 시설을 활용한 관광이 더욱 큰 수익을 가져다줄 것이라고 생각하는 것과는 다른 결과다. 또 한 가지 예로써, 순천만 갯벌 생태관광은 간척된 논을 습지로 복원하고, 해당 지역을 갯벌 탐방 지역으로 특화시켜 '07년 탐방객 180만 명, 직접경제 효과 710억 원을 벌어들이는 쾌거를 이루었다. 즉, 에코투어리즘, 생태관광은 진정한 의미의 지속가능한 관광이다.

이처럼, 다양한 이익을 가져다주는 에코투어리즘은 환경파괴를 최소화해야 한다는 전제가 있기 때문에 가급적 개발의 필요성이 적은, 환경 자체만으로도 관광 목적지가 될 수 있는 지역이 유리하다. 이러한 지역 중 대표적인 지역이 스위스와 뉴질랜드이다.

우선 스위스는 면적이 41,285km²로써 우리나라 남한 면적인 100,210km²의 절반에 못 미친다. 그러나 스위스는 알프스 관광만으로 연간 35조 원을 벌어들인다. 우리나라도 전 국토의 약 63%가 산악지형으로 구성되어 있는 만큼, 스위스의 사례를 분석하여 에코투어리즘을 활성화할 필요가 있다(김민정, 2017.11.16).

출처: https://pixabay.com

그림 5-6 에코투어리즘 사례: 스위스

스위스의 사례가 특별한 것은, 스위스 전 국토에 걸친 산악지형을 62,000km²에 달하는 하이킹로로 연결하여 활성화시켰기 때문이다. 이러한 관광방식이 가능했던 이유는 '칸톤'의 역할이 크다. 칸톤은 스위스에서 발견할 수 있는 26개의 지역자치구 시스템이다. 각 칸톤마다 색다른 매력을 가지고 있어서, 칸톤을 방문하는 관광객들은 단순한 하이킹 이상의 즐거움을 느끼게 된다. 하이킹이라는 친환경적 방식을 이용하여 전역을 관광지로 만들어낸 것이다(임호동, 2017.08.01).

출처: https://pixabay.com

그림 5-7 에코투어리즘 사례: 스위스

다음으로 살펴볼 사례는 뉴질랜드이다. 뉴질랜드는 오염되지 않은 광활한 대자연과 청정한 공기로 널리 알려져 있다. 뉴질랜드는 남섬과 북섬으로 나뉘어 각각의 특별한 분위기를 자아낸다. 남섬에서는 태고부터 이어져온 자연의 본모습을 마주할 수 있기 때문에 지구의 역사를 살펴보기에 좋다. 반면에 북섬에서는 도시의 세련된 모습과 다양한 액티비티를 경험할 수 있어서 뉴질랜드의 역사를 찾을 수 있다.

뉴질랜드 자체가 에코투어의 대상지이자 목적지로서 알려져 있지만, 그중에서도 남섬의 밀퍼드사운드(Milford Sound)는 더욱 특별하다. 피오르드랜드 국립공원(Fiordland National Park) 내에 위치한 밀퍼드사운드는 유네스코 세계자연유산에 등록된 피오르드지형으로 이루어져 있다. 피오르드(Fjords) 지형은 빙하지형의 일종으로써 빙하가 침식되어 형성된 좁고 긴 골짜기에 바닷물이 들어온 협만을 뜻한다.

출처: https://pixabay.com

그림 5-8 에코투어리즘 사례: 뉴질랜드 피오르드 지형

밀퍼드사운드가 유명한 이유 중 하나는 겨울에 한시적으로 운영되는 태즈먼 빙하 투어 때문이다. 태즈먼 빙하는 뉴질랜드의 최대 빙하로, 해당 투어프로그램에 참여한 관광객들은 직접 손으로 빙하를 만져볼 수 있다. 지구 온난화 등으로 빙하가 점점 줄어드는 시점에 빙하를 직접 보고 만져봄으로써 지구온난화를 방지하는 활동에 참여하는 당위성을 느끼게 함과 동시에 특별한 경험을 선사해 줄 수 있으므로 뉴질랜드는 천혜의 자연자원을 충분히 활용하는 케이스라 할 수 있을 것이다.

우리나라가 지닌 자연적 조건은 스위스나 뉴질랜드와 같지 않다. 그러나 이들 나라의 사례를 분석하여 우리나라만의 특수성을 살릴 수 있는 방안을 모색한다면 충분히 에코투어리즘의 대표관광지로 거듭날 수 있을 것이다.

출처: https://pixabay.com

그림 5-9 에코투어리즘 사례: 뉴질랜드

(3) 문화 · 인문학(Culture & Humanities)

국내외 공통적인 관광의 트렌드 중 하나는 인문학투어이다. 국내 TV에도 다양한 분야의 전문가들이 인문학의 내용을 바탕으로 일반 시청자에게 강의하는 콘텐츠가 늘어나고 있다. 그만큼 사회가 성숙되었다는 뜻이다. 세계 여러 나라에서는 이 같은 트렌드가 이미 오래전부터 하나의 시장으로써 존재해 왔다. 직장인들이나 주부, 학생들까지 나이나 직업에 관계없이 자신들이 배우고자 하는 내용을 원데이 클래스

(1 Day Class)에서 수강하고, 때로는 해외를 방문하여 수업을 듣는 등 적극적으로 행동하는 사람들도 늘고 있다.

〈표 5-9〉 원데이 클래스 관련 통계자료

순위	원데이 클래스 이용자 증가이유
1	색다른 경험을 할 수 있어서(47.4%)
2	삶의 활력소가 되기 때문에(44.8%)
3	전문적 학습은 시간을 많이 필요로 하기 때문에(36.8%)
4	나만의 시간을 갖고 싶은 사람들이 늘어나서(32.9%)
5	스트레스를 풀기 위해(24.8%)
6	자신에 대한 투자를 아끼지 않는 사람들이 많아져서(24.5%)
7	전문적으로 배워볼 경제적 여유가 없어서(18.6%)
8	미래보다는 현재의 삶을 중요시하는 사람들이 많아져서(17.2%)
9	남들과는 다른 차별적 경험을 원하는 사람들이 많아져서(11.4%)

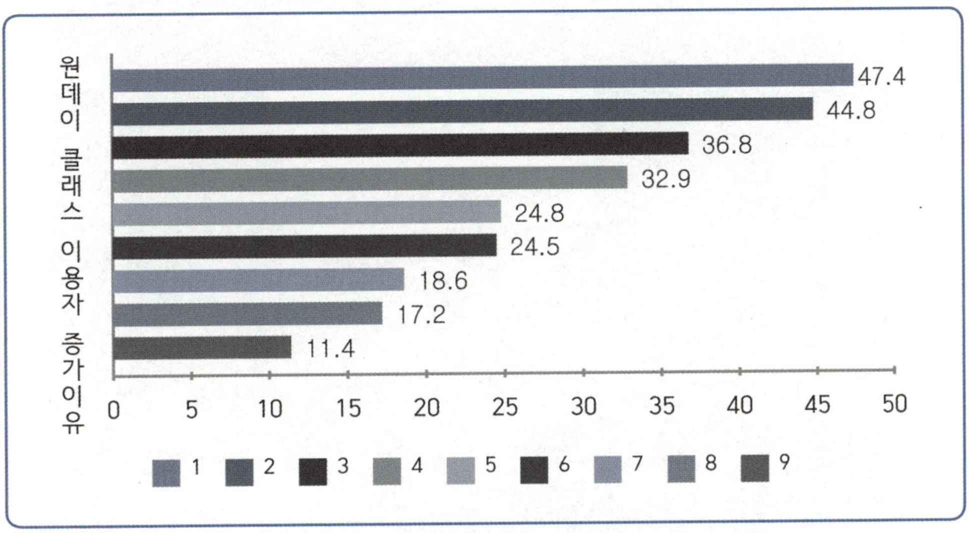

출처: 엠브레인, 2018 원데이 클래스 및 문화센터 이용 관련 조사

위 표는 엠브레인에서 실시한 "2018 원데이 클래스 및 문화센터 이용 관련 조사"의 결과 중 일부분이다. 응답내용을 보면 알 수 있듯이, 사람들은 점차 '색다른 경

험'에 끌리고 있다. 전체 응답자 중 47.4%(중복응답)가 원데이 클래스에 관심이 있다고 응답하여, 현재의 트렌드는 여행을 통해 교양을 쌓거나 자기계발의 기회로 삼고 싶어 하는 사람들이 많음을 알 수 있다. 이 밖에도 삶에 활력소를 주기 때문에(44.8%), 전문적으로 배우기에는 시간적인 여유가 없어서(36.8%)라고 응답한 사람들이 많았기 때문에 국내 여행상품을 개발할 때 1~2일 안에 원데이 클래스 및 지역 관광을 즐기는 프로그램을 출시한다면 큰 수요가 있을 수 있다. 이 중에서, 삶의 활력소를 얻을 수 있다는 기대가 큰 것 같다는 의견은 중장년층(20대 40%, 30대 42%, 40대 46.8%, 50대 50.4%)에서, 전문적인 강좌를 대신하여 듣는 것 같다는 의견은 젊은 세대(20대 40%, 30대 44%, 40대 34.8%, 50대 28.4%)에서 많이 집계되어, 원데이 클래스를 접하는 시각에 세대별 차이가 있음을 확인할 수 있었다. 즉, 원데이 클래스도 세대별로 타깃마켓을 달리하여 설계할 필요가 있다.

출처: https://pixabay.com

그림 5-10 원데이 클래스

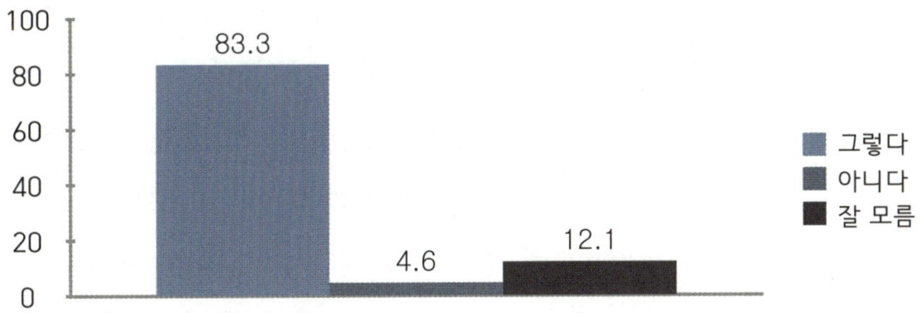

원데이 클래스에 참여하는 것은 나를 위한 투자이다

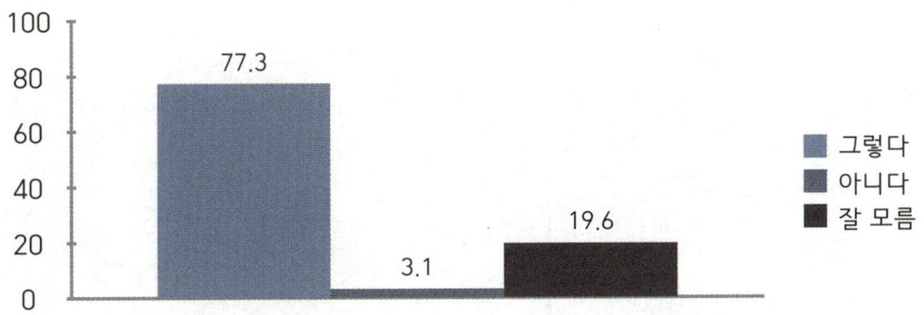

향후 원데이 클래스에 대한 수요는 더욱 증가할 것이다

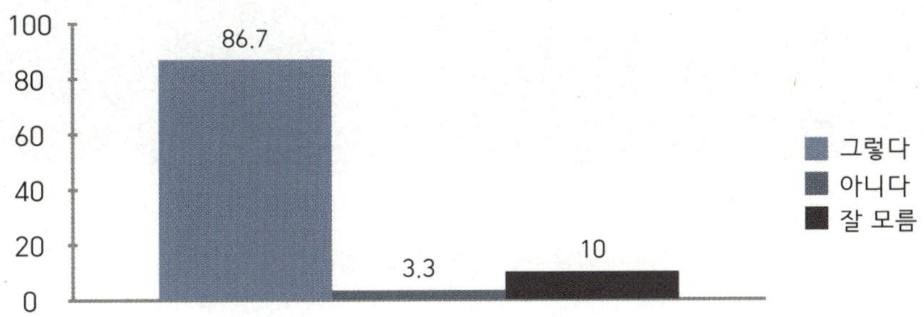

원데이 클래스의 활성화가 취미활동의 확장에 좋은 영향을 줄 것이다.

출처: 엠브레인, 2017 취미생활 및 원데이 클래스 관련 조사

그림 5-11 원데이 클래스 관련 통계자료

원데이 클래스처럼 특정 목표를 가지고 수업을 수강하는 형태도 있지만, 오래전부터 꾸준한 수요가 있었던 박물관 투어도 하나의 중요한 특별관심관광의 여행시장이다. 전 세계적으로 유명한 대영박물관이나 루브르박물관처럼 세계 유명 박물관 등은 향후에도 특별한 콘텐츠의 추가 없이 고정 팬덤으로 인한 관광 목적지가 될 것이다. 우리나라 관광산업에서도 우리나라만이 가지는 콘텐츠를 중심으로 박물관 등을 운영할 필요가 있다. 예를 들어, 점점 인기를 끌고 있는 한국영화와 관련된 박물관이나 한류그룹을 테마로 하는 박물관 등은 클래식한 느낌의 박물관은 아니지만, 전시관이라는 형태로써 고정 방문객을 확보할 수 있다. 이것이 문화관광의 트렌드를 더욱 증폭시킬 수 있는 한 가지 방안이 될 것이다.

출처: https://pixabay.com

그림 5-12 루브르박물관

(4) 엔터테인먼트(Entertainment)

글로벌 자유여행 액티비티 플랫폼인 클룩(KLOOK)에서 2018~2019년 TV 및 영화 촬영지와 연계된 액티비티 상품의 페이지뷰를 분석한 결과를 발표했다. 분석자료에 따르면, 영화 촬영지를 찾아다니는 이른바 '팬덤여행'이 두 자릿수의 높은 성장률을 기록하고 있는 것으로 나타났다(클룩 테크놀러지, 2019).

팬덤여행은 다양한 형태로 나타난다. 최근 인기를 끌고 있는 방탄소년단의 콘서트를 관람하기 위한 한국 방문이나, 아카데미상 수상으로 전 세계의 팬덤을 확보한 영화 '기생충'의 촬영지 등에 관한 노래, 영화, 문화를 총망라하여 다양한 방식으로 관광이 이루어지는 것이다.

우리나라에서도 일본 관광객을 대상으로 '겨울연가', '대장금' 등의 드라마가 인기를 끌고, 해당 드라마의 촬영지에 관광객을 유치한 경험이 있다. 드라마나 영화를 바탕으로 하는 엔터테인먼트 여행의 장단점은 매체가 인기 있을 경우에는 특별한 마케팅 없이도 수요를 이끌어낼 수 있는 반면에, 어느 정도의 시간이 지나면 사람들이 찾지 않을 가능성이 높다는 점이다.

출처: https://pixabay.com

그림 5-13 왕좌의 게임 촬영지 크로아티아 두브로브니크(Croatia Dubrovnik)

그럼에도 불구하고 엔터테인먼트 관광의 잠재력은 거대하다. 미국 라스베이거스의 경우 태양의 서커스(Cirque du Soleil)팀에서 호텔의 전용 쇼 공연장을 이용하여 정기 공연을 한다. 라스베이거스는 카지노 및 MICE로 유명한 곳이지만, 자연관광지나 기타 관광요소는 부족한 실정이다. 이러한 지역에서 서커스를 이용하여 새로운 관광매력물을 만들어냈다는 것은 우리나라도 충분히 참고하고 벤치마킹할 필요가 있다. 우리나라는 이미 난타로 뉴욕 브로드웨이 공연까지 수행해 낸 경험이 있는 만큼, 새로운 콘텐츠를 제작하여 가까운 미래에 개장 예정인 영종도 지역의 복합리조트에 전용관을 개설한다면 엔터테인먼트 공연 인구를 효과적으로 유치할 수 있을 것이다.

출처: https://pixabay.com

그림 5-14 엔터테인먼트 관광의 한 예: 서커스

(5) 교육(Education)

교육을 테마로 하는 여행은 앞서 살펴봤던 문화 · 인문학 투어와 유사한 개념으로 이해할 수 있다. 그러나 본 챕터에서 소개할 내용은 어학연수 및 실버어학연수관광이다.

어학연수는 예전부터 개인의 언어능력을 향상시키기 위해 택해왔던 방법이다. 자신이 배우고자 하는 언어권의 국가에서 실제로 생활하며 배우는 방식은 어떠한 종류의 언어학습법보다 효과적인 것으로 인식되어왔기 때문이다. 일반적으로 어학연수는 정식으로 학생비자를 취득하여 떠나는 것이 일반적이었으나, 최근에는 관광비자 허용기간 동안만 머물면서 어학연수를 받는 경우도 늘고 있다. 즉, 우리나라를 방문하는 관광객들도 단기 어학연수와 관련된 관광프로그램을 제공받을 가능성이 있다는 뜻이다.

실버어학연수는 은퇴한 사람들이 언어를 배우고자 다른 나라로 유학을 떠나는 것을 말한다. 이들 역시 주요 목적은 언어 습득이라기보다 새로운 나라에서 문화를 느끼고 체류하려는 경향이 더 크다. 이러한 수요가 세계적으로 증가하고 있으므로, 단기어학연수객과 더불어 이들을 겨냥한 프로그램 개발이 필요하다.

출처: https://pixabay.com

그림 5-15 어학연수

(6) 힐링 · 에스테틱(Healing · Esthetic)

① 힐링관광

힐링은 오래전부터 여행의 가장 중요한 목적 중 하나였다. 그만큼 다양한 방식의 힐링과 에스테틱 관련 관광이 파생되어 상품화되었고, 시대에 따라 고객의 니즈를 반영하여 변화해 왔다. 우선 힐링관광에 대해 살펴보자. 힐링관광에서 최근의 트렌드는 슬로시티다. 슬로시티란 '여유로운 생활을 통해 삶의 질 향상을 추구하고자 하는 대안도시'를 뜻한다.

슬로시티를 이해하기 위해서는 먼저 슬로푸드 운동에 대해 알아볼 필요가 있다. 1986년 글로벌 패스트푸드 체인인 맥도날드가 이탈리아 로마에 들어섰을 때 이탈리아의 요리 칼럼니스트 카를로 페트리니(Carlo Petrini)가 패스트푸드 시스템에 반대하는 의미로써 슬로푸드를 제안하였다. 전통적인 이탈리아의 식문화는 애피타이저부터 디저트까지 오랜 시간 동안 천천히 음식을 먹으며 코스를 즐기는 방식이었는데 맥도날드가 소개되면서 빠르고 간편하게 식사를 대체하기 시작하면서 전통적인 이탈리아의 식문화가 붕괴되기 시작했던 것이다. 이에 반대하는 카를로 페트리니는 슬로푸드 운동을 전개하였는데, 슬로푸드 운동은 자연적인 방식으로 생산된 음식을 섭취할 것을 주장하며, 판매 · 유통과정에서 생산자가 정당한 대가를 받는 공정한 거래를 지향한다. 이것은 글로벌 패스트푸드점의 대량생산에 반하는 것으로써, 규격화된 미각의 세계화에 저항하고 각각의 지역만이 가지는 특별하고 전통적인 식생활 문화를 지켜가자는 운동이다. 현재 슬로푸드 운동은 이탈리아 피에몬테 주의 브라 마을을 본산으로 160여 개국에 10만여 명의 회원과 1,500여 개의 지부를 두고 있다(김종표, 2016.12.08).

슬로시티는 슬로푸드의 연장선상에 있는 개념이다. 1999년 이탈리아 그레베 인 키안티(Greve in Chianti)의 시장 파올로 사투르니니(Paolo Saturnini)가 느리게 살자고 호소하며 치타슬로(citta slow)를 출범하였다. 치타슬로(citta slow)는 우유자적한 도시, 풍요로운 마을이라는 의미의 이탈리아어로 2020년 현재 전 세계 30개국 262

개 도시가 지정되어 있다(Citta Slow International, 2020).

〈표 5-10〉 슬로시티 관련 통계자료

순위	슬로시티 방문이유
1	여유있게 쉬고 싶어서/힐링을 하고 싶어서(42.2%)
2	관광명소 등 볼거리가 많을 것 같아서(42%)
3	지친 일상에서 벗어나고 싶어서(36.5%)
4	맛집 등 먹을거리를 찾기 위해서(27.9%)
5	바쁘고 복잡한 도시와는 다른 기분을 느끼고 싶어서(27.6%)
6	있는 그대로의 자연을 만끽하고 싶어서(22.8%)
7	다른 여행지에 비해 조용하게 쉴 수 있을 것 같아서(22.8%)
8	주변 사람들이 추천해 줘서(18.4%)
9	전통음식을 맛보고 싶어서(15.4%)
10	다양한 체험활동을 하고 싶어서(13%)
11	슬로시티라는 수식어가 마음에 들어서(6.2%)
12	지역 주민들과 어울리고 싶어서(2.6%)

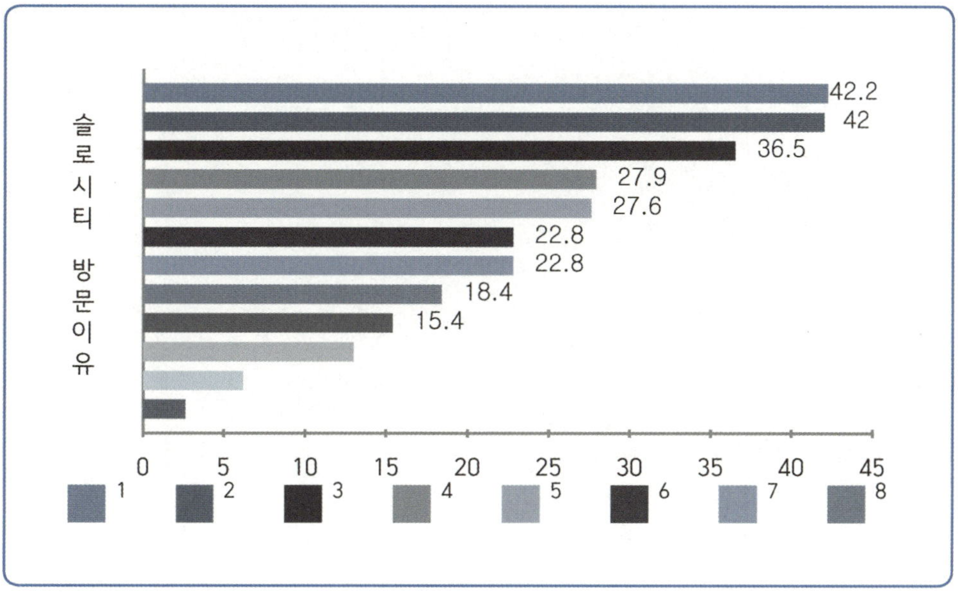

출처: 엠브레인, 2018 슬로시티(Slow City) 관련 인식 조사

슬로시티로 인증받기 위해서는 자연친화적인 교통수단(자전거, 도보)을 마련해야 하고, 인근 주민의 친화력과 친환경 도시 조성 등의 7개 분류 내의 72개 항목에 통과해야 한다. 슬로시티 운동과 가치관을 공유하고, 슬로시티 운동본부에 지원하여 엄격한 심사기준을 통과한 지역이 우리나라에는 2020년 현재 총 15곳이 있다. 슬로시티 한국지부 홈페이지에는 각각의 지역이 슬로시티에 선정된 이유가 명확히 제시되어 있다.

제일 먼저 살펴볼 지역은 전남 신안군이다. 신안군은 염전으로 유명한 지역으로써, 대표적인 천일염 생산지이다. 슬로시티는 슬로푸드 운동으로부터 비롯되었으며, 슬로푸드는 결국 대량생산 및 공장에서 제조된 음식에 대하여 반기를 드는 것이다. 그런 면에서 우리 식생활에 없어서는 안 될 소금을 전통적인 방식으로 생산하는 신안은 슬로시티의 상징과도 같은 도시다.

〈표 5-11〉 대한민국 슬로시티: 전남 신안군

<table>
<tr><th colspan="2">전남 신안군</th></tr>
<tr><td colspan="2"></td></tr>
<tr><th colspan="2">지정배경</th></tr>
<tr><td colspan="2">신안군 증도면에는 우리나라 최대 갯벌염전이 펼쳐져 있다. 한때 화학소금에 밀려 천일염의 가치에 대해 가볍게 여겼던 사람들은 염전을 축소하자는 주장도 있었다고 한다. 그러나 세계슬로시티연맹의 관계자들은 갯벌염전의 세계적 가치에 주목하여 세계적으로 가치있는 지역으로 보존해야 한다고 주장했다. 이것이 신안군 증도면이 세계슬로시티로 지정받게 된 가장 중요한 요인이다. 전국 갯벌의 50%가 사라진 지금 갯벌과 염전 그리고 습지가 공존하는 증도는 자연의 생명을 담은 세계적으로 희소가치가 높은 슬로시티다.</td></tr>
<tr><th colspan="2">전남 신안군(핵심지역: 증도)</th></tr>
<tr><td></td><td></td></tr>
<tr><td>신안총회의 휘리 체험을 하는 영국 슬로시티 퍼스(Perth)의 잭 코번(Jack Coburn) 시장</td><td>2010년 국제슬로시티 시장 신안총회에서 천일염전 체험을 하고 있는 국제슬로시티 연맹의 올리베티(Oliveti) 사무총장</td></tr>
<tr><td colspan="2"></td></tr>
<tr><td colspan="2">이탈리아 슬로시티 창시자인 파올로(Paolo)전 시장과 안젤루치(Angelucci) 연맹 전 회장의 염전 체험</td></tr>
</table>

출처: 슬로시티운동 한국지부(http://www.cittaslow.kr)

〈표 5-12〉 대한민국 슬로시티

전남 완도군(핵심지역: 청산도)	
	지정배경 전남 완도군 청산도에서는 구들장논, 풍장, 고인돌을 발견할 수 있다. 젊은 세대들이 도시로 이주한 뒤, 노인세대만 남아 있긴 하지만, 옛날 어촌마을에서만 볼 수 있었던 장례 풍속인 풍장을 보존하고 있으며, 청정한 바다의 전복과 해삼을 특산물로 하는 지역이다. 사람들은 청산도의 풍경으로부터 전통적인 마을의 정취를 느낄 수 있다.
전남 담양군(핵심지역: 창평면)	
	지정배경 슬로시티로 선정되는 데 중요한 요인은 다음과 같다. 해당 지역의 전통과 생태가 잘 보전되고 있는가, 그 지역만의 전통적인 먹거리가 있는가, 지역 주민이 자율적으로 참여하는 다양한 공동체 운동이 전개되고 있는가의 여부이다. 담양군 창평면 일대는 이 3가지 조건을 충족시키고 있다는 판단하에 슬로시티로 지정되었다.
경남 하동군(핵심지역: 악양면)	
	지정배경 하동 악양은 차와 문학과 도시사람들의 향수를 불러일으키는 3가지의 향기가 있는데, 각각 다향(茶香), 문향(文香), 도향(都香)이라 한다. 하동 악양은 여기에 느림의 향기인 만향(漫香)을 더하여 슬로시티에 선정되었다. 하동의 녹차는 왕의 녹차라 부른다. 인공비료 없이 전통적인 방식으로 생산되는 녹차와, 그러한 생활방식을 고수하는 자세를 높이 사 슬로시티로 선정되었다.
충남 예산군(핵심지역: 대흥면)	
	지정배경 예당과 당진에 걸쳐 있는 청정 예당저수지와 인근 지역에 조성된 생태공원으로 인해 자연생태적 매력을 자아낸다. 예당 저수지는 국내 최대 규모이며, 농업용수 공급과 식수원, 홍수 조절 목적으로 준공되었다. 저수지를 바라보며 느림의 미학을 느낄 수 있기에 슬로시티로 선정되었다.

출처: 슬로시티운동 한국지부(http://www.cittaslow.kr)

〈표 5-13〉 대한민국 슬로시티

경기 남양주시(핵심지역: 조안면)	
	지정배경 조안(鳥安)면은 '새가 편안히 깃든다'는 의미다. 풍수지리학적으로 배산임수의 지형에 산세와 풍광이 좋고 공기가 맑아 예로부터 명당자리로 여겨졌다. 조안면은 전원마을, 장수마을, 연꽃마을, 전원일기마을 등 아름다운 이름을 가진 12개의 마을로 구성되어 있다. 수도권 인근 경기도에서 최초로 슬로시티로 선정된 남양주는 서울에 거주하는 사람들의 당일 관광코스로도 적절하다.
전북 전주시(핵심지역: 한옥마을)	
	지정배경 전주 한옥마을은 전주시 풍남동과 교동 일대에 위치한다. 전주는 세계 역사에서 유래를 찾기 어려울 정도로 오랫동안 유지된 조선왕조 520년의 발상지이다. 전주에는 태조의 어진을 모신 경기전(慶基殿)이 있으며, 황손이 거주하는 승광재(承光齋)도 있어서 역사의 숨결을 느끼고 싶은 사람들이 한가로이 즐길 수 있는 슬로시티이다.
경북 상주시(핵심지역: 함창읍, 이안면, 공검면)	
	지정배경 한국의 동남쪽 일대를 차지하는 경상도란 지방의 유래도 경주와 상주의 지명에서 유래되었다. 상주시는 고려시대에 전국 8목 중의 하나인 상주목(尙州牧)이 있었을 정도로 통치의 주요 거점 지역이었다. 조선 200년간 경상감영의 소재지로서 행정 중심지 역할을 수행하기도 하였다. 상주시는 살기 좋고 풍요로운 농업의 고장으로 인식되어 있으며, 여유 있는 도시 분위기로 방문객에게 푸근하고 한가로운 기분을 느끼게 해준다.
경북 청송군(핵심지역: 부동면, 파천면)	
	지정배경 푸른 소나무가 많기 때문에 유래된 청송이란 지명에서 알 수 있듯이, 청송군은 청정을 대표하는 지역이다. 겹겹이 둘러싸인 산에서는 다양하고 희귀한 동식물이 서식하고 있기 때문에 환경보존의 측면에서도 의미가 깊은 곳이다. 에코투어리즘과 슬로시티를 함께 즐기고 싶은 사람들에게 제격인 곳이다.

출처: 슬로시티운동 한국지부(http://www.cittaslow.kr)

〈표 5-14〉 대한민국 슬로시티

<table>
<tr><th colspan="2">강원도 영월군(핵심지역: 김삿갓면)</th></tr>
<tr><td rowspan="2"></td><td>지정배경</td></tr>
<tr><td>강원도에서 최초 국제슬로시티로 지정된 영월군 김삿갓면은 강원도 최남단지역으로 주민의 85%가 농업에 종사하고 있기 때문에 슬로푸드 및 슬로시티의 정신에 적합한 라이프 스타일을 지키는 지역이다. 천연기념물 제219호로 지정된 고씨동굴 및 청정한 자연환경으로 방문객에게 힐링의 공간을 제공한다.</td></tr>
<tr><th colspan="2">충북 제천시(핵심지역: 수산면)</th></tr>
<tr><td rowspan="2"></td><td>지정배경</td></tr>
<tr><td>제천시는 삼한의 역사를 간직한 의림지(義林池)로 널리 알려져 있다. 제천시의 시내중심에서 잠시만 벗어나면 지역의 전통문화와 산수경관이 잘 보존된 농촌마을들이 잘 보존되어 있는데, 그중에서도 수산면과 박달재가 특별한 분위기를 지니고 있다.</td></tr>
<tr><th colspan="2">충남 태안군(핵심지역: 소원면)</th></tr>
<tr><td rowspan="2"></td><td>지정배경</td></tr>
<tr><td>태안은 우리나라의 북방 · 남방 한계선의 중앙에 위치하여 다양한 수목들과 꽃들이 서식할 수 있는 최적지이다. 이러한 자연적 조건에 힘입어 태안의 천리포 수목원은 태안 지역의 가장 큰 매력 관광지이다. 미국 출신 귀화인인 민병갈 설립자는 40년간 15,600종의 식물을 수집 · 보호하였다. 이뿐만 아니라 갯벌 원시 사업장은 세계 5대 갯벌 중 한 곳으로 그 길이가 240.3km에 이른다. 자연생태계 전부가 슬로시티에 부합한다.</td></tr>
<tr><th colspan="2">경북 영양군(핵심지역: 석보면)</th></tr>
<tr><td rowspan="2"></td><td>지정배경</td></tr>
<tr><td>영양은 장계향과 음식디미방으로 유명하다. 400여 년 전 한글로 쓴 한국 최초의 조리서에는 주류를 포함한 146가지의 음식 조리법이 지금도 계승되고 있다. 역사적 의미로도 슬로시티의 상징이 될 만하다.
영양에는 1926년 일제시대 때 지어져 현재까지 운영 중인 전국에서 가장 오래된 향토뿌리기업 양조장이 있다. 영양의 외씨버선길 슬로길 240km는 도보관광지로도 주목할 만하다. 영양은 특히 일월산의 자생 산나물이 특산물로서 음식까지 슬로시티에 완벽하게 부합된다.</td></tr>
</table>

출처: 슬로시티운동 한국지부(http://www.cittaslow.kr)

〈표 5-15〉 대한민국 슬로시티

<table>
<tr><th colspan="2">경남 김해시(핵심지역: 봉하마을, 화포천습지생태공원)</th></tr>
<tr><td rowspan="2"></td><td>지정배경</td></tr>
<tr><td>김해는 한국의 대표적인 도농복합도시이다. 김해는 봉하마을과 화포천습지생태공원으로 널리 알려져 있다. 특히, 봉하마을은 오리를 이용한 친환경 쌀농사 산업이 대표적이기 때문에 자연 생태계와 지역 공동체 회복에 크게 기여하고 있다. 이러한 친환경 농법 덕분에 여러 종류의 철새 도래지가 되었고, 천연기념물인 황새가 나타나기도 했다. 현재 800종이 넘는 생물들이 서식하고 있으며, 24종의 천연기념물 또한 서식 중이다. 이처럼 자연환경 보전의 노력과 지역 공동체 형성을 통한 문화유산과의 조화, 지속가능한 성장의 표본이라 할 수 있는 도시의 모습 덕분에 국제슬로시티로 지정되었다.</td></tr>
</table>

출처: 슬로시티운동 한국지부(http://www.cittaslow.kr)

우리나라에서도 국제적으로 인증받는 슬로시티가 지속적으로 늘어간다는 것은 분명 고무적인 일이다. 힐링은 예전부터 오랜 역사를 지니는 관광활동이었다. 그리고 각종 전문가 조사자료나 통계에서 볼 수 있듯이 향후에도 꾸준한 수요가 있을 것으로 예상된다. 따라서 슬로시티라는 글로벌 브랜딩을 활용하여 우리나라의 국내 관광지를 홍보하고, 액티비티를 결합하여 특별하고 독특한 여행지를 형성하는 방향으로 나아가야 한다.

출처: Citta Slow International

그림 5-16 슬로시티에 동참하는 도시의 상징로고

② 에스테틱 관광

국가통계포털(www.kosis.kr)에서 제공하는 데이터 중에는 방한 외국인 관광객들의 활동을 검색할 수 있다. 다음은 방한 외국인 관광객들이 한국에서 하는 활동들 중에 일부를 발췌한 것이다.

〈표 5-16〉 에스테틱 관광의 사례: 마사지

통계분류(1)	통계분류(2)	2018							
		쇼핑	식도락 관광	자연 경관 감상	고궁/유적 방문	뷰티 관광	스포츠 활동	레포츠 활동	의료 관광
전체	소계	92.5	71.3	54.4	42.6	7.1	4.1	3.8	2.8
거주국	일본	90.7	83.7	27.5	24.9	10.4	1	0.5	1.4
	중국	96.1	89.7	58.1	29.9	6.3	2.8	5	3.8
	싱가포르	93.4	37.4	69.5	61.7	10.3	7.1	4.2	1.3
	미국	78.5	32.4	64.2	63.8	6.5	5.7	6.1	1.7
	러시아	94.7	58.5	67.6	52.3	8	7.5	6	11.1
	중동	90.4	33.2	51.3	47.6	8	4.3	3	16.2
방한목적	여가/위락/휴가	97.1	78.6	59.8	46.9	8.2	3.8	4	3.2
	사업/전문 활동	72.3	42.5	31.3	22.7	1.8	3.2	2.1	1
	교육	96.1	60.1	53.5	50.4	12.5	13.2	10.3	4.5
	종교, 순례	90.5	52.7	49	41.1	1.7	8.5	1.7	0
	기타	86.4	23.5	37.1	41.9	6.3	43.3	0	0
여행형태	개별여행	91	68.6	53.6	39.5	6.7	3.7	4.3	3.1
	단체여행	98.8	76.6	77.3	70.1	6	8.4	2.1	1.4
	Air-tel Tour	98.4	91.2	25.4	31.2	13.6	0.9	1.4	2.4
방한횟수	1회	94.6	69.1	63.8	57.9	6.8	4.4	4.3	1.6
	2회	93.4	71.2	57.6	40.8	7.5	4.9	3.3	3.3
	3회	92.9	76.7	50.2	32.6	7.6	3.9	3.7	3
	4회 이상	88.8	72.8	40.2	25.2	7.1	3.2	3.4	4.1

출처: 국가통계포털(www.kosis.kr)

위 표를 보면 관광객들이 주로 하는 활동들은 우리나라 사람들이 해외로 여행가서 하는 활동들과 유사하게 나타나는 것을 알 수 있다. 즉, 쇼핑, 식도락관광 등은 방한 외국인 관광객들 역시 많은 비중을 두고 참여하는 활동들이다. 그러나 대한민국 관광산업의 발전을 위해서는 강점은 더욱 개선하고 약점은 보완하는 것이 필요하다.

출처: 아마존코리아

그림 5-17 아마존에 입점한 K-뷰티 브랜드들

위 그림은 2020년 현재 아마존에 입점한 K뷰티 브랜드들을 나열한 것이다. 최근 미국에서는 다양한 한국영화, 드라마 등 한류가 인기를 끌고 있다. 그에 따라 한국식 메이크업과 화장품들이 아마존에 입점하여 폭발적인 성장을 하고 있다. 아마존에 입점했다는 것은 시사하는 바가 크다. 아마존은 북미시장의 핵심인 만큼 아마존에서 높은 판매량을 기록한다면 그 자체로 강력한 마케팅이 될 수 있기 때문이다.

이러한 시류를 타고 한국을 방문하는 사람들에게 뷰티관광 및 에스테틱 관광을 활성화하는 노력이 필요하다.

다음의 표는 연도별 뷰티산업 성장률을 보여주는 것이다. 제시된 자료로 알 수 있듯이, K뷰티 산업은 꾸준하게 성장하고 있다.

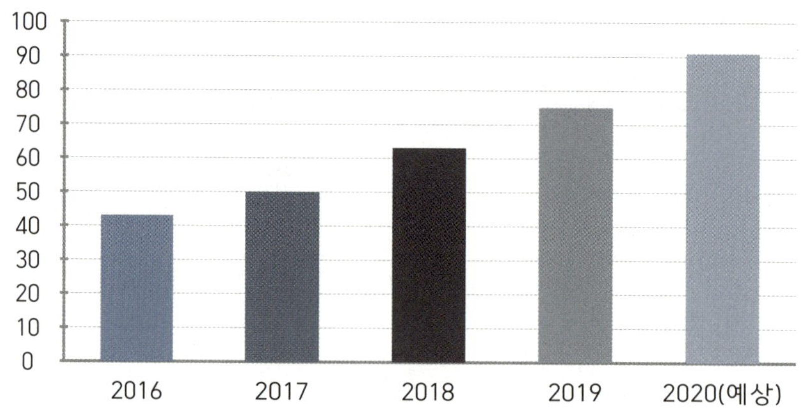

출처: 글로벌 화장품 수출경쟁력 분석 및 K-Beauty 시사점, 한국보건산업진흥원

그림 5-18 연도별 뷰티산업 성장률

위 데이터는 한국보건산업진흥원에서 분석한 자료를 인용한 것으로, 2018년 우리나라 화장품 수출은 전년대비 26.5% 증가한 63억 달러를 기록했다고 한다. 이는 K뷰티 산업군에서 사상 최대 실적이다. K뷰티 산업은 2008년부터 2018년까지 10년간 연평균 30% 이상의 고성장세를 지속하였다. 이는 세계적인 규모로 봤을 때도 결코 작지 않은 규모이다. 한국보건산업진흥원에서는 지난 2017년 세계 화장품 수출데이터를 활용하여 전 세계 국가의 시장점유율을 분석하였다. 2017년 전 세계 화장품 수출 규모는 약 942억 달러였으며, 국가별로 나누었을 때 1위는 프랑스로써 약 152억 달러어치의 화장품을 수출한 것으로 분석되었다. 그 뒤로 미국(10.5%), 독일(9.0%), 중국(홍콩 포함 6.1%), 싱가포르(5.5%) 순이었다. 우리나라는 전 세계 화장

품 수출시장의 5.3%를 기록하였으며, 세계 순위로 7위를 차지하였다. 프랑스, 미국, 독일 등이 비록 전통적인 화장품 수출 강국이지만, 2013년 이후로 아시아 국가들이 점차 점유율을 높여가는 추세이기 때문에 한국 화장품 산업 역시 전망이 밝다고 볼 수 있다. 바로 이것이 관광산업에서 뷰티 관광을 주목해야 하는 이유이다.

③ 의료관광

의료관광은 오래전부터 고부가가치 산업으로 인정받으며 다양한 시도가 있어왔다. 가장 대표적인 사례는 성형관광이다. 한국 연예인들이 아시아권을 중심으로 인기를 끌자, 한국으로의 성형관광이 급증한 것이다. 이에 따라 의료관광코디네이터 등의 자격증이 신설되고 성형프로그램을 포함한 호텔 숙박 패키지 프로그램 등이 생기는 등 여러 상품들이 출시되었었다. 그러나 성형관광과 관련하여 불법 브로커 등의 문제점도 발생하여 지속적인 관리가 필요한 실정이다. 또한, 진정한 의미의 의료관광은 단지 성형관광에 국한되는 개념이 아니기 때문에 좀 더 수준 높은 의료서비스를 제공하고 이를 관광과 연계하는 방안에 대해 고민해야 할 것이다. 실제로, 우리나라의 의료 수준은 세계적으로도 뛰어난 편으로 각종 중요 장기의 이식 수술이나 심장 수술 등 우리나라가 상위권을 차지하는 수술 등을 중심으로 좀 더 고품질의 의료 관광상품을 개발할 필요성이 있다.

보건복지부와 한국보건산업진흥원에서 발표한 자료에 따르면 2018년 우리나라를 방문하여 의료서비스를 이용한 환자는 38만 명이었으며, 2008년부터 2018년까지 10년간 누적 인원은 226만 명이었다고 한다(보건복지부, 2019.04.17). 제시된 데이터에서 규정하는 외국인 환자는 국내에 거주하지 않는 외국인으로, 국민건강보험 가입자나 피부양자가 아닌 상태에서 진료를 받은 환자를 뜻한다. 2018년 기준 국내에 거주하는 외국인 숫자는 약 235만 명(e나라지표, http://www.index.go.kr)인 것을 고려한다면 한 해 잠재적인 외국인 환자는 38만 명보다 훨씬 더 큰 수치를 기록할 것이다.

앞서 제시한 수치들은 방한 외국인 관광객과 국내 거주 외국인들을 위한 특별한 서비스를 제공해야 할 필요를 보여준다. 이것은 현실적으로도 꼭 필요한 문제다. 우리나라의 의료보험 시스템은 세계에서도 찾아보기 힘들 정도로 많은 혜택과 상대적으로 적은 의료비로 유명하다. 하지만 중증 질병을 앓고 있는 일부 외국인들이 이 점을 악용하여 국민건강보험 가입 시기 동안 국내에 체류하고 보험 혜택을 볼 수 있는 시점에 수술을 받는 등 문제점도 많이 있다. 보건복지부는 해당 사안에 대해 체류기간을 6개월 이상으로 변경하는 등 대안을 제시하였지만, 향후에 발생할 여러 편법에 대비하여 지속적인 관심이 필요해 보인다(이건희, 2018.09.10).

관광산업도 외국인 관광객뿐만 아니라 외국에 거주하는 사람들 중 수준 높은 의료서비스를 받고자 하는 사람들을 대상으로 의료계와 협업하여 전문화된 프로그램을 마련하는 것이 필요하다. 우리나라보다 열악한 의료 환경에 있어서 적절한 의료서비스를 받지 못하는 사람들을 대상으로 새로운 수요를 창출해 낼 수 있기 때문이다. 다만, 앞서 언급한 것처럼 의료관광이 우리나라 국민건강보험을 악용하는 식으로 운영되어서는 안 될 것이다.

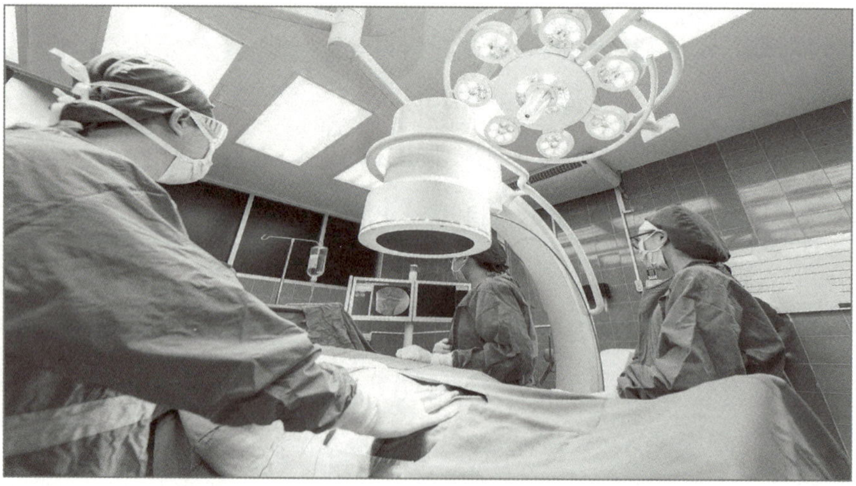

출처: https://pixabay.com

그림 5-19 한국의 의료산업

(7) 취미관광(Hobby)

취미관광은 굉장히 오래전부터 존재해 왔던 여행의 한 갈래이다. 아주 오래전부터 '출사여행'이라는 용어로 사진 촬영을 위한 여행의 형태가 있었다. 이러한 형태의 여행은 최근 SNS 등의 발달로 인하여 계속해서 지속되고 있는데, 최근 여행의 트렌드에서 살펴봤던 '인스타그래머블(Instagrammable) 관광지가 그것이다. SNS에 관광지에서 찍은 사진을 올리고 공유하는 행위도 넓은 의미의 출사여행에 포함될 수 있다.

출처: https://pixabay.com

그림 5-20 취미관광 중 출사여행

사진뿐만 아니라 사람들은 다양한 취미를 위하여 기꺼이 여행을 떠나기도 한다. 학자들마다 기준은 다를 수도 있지만, 와인투어, 맥주브루어리 투어 등도 큰 범주에서 취미관광이라 할 수 있다. 식음이라는 테마를 가지고 있지만, 결국 자신이 좋아하는 와인의 생산지를 방문하여 쉽게 맛볼 수 없는 와인을 맛보고자 여행을 떠나는 것도 취미와 관련된 여행이라 할 수 있고, 맥주 생산지를 찾아가서 신선한 생맥주를 마시는 것도 취미와 관련된 여행이라 할 수 있다는 뜻이다.

출처: https://pixabay.com

그림 5-21 취미관광 중 와인투어, 맥주투어

이러한 관점에서 본다면, 스포츠와 관련된 투어도 모두 취미관광과 연관있다고 해석할 수 있다. 특정 팀의 팬이 경기를 직관하기 위해 해외로 방문하는 것도 큰 범주에서 취미여행이기 때문이다.

출처: https://pixabay.com

그림 5-22 취미관광 중 스포츠관람 투어

〈표 5-14〉 나만의 시간을 갖게 된다면 하고 싶은 활동

순위	나만의 시간을 갖게 된다면 하고 싶은 활동
1	여행을 간다(65.5%)
2	취미활동을 한다(54.2%)
3	영화를 본다(41.2%)
4	책을 읽는다(31.9%)
5	잠깐 동안 수면을 취한다(29.8%)
6	나만의 생각을 정리한다(27.5%)
7	음악을 듣거나 연주한다(22.8%)
8	인간관계를 넓히고 싶다(22.7%)
9	그냥 누워 있는다(21.3%)
10	공부를 한다(20.5%)
11	데이트/연애(17.4%)

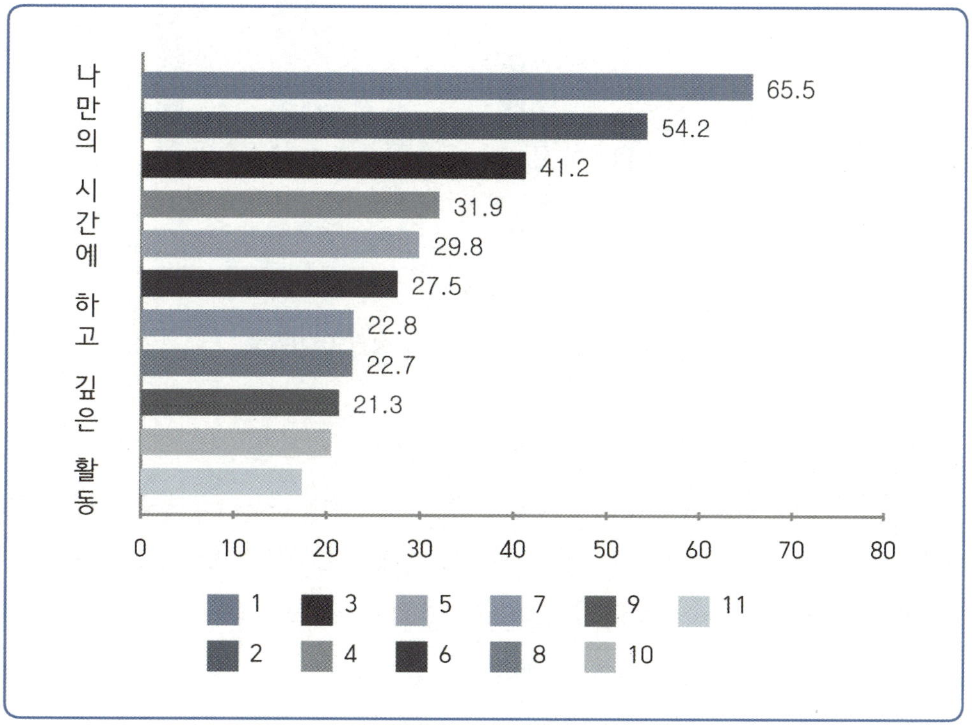

출처: 엠브레인, 2017 취미생활 및 원데이 클래스 관련 조사

위의 표는 취미관광과 관련된 통계자료를 정리한 것이다. 설문 주제는 '나만의 시간을 갖게 된다면 하고 싶은 활동'이었다. 설문은 중복응답이 가능하였으며, 가장 많은 응답을 기록한 것은 1위 여행을 간다(65.5%)였다. 즉, 사람들은 여가활동에서 여행을 가장 선호한다는 뜻이다. 다음으로 많은 응답을 기록한 것은 취미활동을 한다(54.2%)였다.

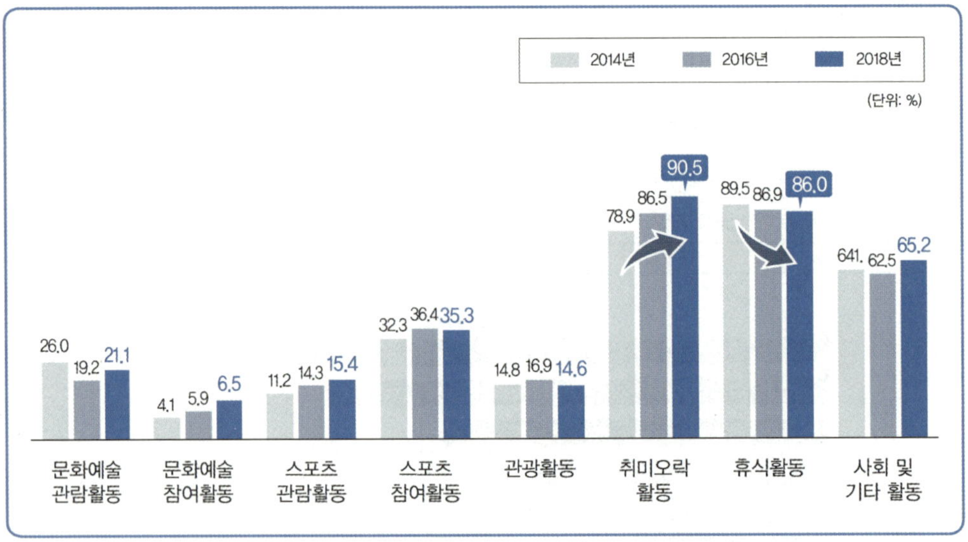

출처: 2018 국민여가활동조사 결과 발표, 문화체육관광부

그림 5-23 가장 많이 참여한 유형별 여가활동

위의 표는 문화체육관광부에서 2018년도에 국민여가활동을 조사한 결과이다. 앞서 제시한 통계결과와 유사하게 취미오락 활동과 휴식활동이 가장 높은 비율을 차지하는 것으로 나타났다. 즉, 사람들의 선호와 실제 여가활동에 투자하는 형태가 동일하게 나타나고 있다는 뜻이다. 이러한 응답결과로 미루어봤을 때, 취미가 결합된 관광은 충분한 수요가 있으며, 향후에도 지속될 것이다.

3. 특별관심관광의 미래

세계관광기구에서 2017년에 조사한 바에 따르면 대한민국은 세계에서 아홉 번째로 해외여행에 돈을 많이 쓰는 나라다(UNWTO). 한국관광공사 분석결과에 따르면 2018년에 여행목적으로 해외 출국한 국민 수는 연인원 2,870만 명이었는데, 이는 1989년 해외여행 출국자가 121만 명이었던 것과 비교해 약 24배 정도 되는 숫자다(2018 숫자로 보는 한국 관광).

출처: https://https://news.chosun.com/site/data/html_dir/2019/04/20/2019042000535.html

그림 5-24 과거와 현재의 여행 트렌드 변화

이처럼, 해외여행의 양적 팽창은 질적인 향상도 이끌었다. 해외여행 초반엔 패키지 투어가 대세였지만, 점차 여행사에서 제공하는 관광지가 아닌 나라들을 찾아 떠나기 시작했다.

우리나라도 해외여행이 금지였던 시기가 있었다. 국민소득이 늘어나고 해외여행에 대한 갈망이 높아지자 정부에서는 제한적으로 1983년에 관광 목적의 해외여행을 허가했다. 당시에는 50세 이상의 성인이 예금통장에 200만 원을 1년간 예치하는 조건으로 관광 여권을 발급해 줬다고 한다. 이후에 제한연령을 조금씩 낮추다가 1989년에 해외여행의 전면 자유화가 시행되었다. 그러나 이마저도 관광교육원, 자유총

연맹 등의 단체에서 하루짜리 해외여행관련 소양교육을 받아야만 여권을 발급받을 수 있었다(김미리, 2019.04.20).

지금부터 30여 년 전의 이야기다. 그 사이 대한민국의 여행산업은 눈부신 성장을 이루었고, 여행의 문화를 논하는 수준이 되었다.

특별관심관광은 이러한 배경에서 시작된다. 다시 말해서, 특별관심관광이란 관광산업이 성숙하면서 발생하는 자연스러운 흐름이다. 앞서 언급했던 것처럼 기존에는 여행사들이 비용과 효율성의 관점에서 구성한 패키지상품을 이용하여 해외여행을 했다. 해외에 대한 경험이 존재하지 않기 때문에 각 나라별로 유명한 관광지들을 짧게 보고 오는 형태의 관광이 대다수였다.

그러나 해외여행에 대한 경험이 많아지자 사람들은 그 이상을 원하기 시작했다. 패키지 투어에서 제공하는 일정 중 자신들이 원하는 관광지에서는 더욱 오랜 시간을 머물고 싶어 하고, 방문하길 원하지 않는 장소는 가지 않기를 원하기 시작했던 것이다. 이러한 흐름은 개별투어의 탄생을 이끌었다.

개별투어는 다양한 형태를 포함한다. 규모 그룹 혹은 가족이 여행사의 항공 및 숙박권, 가이드를 계약하여 단독 스케줄을 짜고 그에 맞는 여행을 수행하는 형태도 있고, 개인들이 직접 항공 및 숙박을 해결하고 떠나는 여행도 있다. 개별투어의 비중은 점점 커지기 시작하여 최근에는 여행사의 매출액이 급감하며 항공 및 숙박 예약 서비스만 제공하는 OTA서비스들이 시장점유율을 높여가고 있다.

개별투어가 증가하는 이유는 다양하다. 그러나 그중에서 가장 중요한 이유는 개인의 욕구 실현에 대한 열망이 커졌기 때문이다. 더 이상 획일화된 여행 프로그램이 아닌, 자신들이 원하는 여행지에서 원하는 활동을 하고 싶어 하는 사람들이 늘어났다는 뜻이다.

특별관심관광은 결국 '사람들이 무엇을 원하는가?'에 대한 대답이라 할 수 있다. 사람들은 여행을 통해 취미생활의 폭을 넓히고 싶어 하고, 인문학적 소양을 쌓고 싶어 하며, 스포츠 및 엔터테인먼트를 즐기고 싶어 한다. 때로는 무엇인가를 배우고 싶어서 떠나기도 하고 아무런 목적 없이 쉬고 싶어 하기도 하며, 미용을 위해 다른 나라를 방문하기도 한다. 이 모든 활동들은 단지 특별관심관광의 단면일 뿐이다. 향후에도 특별관심관광을 선호하는 추세는 지속될 것이며, 본문에서 다루지 않았던 다양한 활동들이 추가될 것이다. 즉, 특별관심관광은 형태가 정해져 있지 않은, 트렌드 그 자체라고 말할 수 있다. 따라서 여행산업에 종사하는 사람부터 연구자까지 유관산업에 있는 모든 사람들은 특별관심관광의 흐름을 면밀히 살피고 변화모습을 끊임없이 분석해야 한다. 여행산업의 새로운 테마는 고객의 선호를 분석함으로써 새로이 형성되기 때문이다.

Chapter

6

최근 여행의 트렌드

Chapter 6 최근 여행의 트렌드

1. 대한민국 관광산업 현황

1) 대한민국 관광경쟁력

〈표 6-1〉 세계 여러 국가의 관광경쟁력(2015~2019)

시점	2015	2017	2019
1	스페인	스페인	스페인
2	프랑스	프랑스	프랑스
3	독일	독일	독일
4	미국	일본	일본
5	영국	영국	미국
6	스위스	미국	영국
7	호주	호주	호주
8	이탈리아	이탈리아	이탈리아
…			
대한민국	29위	21위	18위

출처: 관광지식정보시스템 자료를 바탕으로 저자 재구성

위 표는 관광지식정보시스템의 통계자료를 바탕으로 세계 여러 나라의 관광경쟁력을 수치화하여 순위를 매긴 것이다. 대한민국은 2015년에 29위, 2017년에는 21위, 2019년에는 18위로 순위가 지속적으로 상승하고 있다. 국가 관광경쟁력이란 관광환경 조성, 관광정책 및 기반 조성, 인프라, 자연 · 문화 자원 등으로 구성된 항목에서 점수를 매긴 것이다. 바꿔 말하면, 앞서 제시한 이들 요소들이 잘 갖춰져 있어야 방한 외국인 관광객을 많이 유치할 수 있다는 뜻이다.

1위에서 3위는 시간이 지나도 순위 변동 없이 유지되는 것을 알 수 있다. 스페인, 프랑스, 독일은 단순히 선진국이어서 선정된 것은 아니다. 이들 나라 중에는 관광경쟁력이 낮게 측정된 나라들보다 국민소득이나 국가 재정능력이 낮은 나라도 있다. 따라서, 관광이란 단순히 한 국가의 경제력을 의미하는 것은 아님을 알 수 있다. 오히려, 과거의 문화유산을 잘 보존하고 그 의미에 대해서 끊임없이 유지하고 관리하는 나라들의 관광경쟁력이 높은 것이다.

〈표 6-2〉 대한민국 관광경쟁력 분석(2019)

시점	관광환경 조성	관광정책 및 기반 조성	인프라	자연 · 문화 자원
1	스위스	뉴질랜드	미국	중국
2	홍콩	싱가포르	스위스	프랑스
3	핀란드	룩셈부르크	싱가포르	스페인
4	아이슬란드	인도네시아	스페인	이탈리아
5	룩셈부르크	코스타리카	영국	멕시코
6	독일	몰타	캐나다	브라질
7	싱가포르	오스트리아	독일	일본
8	노르웨이	에스토니아	일본	독일
		…		
대한민국	19위	31위	16위	24위

출처: 관광지식정보시스템 자료를 바탕으로 저자 재구성

위 표는 앞서 제시한 국가 전체 관광경쟁력을 세분화한 것이다. 분석시점은 2019년으로, 각 분야 모두 기준연도인 2015년에 비해 상승하였다. 가장 낮은 순위부터 살펴보면, 대한민국은 관광정책 및 기반 조성에서 다른 분야에 비해 낮은 경쟁력을 가지고 있다. 관광산업계에 종사하는 현직 전문가와 학계에서 지속적인 연구와 건의를 통해 관광산업을 발전시키기 위해 정부에 건의하고, 정부는 이를 수용하여 개선이 이루어져야 함을 알 수 있다.

다음으로 살펴볼 분야는 자연 · 문화 자원의 부분이다. 우리나라는 잦은 외세의 침략과 전쟁으로 인해서 과거의 문화유산이 상당부분 소실하고 훼손된 상태이다. 그러나 이것은 단순히 문화유산을 얼마만큼 가지고 있는지에 대해 점수를 매기는 것은 아니다. 현재 보유하고 있는 문화유산을 잘 보존하고 가꾼다면 충분히 세계 여러 나라 관광객들에게 어필할 수 있다. 예를 들어, 석굴암, 팔만대장경 등 우리나라에도 유네스코 세계문화유산에 등재된 문화유산들이 다수 존재한다. 이처럼, 우리의 문화유산 중에서 충분한 역사적 · 문화적 의미가 있는 문화재의 가치를 깨닫고 이를 보존하기 위한 노력을 기울인다면 세계 여러 나라들에 뒤지지 않는 훌륭한 가치가 있다는 것을 널리 알릴 수 있을 것이다.

인프라와 관광환경은 유사한 개념으로 이해할 수 있다. 인프라란 교통, 통신, 숙박 등 관광과 관련한 제반시설들을 의미한다. 관광 인프라에는 관광산업 종사원들의 전문성 등을 인적 인프라로 해석하기도 한다. 관광환경은 외국인 관광객들이 얼마나 어려움 없이 관광을 즐길 수 있는지를 의미하는 것이다. 관광환경과 인프라에서 가장 중요한 부분은 언어의 문제다. 상위권을 차지한 나라의 대부분은 관광객들이 영어만 사용하더라도 큰 문제없이 관광을 즐길 수 있는 나라들이다. 우리나라의 경우 관광종사원들의 영어 실력 및 서비스 수준은 세계 상위권으로 볼 수 있지만, 일반 관광지에서 시민들은 아직 불편함 없이 관광객들을 맞이할 상황은 아니다. 이를 해결하기 위해 택시 등에서는 통역서비스를 제공하기도 하고, 다산콜센터 서비스를 통해 일반 시민들도 핸드폰을 이용하여 즉석에서 통역을 통해 대화할 수 있지만, 아직까지는 외국인 관광객들에게 홍보가 부족한 상황이다. 따라서 이러한 부분에 대해 끊임없이 개선하려는 의지와 노력이 필요하다.

관광경쟁력은 우리의 현 상황을 잘 알려주는 지표다. 그러나 단순히 점수를 높여서 상위권에 오르는 것을 목표로 삼아서는 안 된다. 그보다는 내국인의 국내여행이나, 방한 외국인 관광객들이 편하게 즐길 수 있는 환경을 조성하여 진정한 관광 강국으로 발돋움하기 위한 기준으로 삼아서 개선점을 찾고 해결책을 마련하는 방안으로 노력해야 할 것이다.

2) 내국인의 해외여행 현황

대한민국 국민들의 해외여행 숫자는 2010년 약 1,200만 명에서 2019년 약 2,400만 명으로 2배 가까이 성장했다. 국가통계포털(KOSIS)에서 2017년에 조사한 대한민국 인구는 5,147만 명으로서, 우리 국민의 반 정도가 매년 해외여행을 떠나는 것으로 조사되었다.

〈표 6-3〉 내국인의 해외여행 통계(2010~2019) (단위: 명, %)

시점	인원수(명)	전년동기 인원수(명)	증감률(%)
2010	12488364	9494111	31.5
2011	12693733	12488364	1.6
2012	13736976	12693733	8.2
2013	14846485	13736976	8.1
2014	16080684	14846485	8.3
2015	19310430	16080684	20.1
2016	22383190	19310430	15.9
2017	26496447	22383190	18.4
2018	28695983	26496447	8.3
2019	24281745	23904894	1.6

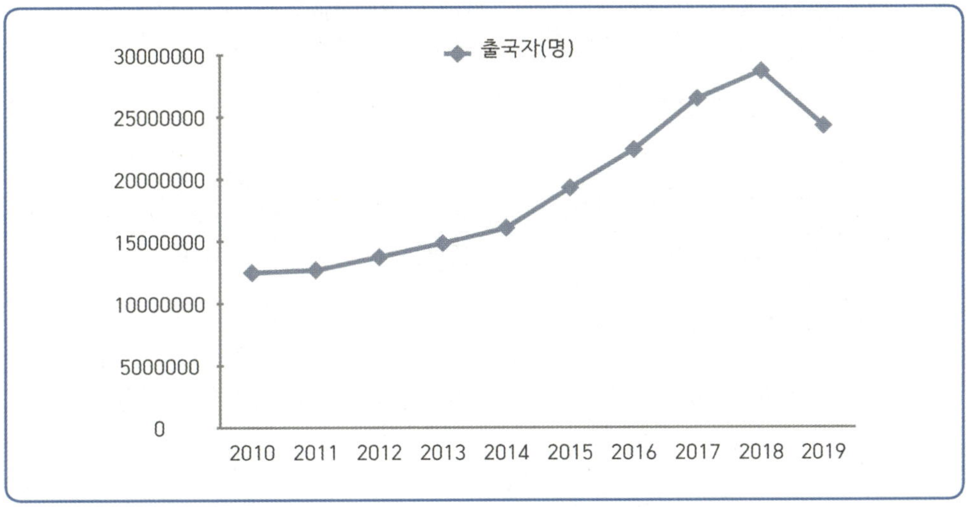

출처: 한국관광공사, 한국관광 통계자료

해외여행을 떠나는 사람들의 증가는 국내 관광에도 큰 영향을 끼친다. 비용의 가치에 대해 민감한 최근의 사람들은 가성비를 기본 잣대로 평가한다. 즉, 같은 비용과 시간을 들였을 때 만족감의 차이에 대해서 비교하는 것이다. 다음의 그림은 budgetyourtrip.com에서 사람들이 관광지에서 소비한 비용을 수집하여 평균값을 낸 것이다.

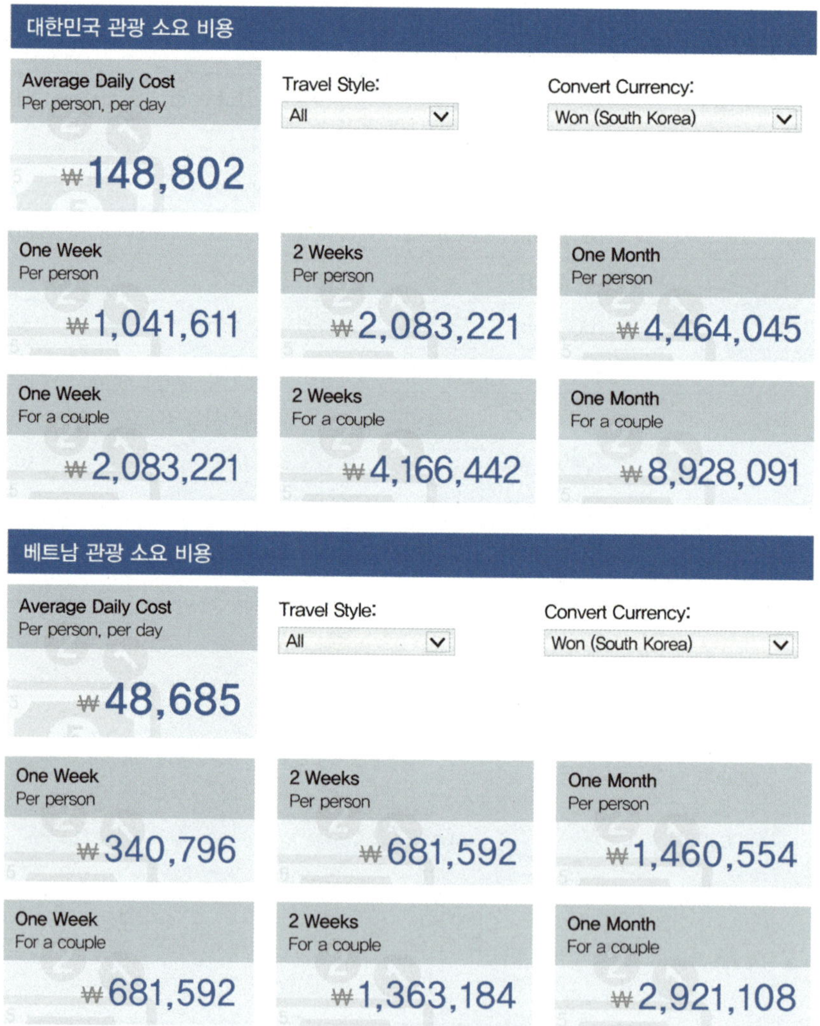

출처: budgetyourtrip.com

그림 6-1 국내외 여행비용 비교

위 그림에 따르면, 한국은 1일 평균 약 15만 원 정도가 필요한 것으로 나타났다. 반면, 최근 한국에서 인기 관광지로 자리매김한 베트남의 경우 1일에 5만 원 정도만 필요한 것으로 나타났다.

물론 관광지의 경우 단순비교는 어렵다. 국가별로 얻을 수 있는 경험이 다르고, 여가의 질이 다르기 때문이다. 그러나 최근 젊은 세대의 경우 비싼 국내 관광지를 방문하는 것보다 저렴한 해외 관광지를 찾는 것을 더욱 가치 있다고 느낀다. 이러한 현상은 최근 계속해서 발생하는 것으로, 추석과 설 등 연휴기간에는 해외로 출국하는 사람들의 숫자가 매년 신기록을 돌파하는 실정이다.

앞서 언급한 것처럼, 우리나라 물가의 문제를 손쉽게 해결할 수는 없다. 따라서 가격 경쟁력을 찾기보다는 저렴한 동남아시아에서 느낄 수 없는 특별한 경험과 서비스를 제공하는 방향으로 전략을 수정하는 것이 필요하다. 예를 들어, 10여 년 전부터 한류 콘텐츠가 전 세계인들의 사랑을 받자 해외 여행객들을 대상으로 한류 콘텐츠를 즐길 수 있는 특별한 프로그램을 제공하는 업체들이 늘어나기 시작했다. 한류 콘텐츠에 매력을 느끼고 선택하는 사람들의 경우 비용은 최우선 고려사항이 아니다. 이처럼, 중요한 것은 비싸지만 값어치가 있다고 느낄 수 있는 서비스를 제공하는 것이다.

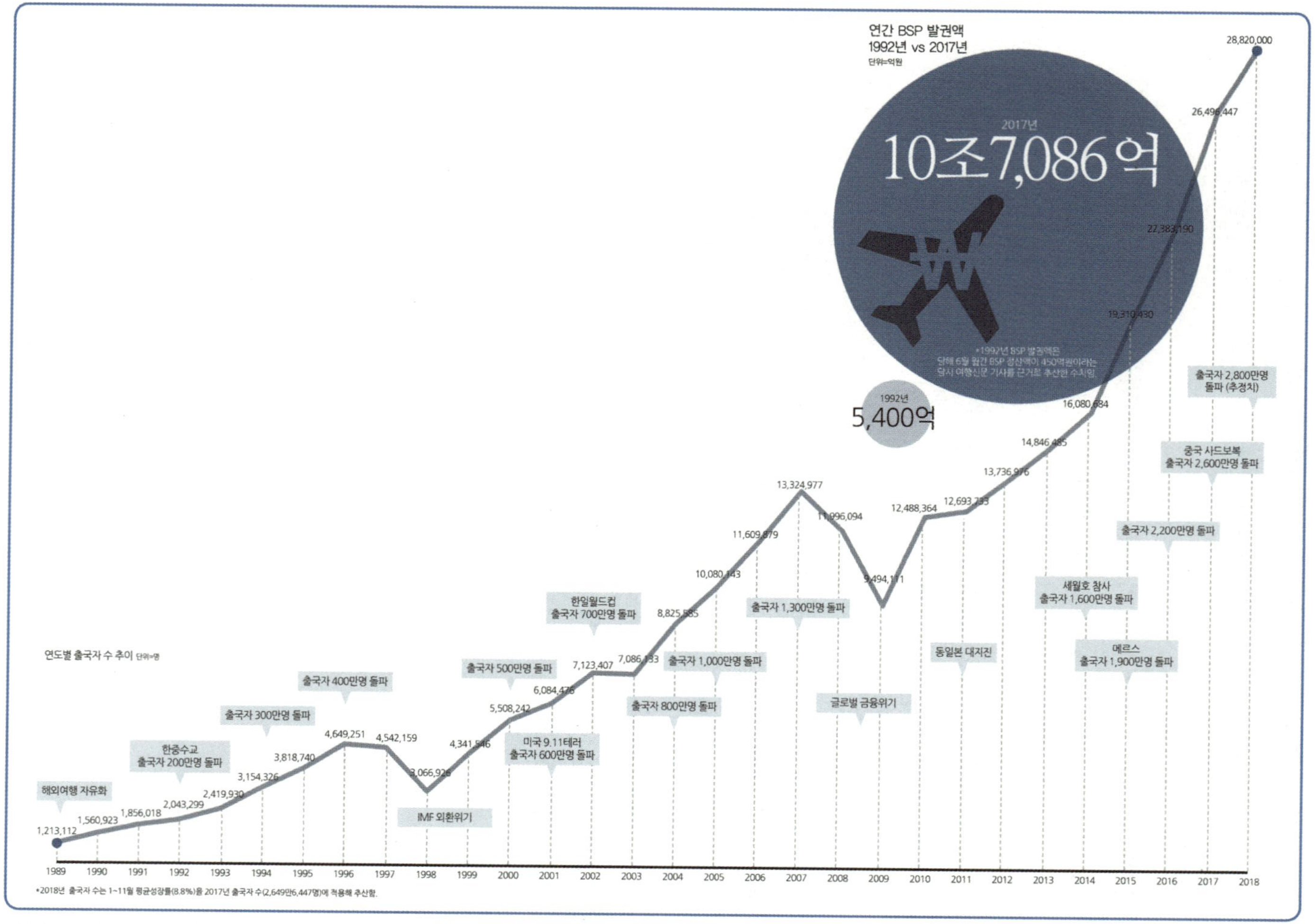

출처: 여행신문, 김선주 기자

그림 6-2 내국인의 해외여행 30년의 기록

3) 키워드로 살펴본 내국인 여행 트렌드의 변화(2017~2020)

〈표 6-4〉 대한민국 여행 트렌드 (단위: %)

질문	응답		
여행정보 습득경로	1위 포털 사이트(81.7%)	2위	TV 여행프로그램(33.2%)
		3위	지인 추천(32.4%)
		4위	유튜브(31.5%)
		5위	인스타그램(27.1%)
항공 · 숙박 예약경로	1위 가격비교 사이트(74.9%)	2위	온라인여행사(OTA)(13.5%)
		3위	여행사 문의(5.9%)
항공 · 숙박 예약시점	1위 2~3개월 전(38.5%)	2위	1개월 전(27.8%)
		3위	3개월 이상 전(20.7%)
경험하고 싶은 여행 유형	1위 힐링 여행(76%)	2위	콘셉트 여행(54.6%)
		3위	무계획 여행(23.8%)
		4위	로드 트립(11.9%)
해외여행예산 (1인 기준)	1위 100~150만 원(36.7%)	2위	50~100만 원(33.3%)
		3위	150~200만 원(15.5%)
해외여행 예산비중	1위 숙박비(60.6%)	2위	항공(57.6%)
		3위	식비(29.6%)
		4위	쇼핑(17.1%)
선호 숙박유형	1위 3~4성급 호텔(55.9%)	2위	5성급 이상의 호텔(16.4%)
		3위	리조트(15.3%)
		4위	게스트하우스 등(7.2%)
숙박 선택 시 고려요소	1위 가격(62.2%)	2위	서비스(44.7%)
		3위	부대시설(33%)

출처: 호텔스컴바인, 2020 대한민국 여행준비 행동양식을 바탕으로 저자 재구성

위 표는 글로벌 호텔검색엔진인 호텔스컴바인에서 대한민국 성인남녀 1,000명을 대상으로 실시한 “2020 대한민국 여행준비 행동양식”의 결과를 재구성한 것이다.

과거의 여행패턴은 주로 여행사에서 금액별, 체류일수별 등으로 구성한 패키지상품을 구매하는 것이 일반적이었다. 그 이유는, 낯선 타지를 방문할 때 기초적인 숙

박정보나 여행지 정보를 얻을 수 있는 경로가 제한적이기 때문이었다. 여행사의 패키지가 편리하기는 하지만, 여행사가 제공하는 서비스에 대한 비용을 지불해야 하며 때로는 불필요한 일정도 소화해야 한다.

최근에는 지상파 TV뿐만 아니라 케이블TV 등을 통해서 다양한 콘셉트의 여행 프로그램이 제작되고, 이를 통해 여행사를 통하지 않고 스스로 해외여행을 떠나는 방법에 대한 관심과 선호가 급증하기 시작하였다.

위 표에서 보면, 최근의 대한민국 성인 남녀의 대부분은 온라인 포털 사이트를 통해 여행지에 대한 정보를 습득하며, 예약사이트를 통해 구매를 하는 것으로 나타났다. 과거의 여행패턴과 가장 큰 차이는 정보 습득부터 예매까지의 과정을 직접 하는 사람들이 증가했다는 것이다. 즉, 최근의 소비자들은 여행사의 서비스가 제공하는 편의성보다 합리적인 비용을 선호한다는 뜻이다.

여행목적을 살펴보면, 힐링관광(76%)과 콘셉트여행(54.6%)이 가장 높은 것을 알 수 있다. 이 설문조사에서 이야기하는 콘셉트여행이란 예술, 먹거리, 콘서트, 레저 등을 테마로 떠나는 여행을 뜻한다. 그러나 힐링 또한 큰 범주에서 보면 콘셉트 여행의 한 분야로 볼 수 있기 때문에 최근의 소비자는 자신들의 라이프 스타일에 맞는 여행에 대한 욕구가 크다는 것을 알 수 있다. 다시 말해서, 과거의 여행사 패키지 프로그램들은 역사유적지, 쇼핑, 식도락, 관광 등을 일정 비율로 섞어서 고객들에게 제공한 반면, 최근의 여행객들은 하나의 테마를 더욱 세부적으로 즐기고 싶어 한다는 것으로 이해할 수 있다. 그리고 이것이 주제여행(SIT: Special Interest Tourism)에 대해서 분석하고 이해해야 하는 이유이다.

주어진 자료만으로 이해한다면 더 이상 여행사의 상품을 구매해서 여행을 떠나는 소비자들은 없어질 것으로 생각할 수 있다. 하지만 여행사들이 고객의 니즈(Needs)를 파악하여 맞춤화된 전문 패키지를 제공하는 것으로 변화시킨다면 달라진 고객의 취향에 부합할 수 있을 것이다. 항상 시간과 노력에 대해 금전적으로 지불하려는 고객들은 존재해 왔기 때문이다.

매해 다양한 매체에서는 그해의 여행 패턴을 몇 가지 간추린 키워드로 정리하여 트렌드를 분석한다. 다음에 제시하는 키워드는 국내 대표 여행사인 하나투어에서 발표한 내용을 정리한 것이며, 최근 3개년의 키워드 분석을 통해 최신 트렌드를 이해하는 한편, 향후 여행업계의 발전방향에 대해 예측해 보고자 한다.

(1) 2017년의 10개 키워드

〈표 6-5〉 2017년의 10개 키워드

키워드	내용
TV 속 여행	TV에서 다양한 여행관련 프로그램을 다루면서, TV 속에서 노출된 관광지를 찾는 현상. JTBC에서 방영한 '뭉쳐야 뜬다'에서 소개된 관광지인 라오스는 프로그램 종료 후 전년대비 매출이 343%나 급증하였음
테마여행	맛집탐방, 스포츠 관람, 인기 영화나 드라마의 촬영지 방문 등, 개개인이 가지고 있는 취미의 연장선상에서 여행지를 선택하고 방문하는 현상이 두드러짐
셀럽투어	특정분야의 전문가나 스타와 함께하는 여행. TV에 출연하는 유명 쉐프와 함께하는 식도락 여행이나 영화 칼럼니스트와 함께하는 유명 영화제 관람, 영화 촬영지 방문 등 전문화된 콘텐츠를 유명인의 모객력과 결합하여 상품화함
배낭 속 인문학	'알쓸신잡', '어쩌다어른', '배낭속인문학' 등 TV에서 인기리에 방영된 인문학 콘텐츠들이 인기를 얻자, 인문학을 주요 테마로 하는 여행상품들이 개발됨
혼행	1인 가구가 증가함에 따라 사람들의 라이프 스타일이 변화하였음. 이에 따라 혼밥, 혼술처럼 혼여(혼자 가는 여행)의 숫자가 증가하였음. 하나투어 집계 결과 패키지 여행을 혼자 다녀온 사람은 2013~2016년 동안 연평균 45%씩 늘어났음
즉행	즉행은 '즉흥적으로 계획해 떠나는 여행'을 뜻하는 신조어임. 최근 저비용 항공사가 증가함에 따라 시간이 날 때 최저가의 티켓을 구매하여 즉흥적으로 여행을 떠나는 사람들이 늘어남
1% 여행지	최근 여행의 가장 큰 특징 중 하나인 '경험'을 기반으로 하는 여행에 대한 수요가 급증하고 있음. 관광객들은 남극에서 빙하를 탐험하거나 소수 민족이 거주하는 특별한 관광지를 찾는 경향이 나타나고 있음
모녀여행	온천, 단풍, 스파 등 모녀가 함께 즐길 만한 콘텐츠를 기반으로 모녀끼리만 여행하는 인구도 꾸준하게 증가하고 있음
맞춤여행	맞춤여행은 소비자가 직접 디자인하는 DIY(DO IT YOURSELF) 형태의 여행상품임. 사람들이 직접 자신들이 원하는 프로그램을 짜고, 이를 보조하는 개념으로써 여행사들이 제공하는 서비스를 사용함
어서 와, 한국은 처음이지?	2017년 대한민국은 국가별 관광경쟁력 순위에서 19위를 기록함. 이에 따라 한국을 찾는 인바운드 관광객의 숫자도 증가하고 있음

출처: 하나투어가 여행박람회에서 발표한 내용을 바탕으로 저자 재구성

2017년에 정리된 여행 트렌드를 살펴보면, 현재까지도 지속되는 유행이 다수 포함되어 있음을 알 수 있다. 제시된 10가지의 테마는 결국 개개인별로 다양한 취향에 맞는 특별한 관광상품, 경험을 중시하는 소비 트렌드로 요약할 수 있다.

특히, 여행사를 통한 여행의 수요가 감소하고 있는 추세에서 이를 극복하기 위한 방안들을 볼 수 있다. 예를 들어, 셀럽투어는 자본력과 구매력을 갖춘 여행사가 아니면 추진할 수 없는 것이다. 비록 항공 및 숙박은 여행사를 통해서 구매하는 것보다 직접 구매하는 것이 더욱 저렴하지만, 셀럽과 함께하는 여행은 개인이 선택할 수 없는 옵션이다. 따라서, 이와 같은 특별한 프로그램은 가격비교 사이트나 OTA에서는 쉽게 추진할 수 없기 때문에 향후에도 지속될 것으로 예상한다.

TV 속 여행지는 여행사의 입장에서 마케팅비를 줄이고, 일정한 수요를 확보할 수 있는 방안이다. 짧게는 한 달, 길게는 세 달 정도 특정 여행지에 대해 연예인들이 직접 방문하여 관광지를 미디어에 노출시켜 주는 TV프로그램들은 자연스럽게 사람들을 해당 관광지로 향하게 한다. 여행사의 입장에서는 TV프로그램의 시청률이나 화제성을 바탕으로 프로그램을 만들면 손쉽게 매출을 상승시킬 수 있는 방안이 되는 것이다.

(2) 2018년의 10개 키워드

〈표 6-6〉 2018년의 10개 키워드

키워드	내용
가족愛발견	워라벨을 추구하는 2030세대와 은퇴시기에 접어든 5060베이비 붐 세대의 여행수요가 증가하기 시작하면서 자녀와 부모가 함께 떠나는 가족여행이 새롭게 증가하고 있음
프리미엄 여행	다소 비싸더라도 노쇼핑, 노옵션 상품을 원하는 고객들이 증가함에 따라 여행사에서도 순수한 관광만을 즐길 수 있는 프리미엄 관광상품이 증가하고 있음
소도시 여행	유럽을 중심으로 몇 년 전부터 증가하고 있는 소도시 여행은 일본, 베트남, 태국 등 동남아시아를 대상으로 확대되었음
식도락 여행	미슐랭 투어, 와이너리 투어 등 식도락을 즐기는 관광객들을 중심으로 관련 전문 투어 상품들이 인기를 끌고 있음

키워드	내용
현지 투어	최근 개별적으로 항공 및 숙박을 예매하는 사람들이 늘어남에 따라, 한국에서 출발하는 것이 아니라 여행지에서 짧게 진행하는 현지 전용 여행상품들이 증가하고 있음
스냅사진	SNS를 통해 주변사람들에게 자랑하는 것이 중요한 최근 세대들을 위해 여행사에서 일부 여행상품 안에 전문 포토그래퍼가 사진을 촬영해 주는 서비스를 추가함
일본여행 돌풍	2017년에 하나투어의 여행상품을 이용하여 일본을 방문한 관광객은 전체 매출액의 35%를 차지함. 저비용항공사의 성장과 더불어 일본 관광은 지속적으로 증가할 것으로 전망함
단독 맞춤여행	2017년에 이어서 지속적으로 인기 있는 형태의 관광상품. DIY형태로 소비자들이 직접 여행상품을 구성할 수 있기 때문에 최근 각광받고 있음
TV 속 여행	2017년의 트렌드가 2018년에도 지속되어 TV에 나온 관광지들이 꾸준하게 사랑받고 있음
소확행 국내여행	해외여행을 떠나지 않더라도, 국내에서 소소한 즐거움을 찾고 즐기려는 사람들이 늘고 있음

출처: 하나투어 여행박람회에서 발표한 내용을 바탕으로 저자 재구성

2018년의 여행 트렌드를 분석해 보면, 대체적으로 2017년의 트렌드가 지속되는 경향을 보이는 것을 알 수 있다. 새롭게 등장한 트렌드 중 눈여겨볼 만한 것은 우선 프리미엄 여행과 소확행 국내여행이다. 두 가지 여행 트렌드는 여행의 양극화 현상을 보여준다. 여행사에서 제공하는 패키지의 가장 큰 특징 중 하나는 여행 일정 중에 현지 쇼핑센터가 공식일정으로 포함되어 있다는 것이다. 그러나 패키지를 이용하는 관광객 중에 다수는 이러한 쇼핑 일정에 대해 거부감이 많다. 한정된 시간 동안 관광지를 돌아다니는 것도 부족한데, 쓸모없는 쇼핑 일정에 시간을 허비한다고 생각하는 것이다. 이처럼 쇼핑 일정은 이용객에게 부정적인 영향을 끼침에도 불구하고, 여행사의 입장에서는 생략하기 어렵다. 쇼핑센터에서 구매하는 금액의 일부분이 커미션의 형태로 현지 가이드에게 월급처럼 지급되는 구조이기 때문이다. 해외여행을 떠나는 사람들 중 일부는 패키지 프로그램이 제공하는 안전성과 편의성은 확보하고, 불필요한 일정은 제외하기 위해 기꺼이 더 높은 가격을 지불할 용의가 있다. 이와 같은 이유로 쇼핑 일정이 제외된 프리미엄 패키지가 탄생한 것이다.

소확행 국내투어는 프리미엄 패키지와 반대되는 개념이다. 굳이 비싼 비용을 투자해서 해외여행을 떠나지 않더라도 가까운 국내 관광지에서 충분히 여가와 휴식을

즐기는 사람들이 늘어나고 있다. 따라서, 관광산업 종사자들은 다양한 수요에 대응하여 적절한 상품을 개발하는 노력이 필요하다.

(3) 2019년의 10개 키워드

〈표 6-7〉 2019년의 10개 키워드

키워드	내용
단독맞춤여행	2017~2018년에 지속적인 수요를 보이던 개개인 맞춤형 여행은 2019년에도 계속되었음. 여행사에서는 개개인별로 맞춤여행 컨설팅 상품들을 출시하고 있음
현지 투어텔	현지 투어텔은 기존 여행사 패키지에서 항공이 빠진 패키지상품임. 항공권의 경우 최저가 사이트를 이용하여 구매하는 비율이 높아지기 때문에 여행사에서 항공권을 빼고 현지 가이드 인력을 활용하여 투어상품을 판매하는 경향이 늘고 있음
유럽 인문학 여행	인문학에 대한 관심이 지속적으로 증가하는 가운데, 철학, 예술, 미술, 음악 등의 배경이 되는 유럽의 명소들을 전문가와 함께 여행하는 상품에 대한 수요가 지속적으로 증가하고 있음
일본 여행	일본정부 관광객 통계에 따르면 한국인 방일 관광객은 2018년에 750만 명을 돌파하여 최대치를 기록함. 그러나 2019년 진행된 일본제품 및 관광 불매운동과 코로나로 인해 2020년 도쿄올림픽 취소 등으로 향후 1~2년 동안은 일본관광의 전망이 불투명함
중국 역사기행	2019년은 대한민국 임시정부 수립 100주년이 되는 기념비적인 해로, 중국 상해에 임시정부 유적지를 중심으로 항일운동의 자취를 찾는 테마여행이 늘 것으로 전망함
TV 속 여행지	2017년부터 계속된 여행 관련 TV프로그램들은 2019년에도 꾸준한 인기를 끌고 있으므로, TV에서 소개된 여행지들은 계속해서 수요가 있을 것으로 예상함
먹킷리스트	이탈리아 등 와인 명산지를 방문하는 와이너리 투어, 한국에도 대중적으로 널리 알려지게 된 미슐랭 레스토랑 투어 등 식도락을 즐기는 사람들의 숫자가 늘고 있음
여행고수 여행 선택지	여행을 즐기는 사람들은 일반적으로 방문할 수 없는 특별한 관광지를 찾는 경향이 있음. 일반 사람들도 이들이 방문한 특별한 관광지를 찾아 떠나기 시작함. 미국의 알래스카 등 기존 패키지 투어에서 찾아볼 수 없었던 관광지는 SNS를 통하여 입소문을 타고 전파되기 시작함
여행V커머스	1~2분 분량의 짧은 여행 동영상이 기존의 인쇄, TV광고, 온라인 배너 광고를 제치고 가장 영향력이 큰 매체로 인식되기 시작하였음. 다양한 여행사들은 이러한 플랫폼을 바탕으로 새로운 마케팅 수단의 개발 및 적용이 필요함
2019 핫플레이스	외국 여행에 대한 경험이 많아지기 시작하면서 사람들은 점차 새로운 관광지를 찾기 시작했음. 2019년에 가장 주목할 만한 특징은 몽골, 극동러시아, 유럽 알프스 소도시, 미국 보스턴 & 뉴잉글랜드 등 기존에 패키지에서 찾아볼 수 없었던 신규 관광지들이 추가되기 시작하였음

출처: 하나투어 여행박람회에서 발표한 내용을 바탕으로 저자 재구성

2019년의 트렌드 중 가장 주목할 만한 것은 여행V커머스이다. SNS의 영향력은 관광산업뿐만 아니라 산업 전반에 큰 파급력을 가져왔다. 사람들은 자신의 지인뿐만 아니라 전 세계 불특정 다수에게 자신의 스토리와 라이프 스타일을 보여주는 데 익숙해지기 시작했다. 또한, 유튜브에 개인채널을 개설하여 자신만의 콘텐츠로 1인 미디어, 1인 방송국을 만드는 사례도 급속도로 증가하고 있다. 유튜브 채널 개설이 활발해지는 가장 큰 이유는 개인이 만드는 콘텐츠로 수익을 얻을 수 있기 때문이다. 사람들은 다른 사람들이 개설한 채널의 동영상을 보는 도중에 유튜브 측에서 설정한 광고를 보게 되는데, 광고사에서 제공한 광고비를 채널 개설자와 일정비율로 나누게 된다. 유튜브의 몇몇 채널은 사회적으로 큰 이슈를 끌 만큼 많은 금액의 광고비를 받았기 때문에, 사람들은 앞다투어 유튜브 채널을 개설하기 시작했다.

관광산업도 1인 미디어 급증의 트렌드에 영향을 받았다. 사람들이 개설하는 채널 중 여행을 테마로 하는 크리에이터들이 많아졌기 때문이다. 2019년의 트렌드에서도 볼 수 있듯이, 여행과 커머스의 결합은 이미 기존의 전통적인 광고매체의 모객력보다 개개인의 1인미디어, SNS의 영향력이 더욱 커지고 있다는 것을 의미한다.

(4) 2020년의 10개 키워드

〈표 6-8〉 2020년의 10개 키워드

키워드	내용
Wellness Tour	사람들은 점점 웰빙과 휴양을 위한 여행에 관심을 가지기 시작함. 하나투어 빅데이터에 따르면, 2019년 '대만 온천' 키워드 검색량이 '일본 온천' 검색량을 넘어섰고, '스위스 스파&힐링 테마여행'상품 예약량은 전년 대비 70% 급증한 것으로 나타남
Hidden Destinations	하나투어에서 공개한 2019년 한 해 동안 검색된 항공 예약데이터에서는 베트남 푸꾸옥(307%)과 나트랑(118%), 태국 치앙마이(130%), 대만 가오슝(103%) 등 숨은 명소들의 예약률이 전년 대비 큰 폭 상승함. 즉, 다른 사람들이 잘 알지 못하는 관광지에 대한 선호도가 증가하고 있음을 알 수 있음
Instagrammable	페루 마추픽추, 말레이시아 스카이 미러, 호주 레이크 맥도넬, 싱가포르 창이공항 쥬얼 분수, 이탈리아 알레로벨로 등 미디어에서 다루어졌거나 경관이 아름다운 곳을 선호하는 경향이 두드러짐. 이것을 인스타그래머블(Instagrammable)이라 표현하는데, SNS서비스의 하나인 인스타에 업로드할 수 있을 만큼 유명하고

키워드	내용
	아름다운 관광지를 선호함
Transformative Travel	최근 원데이 클래스(1-Day Class) 등 자기계발에 대한 욕구도 상승하고 있음. 이것이 여행으로도 발전하여 여행지에서 꽃꽂이를 배우는 '영국 맥퀸즈 · 지타엘츠 플라워 클래스'를 떠나거나, 인문학 명사가 동행해 해박한 지식을 나누는 '그랜드투어' 시리즈 등이 인기를 끌고 있음
Extraordinary Journey	상위 1% 고객층을 겨냥한 럭셔리 투어가 큰 폭으로 증가하고 있음. 핀란드 유리 이글루에서 오로라를 감상하거나, 몰디브의 해저 리조트에서 숙박하고, 칠레 파타고니아 빙하 크루즈 탐사를 하는 등 고소득층을 겨냥한 특별한 관광이 인기를 끌고 있음
Mini Break	2020년은 윤년(閏年)으로서 주말과 겹치는 공휴일이 많아서 직장인들의 해외여행 빈도가 감소함. 따라서, 먼 여행지보다는 국내나 가까운 해외로 짧게 여행을 다녀오는 패턴이 늘어남
Order-Made	최근 3~4년 동안 지속적으로 성장하는 개개인 맞춤여행의 트렌드는 2020년에도 지속되며, 향후에도 수요가 꾸준할 것으로 예상함
Unbundling Package	투어텔로 불리는 여행사 프로그램과 호텔예약 두 가지의 패키지는 가성비를 중시하는 경향과 맞물려 향후에도 인기를 끌 것으로 예상함
Seasonal Trip	사람들은 이제 단순히 해외여행을 떠나는 것에서 한발 더 나아가, 계절에 맞는 맞춤 관광지를 찾아 떠나기 시작하였음. 봄에는 일본의 벚꽃 투어, 여름에는 기온이 낮은 몽골이나 미국의 알래스카, 가을에는 캐나다나 아이슬란드, 겨울에는 호주와 뉴질랜드 등으로 계절별로 유명한 관광지를 찾아 떠나는 등 좀 더 전문화된 관광형태가 나타남
Eco-friendly Travel	환경에 대한 관심이 늘어나면서 필리핀의 숨은 진주라 불리는 팔라완 등이 인기를 끌고 있음. 팔라완은 '생태계 최후의 보루'라 불릴 만큼 아름다운 자연경관이 오염되지 않은 상태로 잘 보존되어 있음. 이처럼 깨끗한 자연경관을 즐길 수 있는 여행지는 앞으로도 많은 인기를 끌 것임

출처: 하나투어 여행박람회에서 발표한 내용을 바탕으로 저자 재구성

2020년의 트렌드 중에서 가장 돋보이는 것은 계절별 관광(Seasonal Trip)이다. 계절에 맞는 여행지를 찾아 여행을 다니는 것은 그만큼 내국인의 해외여행이 성숙해져 가고 있다는 뜻이다. 단순히 시간이 나고, 가보지 못한 관광지를 가보는 것이 아니라, 계절별로 아름다운 관광지를 찾아서 세분화하여 방문하는 것이다.

2020년의 또 다른 트렌드인 Eco-friendly가 인기를 끄는 것도 이와 비슷한 맥락에서 이해할 수 있다. 위락을 위한 여행지를 방문하는 것은 1차적인 욕구와 맞닿아 있다. 그러나 여기서 한발 더 나아가 평소에 접할 수 없는 청정한 자연에서 힐링하

고 싶다는 욕구가 반영된 것으로, 국내 관광객의 관광문화가 변화하고 있음을 보여주는 것이다. 이와 마찬가지로 Transformative travel 역시 단순히 즐기고 오는 여행이 아니라 무엇인가를 배우고, 느끼고 싶다는 선호가 생기고 있는 것이다.

2. 방한 외국인 관광객의 관광트렌드

1) 중국

최근 한국관광에서 가장 큰 이슈는 2016년 사드 사태로 인한 중국 관광객의 일시적 감소일 것이다. 중국 정부는 2017년 3월 이후 단체여행 금지조치를 취해 방한 중국관광객이 큰 폭으로 감소했다.

구체적인 수치로써, 중국관광객은 2017년 417만 명이 방문하였는데, 이것은 2016년 대비 48.3%가 감소한 숫자였다. 방한 외국인 관광객 중 중국인의 비중도 2016년 46.8%에서 2017년에는 31.3%로 하락하였다(한국관광공사).

중국인 관광객의 급격한 감소를 기점으로 한국의 관광산업은 다각화 · 다변화의 필요성에 직면하였다.

관광산업의 다각과 · 다변화는 중국관광객에만 의존하던 기존 관광산업의 정책적 변화와 관광사업체 전략의 변화를 의미한다. 즉, 중국인 관광객을 제외하고 다른 국가의 관광객을 유치하기 위해 마케팅 및 관광패키지 등을 다양하게 변화시키기 시작한 것이다.

중국과 한국의 정치적 상황이 관광시장에 끼친 영향에서 볼 수 있는 것처럼, 관광은 국제 정세와 밀접한 연관을 지니고 있다. 향후에 중국의 정책 변화에 따라 사드여파 이전으로 회복될 가능성도 존재하지만, 우리나라의 관광산업을 중심으로 생각한다면 사드 여파를 회복하기 위해 행해졌던 관광산업의 체질개선이 지속적으로 필요함을 알 수 있다.

〈표 6-9〉 연도별 방한 중국인 관광객

(단위: 명)

연도	인원
2015	5,984,170
2016	8,067,722
2017	4,169,353
2018	4,789,512
2019	5,008,775

출처: 한국관광공사, 한국관광 통계자료

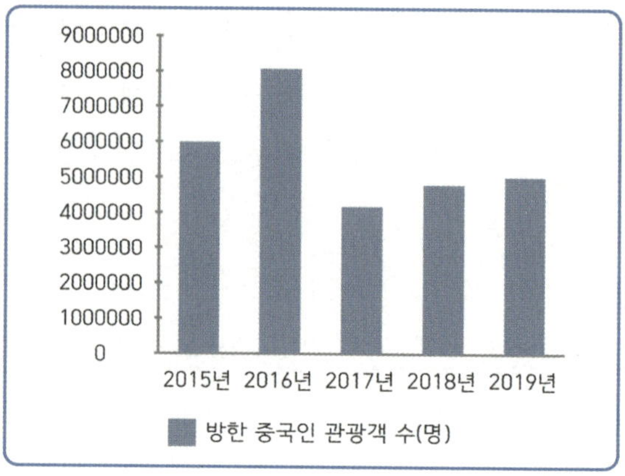

2) 일본

일본은 90년대의 거품경제 붕괴 이후 장기간 경제침체에 시달렸다. 아베 정권은 '아베노믹스'라 불리는 경제정책을 추진하여 엔고현상을 타개하고자 노력해 왔고, 이러한 영향에 힘입어 2014년부터 엔화의 약세가 지속되고 있다. 엔화의 약세는 일본을 방문하는 외국인 관광객의 증가에 긍정적인 영향을 미쳤다.

방한 일본 관광객은 2013년까지 외국인 관광객 중에서 가장 큰 규모를 차지하였다. 2014년부터는 중국관광객의 약진이 두드러짐에 따라 우리나라의 주요 외국인 관광객은 일본이 아닌 중국인으로 변화하였다. 그러나 앞서 언급한 사드여파를 기점으로 다시 일본인 관광객의 비중이 커지기 시작하였다.

일본 관광객은 2016년 대한민국 관광업계에서 집중 마케팅을 전개하여 2016년 5월부터 증가세로 전환하였다. 다만, 2017년에 북한의 핵실험 등으로 인하여 잠시 감소추세를 보이기도 하였다. 그러나 2018년에 다시 증가세로 변화하여 2015~2018년 연평균 관광객 증가율 17.1%를 기록할 만큼 꾸준하게 증가하고 있다(한국관광공사). 일본 관광객의 증가는 방한 외국인 비중을 다각화하는 목적에 부합하는 긍정적인 신호로 이해할 수 있다.

일본과의 관계도 관광산업에 있어서 큰 변수로 작용한다. 앞서 언급했던 것처럼 2018년까지는 전체적인 흐름으로 봤을 때 방한 일본인 관광객의 수는 증가세를 보였지만, 2019년에는 감소하는 추세로 전환하였다.

이러한 이유는 대한민국 정부와 일본정부 간의 불화로 인한 것이다. 2019년 대한민국 정부와 일본정부는 과거사 문제에 대한 이견이 발생하였다. 일본정부는 대한민국에 수출하던 불화수소를 수출 금지하는 조치를 취했고, 이를 시작으로 대한민국은 일본제품 불매운동을 대대적으로 전개하였다. 일본에 대한 불매운동은 관광산업에도 영향을 끼쳐서, 일본 관광에 대한 수요도 급격히 감소하였다.

불매운동이 벌어지기 이전에 일본 중소도시 관광은 대부분 한국 관광객들이었다. 한국 관광객들의 여행 트렌드가 대도시보다는 중소도시에서 특화된 관광을 즐기며, 자신들의 취미에 특화된 콘텐츠를 소비하며 뚜렷한 콘셉트를 바탕으로 여행하는 인구가 증가하였는데, 이러한 조건을 충족하는 곳이 일본의 중소도시들이 많았기 때문이다. 하지만 불매운동 이후로 중소도시에 대한 여행수요가 사라져 일본의 지방도시들은 심각한 재정적 타격을 입었다. 이에 일본 도시들은 적극적인 관광 마케팅을 통해 한국 관광객들을 유치하려 힘썼지만, 당분간은 쉽게 회복되지 않을 전망이다.

일본과의 관계는 향후에도 여러 이슈들로 인해서 낙관할 수만은 없는 전망이다. 따라서, 일본 관광객에 특화된 마케팅 전략을 펼쳐서 관광객 이탈을 방지하는 데 힘을 쏟는 한편, 일본 이외의 국가 관광객을 유치하기 위한 전략을 수립하고 시행해야 할 것이다.

〈표 6-10〉 연도별 방한 일본인 관광객

(단위: 명)

연도	인원
2015	1,837,782
2016	2,297,893
2017	2,311,447
2018	2,948,527
2019	2,757,828

출처: 한국관광공사, 한국관광 통계자료

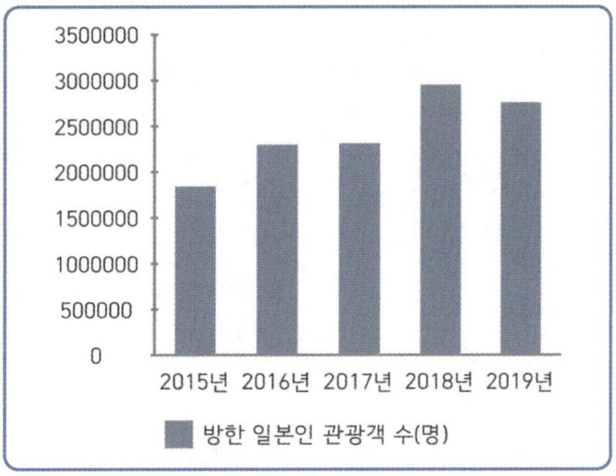

3) 홍콩

홍콩은 2010년 이후로 저성장세였다가 2017년부터 경제 회복 추세를 보이고 있다. 그러나 반중시위가 계속 되는 것이 가장 중요한 리스크이다. 이전에는 일국양제 원칙으로 홍콩의 자치권을 인정하였으나, 최근에 중국의 내정간섭이 심화됨에 따라 홍콩 내부에서 반발이 크게 일어나고 있는 중이다. 지난 5년간의 방한 홍콩인 방문객 데이터 중 2019년 자료를 보면, 증가 추세에 있던 관광객의 숫자가 감소한 것을 알 수 있다. 이처럼, 급변하는 홍콩 정세에 따라 향후에도 관광객의 숫자는 크게 영향을 받을 것이다.

홍콩 사람들은 중국인으로서가 아니라 '홍콩인'으로서의 정체성이 매우 강하다. 홍콩은 고령화 및 여초현상이 심화된 상태로서, 관광산업도 이들의 특성에 맞게 발달하고 있다. 예를 들어, 해외여행 시에도 식도락에 대한 관심이 매우 크다. 따라서 홍콩 관광객들을 유치하기 위해서는 이러한 관광객의 특성을 반영하는 것이 필요할 것이다.

홍콩은 또한 해외여행이 일상화된 성숙한 시장으로서 연간 항공을 이용하여 출국하는 사람의 숫자가 1,200만으로, 인구의 약 1.5배에 달한다. 홍콩 관광객의 가장 큰 특징은 웨딩, 마라톤, 미식, 스키 등 특별관심관광(Spiecial Interest Tourism, SIT)에 특화된 관광 수요가 많기 때문에, 관광업계에서도 다양한 프로그램을 준비하여 표적시장을 노리는 것이 필요하다.

〈표 6-11〉 연도별 방한 홍콩인 관광객

(단위: 명)

연도	인원
2015	523,427
2016	650,676
2017	658,031
2018	683,818
2019	564,583

출처: 한국관광공사, 한국관광 통계자료

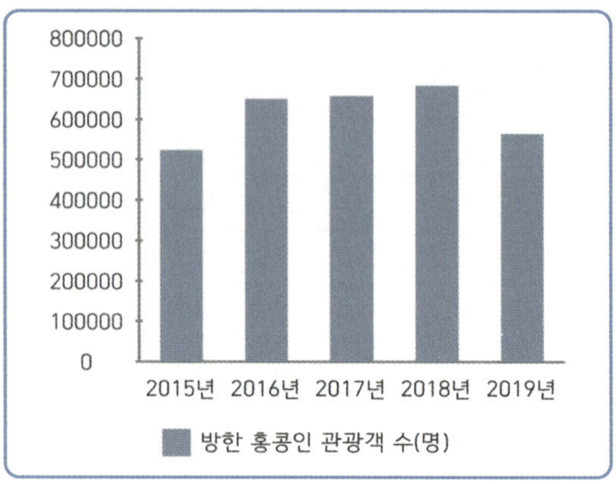

4) 싱가포르

싱가포르는 동남아 경제의 중심국가가 되었다. 싱가포르는 높은 1인당 GDP에도 불구하고 평균 임금이 낮으며, 이로 인한 빈부 격차가 큰 편이다. 싱가포르 정부는 근로자보다는 기업 친화적 성격이 강하다.

싱가포르가 가장 중점적으로 육성하는 분야는 MICE(MICE: Meeting, Incentive tour, Convention, Event)산업이다. 싱가포르에 존재하는 두 개의 복합리조트인 Marina Bay Sands(MBS)와 Resort World Sentosa(RWS)는 전 세계에서 유례 없는 큰 성공을 거두어서 아시아 지역의 복합리조트 유치 경쟁을 불러일으켰다.

싱가포르의 정치는 리콴유 일가의 일당 독재체제임에도 불구하고, 경제 안정성과 사회안전망 시스템이 잘 갖춰져 있어서 정부 신뢰도가 높기 때문에 홍콩과는 달리 정부에 대한 반감이나 반대시위가 거의 없다.

싱가포르의 1인당 연평균 여행횟수는 2.8회로, 해외여행이 친숙하고 성숙된 시장이다. 또한, 싱가포르는 비록 평균임금이 낮다고는 해도 동남아 최대의 경제 대국이기 때문에 다양한 여행상품의 개발이 이루어졌다. 이들에게는 여름휴가의 개념이 없기 때문에 겨울 휴가를 즐기는 것이 일반적이다.

싱가포르 관광객을 유치하기 위해서는 겨울 레저 스포츠나 산악 트레킹 등 싱가포르에서 쉽게 즐길 수 없는 관광프로그램을 제공하는 것이 필요하다.

〈표 6-12〉 연도별 방한 싱가포르인 관광객

(단위: 명)

연도	인원
2015	160,153
2016	221,548
2017	216,170
2018	231,897
2019	176,380

출처: 한국관광공사, 한국관광 통계자료

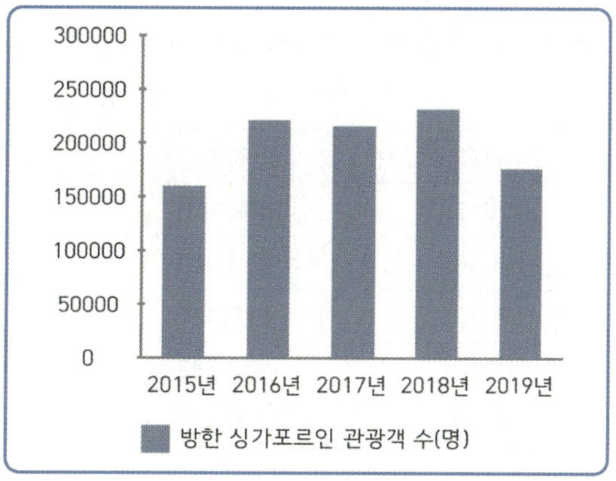

5) 러시아

러시아는 경제침체 이후 2017년부터 회복세에 있다. 러시아는 국가 자체가 기온이 낮은 지역에 위치하기 때문에 따뜻한 휴양지를 선호하는 경향이 있다. 러시아는 최근 크림반도 사태를 시작으로 유럽과 불편한 관계에 있기 때문에 기존에 선호하던 유럽 관광지에서 중동지역으로 주요 방문 국가가 변화하고 있다. 러시아도 다른 나라들처럼 빈부격차가 큰 편이다. 해외여행을 자주 하는 러시아 VIP는 럭셔리 관광을 선호하기 때문에 러시아 관광객 유치는 고부가가치를 창출해 낼 수 있는 시장으로 평가받는다.

러시아는 구미주 국가 중에 유일하게 아시아권에서 일본보다 한국을 방문하는 비율이 높은 나라다. 이들의 주요 목적은 여가/위락이다. 또 한 가지 특이한 점은 대부분의 외국인 방문객의 선호 도시가 서울이나 제주도인 반면 러시아 관광객들은 부산을 제일 선호하는 것으로 조사되었다. 또한, 대한민국의 주요 방한 외국인 관광시장 중 중동과 중국에 이어 세 번째로 지출액이 많다. 그러므로 러시아 관광객은 향후에도 우리나라 관광산업에서 중요하게 다루어져야 할 것이다.

러시아와 관련된 이슈 중에서 주의 깊게 살펴봐야 할 것은 한-러-일을 경유하는 크루즈 관광이 시도되고 있다는 것이다. 한국은 일본과 연계하여 러시아 크루즈 관광객을 부산으로 유치하는 새로운 관광루트를 개발해야 하며, 변화하는 수요에 맞는 해변관광, 럭셔리 관광을 중점적으로 강화할 필요가 있다.

〈표 6-13〉 연도별 방한 러시아인 관광객

(단위: 명)

연도	인원
2015	188,106
2016	233,973
2017	270,427
2018	302,542
2019	289,779

출처: 한국관광공사, 한국관광 통계자료

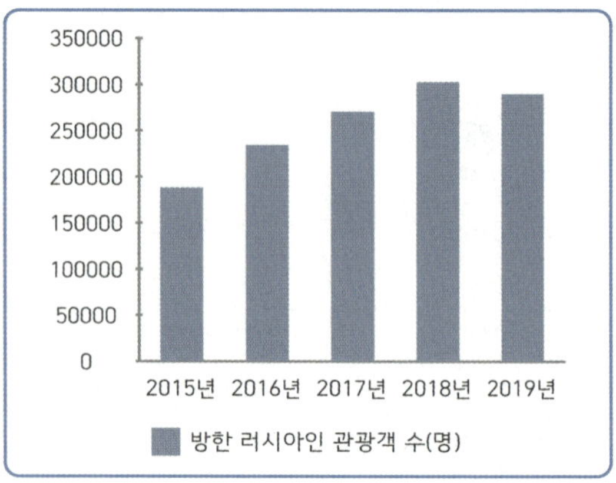

6) 프랑스

프랑스는 농업부터 첨단산업까지 고르게 발전한 경제 대국이다. 최근 프랑스는 경제 회복세에 있으나, 높은 실업률은 리스크로 작용할 수 있다. 프랑스는 복지제도가 잘 발달된 반면 국민 개개인의 실질 소득은 낮은 편이다.

프랑스는 연간 5주 이상의 장기 휴가를 보장해 주는 국가이다. 비록 프랑스와 한국은 지리적으로 먼 거리에 있지만, 긴 휴가기간은 이러한 단점을 충분히 상쇄할 수 있다. 그러므로 다른 유럽 국가들보다 우선적으로 프랑스 관광객들을 유치하는 노력이 필요하다. 프랑스는 기본적으로 해변에서 보내는 휴가에 대한 선호도가 높다. 따라서 제주도 해변가를 적극적으로 홍보한다면 프랑스 관광객들의 관심을 끌 수 있을 것이다.

프랑스는 오래전부터 일본과 수교를 맺어왔다. 따라서, 프랑스 사람들은 아시아 지역 중에서 일본 문화에 대한 친숙함이 가장 높은 편이다. 그러나 최근 유럽 국가 중에서 한류 콘텐츠를 가장 열정적으로 받아들이는 나라 또한 프랑스이다. 프랑스에서는 한국어를 배우는 인구도 늘고 있고, 한국으로 KPOP 투어를 오는 젊은 세대들도 늘어나고 있다. 프랑스인들을 대상으로 적절한 콘텐츠를 제작하여 지속적인 재방문을 이끌어내는 것이 필요하다.

〈표 6-14〉 연도별 방한 프랑스인 관광객

(단위: 명)

연도	인원
2015	83,832
2016	91,562
2017	92,347
2018	100,096
2019	95,931

출처: 한국관광공사, 한국관광 통계자료

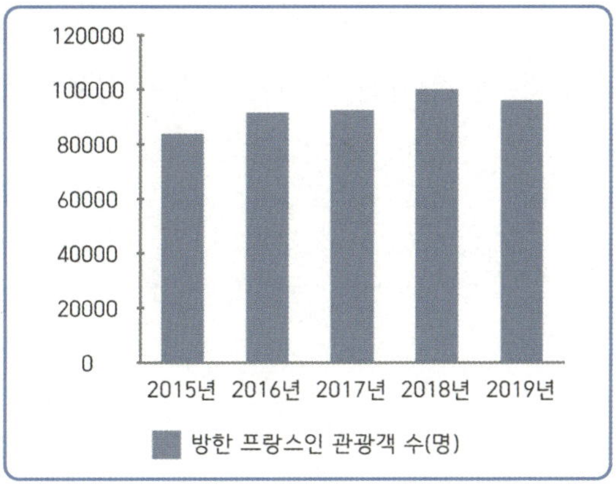

7) 미국

미국은 전 세계 GDP의 1/4을 차지하는 최대 경제대국이다. 미국의 경제성장률은 2017년부터 꾸준히 2%대를 유지할 만큼 경제적으로도 안정적이다. 달러화 가치 또한 상승 중이다.

미국은 원래 해외여행에 대한 수요가 많지 않은 편이었다. 미국인들은 해외여행보다는 자국 내 여행을 선호하는 경향이 많기 때문이다. 따라서 아시아 지역을 방문하는 사람들의 비율은 주로 아시아계 미국인들이 차지해 왔다. 이들은 주로 쇼핑을 위해 아시아를 방문하는 것으로 알려져 있다.

미국인들의 방한 고려요인은 음식/미식 탐방이 주 목적인 것으로 조사되었다. 또한, 앞서 언급한 것처럼 아시아계 미국인, 즉 교포나 이민 혹은 영주권을 취득한 미국인들의 한국 방문이 높은 비율을 차지한다.

미국인들 사이에서도 최근 그래미상을 수상한 BTS의 인기가 높아서 한류 콘텐츠를 즐기는 사람들이 점차 한국을 방문하는 숫자가 증가하고 있다. 따라서 미국인들을 유치하기 위해서는 KPOP관련 콘텐츠를 중심으로 미식가들을 충족시킬 수 있는 프로그램을 준비하는 것이 필요하다.

방한 목적 순위를 매기면, 사업 및 전문활동의 비율이 36.4%로 여가/위락활동(31.8%)과 거의 흡사하다. 우리나라는 미국과 관련 있는 각종 학회 및 포럼 등이 많기 때문에 국제회의 등에 참석하는 사람들을 대상으로 다양한 활동에 대해 소개함으로써 재방문율을 높이는 전략이 유효할 것이다.

〈표 6-15〉 연도별 방한 미국인 관광객

(단위: 명)

연도	인원
2015	767,613
2016	866,186
2017	868,881
2018	967,992
2019	884,413

출처: 한국관광공사, 한국관광 통계자료

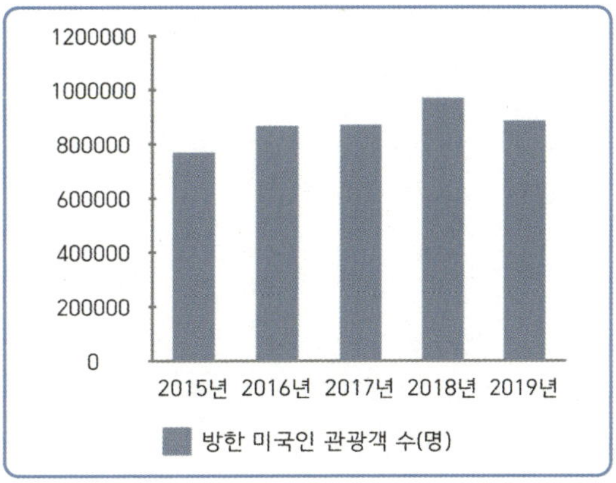

Chapter

7

세계관광의 역사

Chapter 7 세계관광의 역사

1. 세계관광의 역사

1) 현대관광의 기원

현대관광의 기원은 유럽의 그랜드 투어, 패키지여행의 시대를 이끈 토머스 쿡, 그리고 2차 세계대전 이후 북유럽에서 지중해에 이르는 해변 리조트 관광을 들 수 있다. 이러한 현대관광의 기원은 18세기 유럽의 도시화에서부터 시작되었다. 18세기 서유럽은 상업 및 제조업이 발달되어 중산층이 생겨났으며, 토지를 소유한 농민들이 증가하였다. 이러한 도시화로 생겨난 중산층은 여가시간과 소비력을 가지게 되었으며, 이들은 그랜드 투어, 온천 리조트, 해변 리조트 등의 여행을 즐겼다.

17세기에서 18세기에 유행했던 온천, 해변, 그랜드 투어는 현대관광의 근간이라 할 수 있다. 온천은 치료의 측면뿐만 아니라 춤, 게임, 사교행사 등으로 엘리트층과 중산층에게 인기가 많았다. 대표적으로 영국의 바스 온천이 있으며, 이 온천은 건강 및 사교로 성공한 리조트였다. 더불어 18세기 영국에서는 해변리조트가 인기를 끌었다. 이 당시에 사람들은 온천보다 해수가 건강에 더 좋다고 믿었다. 그러나 해변리조트를 이용하는 사람들은 부유층에 한정되었다. 다음으로 그랜드 투어는 17세기와 18세기에 유럽에서 프랑스, 이탈리아, 스위스, 독일, 베네룩스 3국을 여행하는 일정이다. 이는 주로 귀족 자재들의 통과의례로 여겨질 정도로 인기가 많았으며, 여가와 문화유산에 대한 전문적 접근과 사교적 성격을 띠었다.

19세기의 관광을 보면, 그랜드 투어보다 좀 더 광범위한 유럽을 여행하였으며, 미국, 호주, 카리브, 라틴아메리카까지 넓혀졌다. 19세기 후반부터는 독특한 식민지에 휴양지를 개발하기 시작했다. 대표적으로 싱가포르의 래플즈를 들 수 있다. 라틴아메리카는 칠레와 쿠바의 해수욕장이 인기를 끌었다. 유럽과는 대조적으로 미국과 캐나다는 좀 더 늦게 관광이 발전했다. 이렇듯 20세기 이전의 관광은 영국과 영국령이 중심이 되었다. 특히 영국의 그랜드 투어가 지배적이었으며, 중산층의 단거리 여행이 증가했다. 해외 거주 영국인들의 커뮤니티에 의해 쾌적한 기후, 문화적 유산, 경관을 갖춘 이탈리아와 지중해 도시가 개발되었다. 또한 영국 여행자들은 알프스 발견의 선두에 서서 계곡, 협곡, 빙하의 아름다움을 유럽에 알렸고, 동계 스포츠 관광발전 기여에도 앞장섰다. 이러한 여행의 발전은 그랜드 투어에서 유래되었으며, 영국의 귀족과 중산층이 중요한 역할을 했다.

(1) 그랜드 투어

현대관광의 근간은 유럽의 그랜드 투어에서 시작되었다고 할 수 있다. 그랜드 투어는 리처드 러셀스(Richard Lassels)의 저서인 『이탈리아 여행』에서 처음 사용되었다. 17세기 중반에서 유럽의 상류층 자제들에게 유행한 여행으로 19세기 초 철도시대까지 번창하였다. 특히 영국에서 유행하였으며, 점차 북유럽의 부유층 자제들에게 번져나갔다. 가장 일반적인 여행경로는 파리를 거쳐 이탈리아를 여행하는 여정이다. 프랑스 파리에서 상류층의 예법을 배웠으며, 이탈리아에서 고대 그리스 로마의 유적과 르네상스의 예술작품을 공부하였다. 길게는 3년 정도의 여정으로 프랑스 파리에서 시작하여, 스위스의 제네바, 이탈리아, 독일의 베를린, 베네룩스 3국을 거쳐 돌아보는 경로였다.

초기에는 영국의 상류층 자제들 사이에서 매우 인기를 끌었으며, 이후 북유럽의 상류층에서도 유행하였다. 초기의 여행은 마차를 이용하여 여행기간이 길고, 체류 비용이 많이 들었다. 상류층 자제들은 가정교사, 하인, 통역이 함께하였으며, 전용 마차를 구매하여 여행하였다. 이러한 이유로 상류사회의 전유물이 되었으며, 부의 상징으로 사용되었다. 초기 그랜드 투어는 예술적 및 학문적 성격이 강하였으나 점차 여행의 즐거움을 추구하는 여행으로 변화하였다.

17세기 중반부터 유행한 그랜드 투어는 최초의 대규모 해외여행이라고 할 수 있으며, 이 여행은 오늘날에도 지속되고 있다. 그러나 최근의 그랜드 투어는 과거에 비해 여행기간이 상대적으로 짧아졌다.

(2) 토머스 쿡

최초의 패키지여행은 1841년에 토머스 쿡(Thomas Cook)이 기차 여행상품을 판매하면서 시작되었다. 이 상품은 영국 레스터에서 출발하는 왕복열차, 식사, 관광이 포함된 최초의 패키지상품이었다. 이 상품은 전세기차를 이용하여, 열차 탑승 요금으로 점심과 관광을 즐길 수 있어 폭발적인 인기를 끌었다. 이는 최초의 기차여행 상품으로 인정받고 있다. 이후 토머스 쿡의 이름으로 여행사를 설립하였고, 세계 여러 곳에서 이러한 패키지상품을 벤치마킹하였다.

이후 토머스 쿡 여행사는 지속적으로 성장하였으며, 4개의 항공사와 16개국의 해외지점을 가진 글로벌 여행사가 되었다. 그러나 2019년에 178년의 역사를 가진 토머스 쿡은 막대한 채무로 파산을 선언하였다. 이는 빠르게 변화는 시장에 대처하지 못한 데 원인이 있다. 최근 여행객의 요구에 맞는 다양한 상품을 판매하는 온라인 여행사와의 경쟁에 밀려 결국 파산하였으며, 그해 중국의 여행사에 의해 인수되었다.

토머스 쿡과 기차여행상품

(3) 해변 리조트

18세기~20세기 사이에 유럽, 지중해, 대서양 전역에 걸쳐 수많은 해안 휴양지가 건설되었다. 18세기에는 처음 영국에 의해 시작되었고, 2차 세계대전 이후에는 점차 대중관광으로 자리 잡았다. 18세기에는 문화, 유산, 전문적 지식의 학습의 범위에서 벗어나 건강이나 즐거움이 여행의 동기로 작용하였다. 여행의 동반형태는 가족이나 지인들과 함께하는 여행으로 변화하였다. 이러한 여행의 변화에는 증기력과 저렴한 대중교통 수단의 보급이 큰 역할을 하였다. 산업화 이후에 증기선과 기차의 등장은 관광의 대중화를 이끌었다. 특히 증기선은 인도, 미국, 라틴아메리카, 아프리카로의 여행시간을 단축시키는 교통수단이 되었다.

해변 리조트 여행은 19세기 초 영국의 귀족과 중산층에 의해 시작되었고, 이후 전 세계로 퍼져나갔다. 특히 2차 세계대전 이후 세계적 현상으로 자리 잡았다.

2) 대중관광의 시대

대중관광은 19세기 말부터 20세기까지의 시대를 말하며, 정확하게 정의되지는 않았다. 대중관광은 사전에 예약된 여행이나 여행사에서 판매되는 단체여행으로 정의

되기도 한다. 최초의 대중관광은 1825년 영국에서 처음 철도가 건설된 이후 한 세대가 지난 후에 활성화되었다. 처음에는 철도노선을 따라 유럽 대륙, 인도, 아시아 등의 여행상품을 판매하였다. 이러한 패키지상품에서는 여행사, 운송사업자, 호텔 간의 관계가 핵심이었다. 현대의 패키지 여행상품에서도 여전히 찾아볼 수 있다.

19세기 들어 교통의 혁신이 일어났다. 자동차는 1908년 헨리 포드가 모델T를 생산한 이후 여행에 교통수단으로 사용되었다. 이후 자동차 여행을 위한 도로와 모텔이 생겨나게 되었으며, 오늘날의 여행에 있어 가장 큰 비중을 차지하는 교통수단이 되었다. 항공여행은 1920년 네덜란드의 KLM에 의해 처음 시작되었다. 1920년 한 해에 KLM은 440명의 승객을 운송하였다. 이후 여러 민영항공사가 설립되면서 본격적인 항공여행 시대가 시작되었다. 오늘날에도 항공여행은 속도에 있어 가장 주도적인 역할을 하고 있다.

20세기에 들어 항공, 고속열차, 렌터카, 크루즈 등이 등장하였고, 이전에 비해 더 편안하고, 빠르고, 안전하게 여행할 수 있게 되었다. 더욱이 산업 전반에 걸쳐 생산성이 향상, 여가시간 증가, 복지여행의 보장으로 과거보다 여행이 일반화되었다. 더욱이 영화, 텔레비전 등 매스미디어의 발달은 사람들에게 더 많은 정보를 제공하였고, 여행의 대한 호기심을 주었다.

대중관광의 시기에는 경제의 성장과 사회변화의 원동력으로 관광을 개발하려는 정부나 지역사회의 상업적 개발 압력에 의해 무분별한 개발이 이루어졌다. 이러한 대규모 개발은 경제적 기회를 제공하였지만, 지역사회 및 문화에 대한 위협과 자연환경 파괴 등의 문제를 가져왔다.

관광에 있어 역사의 기여를 이해하는 것은 과거의 사건, 과정 및 인식이 현재의 인식과 미래에 끼치는 영향을 뜻한다(Mackenzie, 1995, p.28). 세계관광의 발전은 1970년대부터 본격적으로 시작되었으며, 1980년대 이후 빠르게 발전해 왔다. 이후 관광산업의 규모뿐만 아니라 관광의 학문 및 경영분야에 있어서도 광범위하게 접근하기 시작하였다.

2. 지속가능한 관광

1) 지속가능한 관광의 배경

관광산업은 청정산업으로 주목받으며, 국가나 기업에 의해 대규모 개발이 이루어져 왔다. 이러한 대중관광의 시대는 관광산업의 양적 성장에 치중해서 발전되어 왔으며, 여러 가지 부정적인 영향을 초래했다. 관광지역의 물가 상승으로 인한 생활비의 증가, 관광수입의 불평등한 분배문제, 저임금 고용, 자연환경 및 지역문화 파괴, 범죄율의 증가와 같은 부정적인 영향을 발생시켰다. 이러한 대중관광이 초래하는 부정적인 문제를 최소화하기 위해 대안관광이 도입되었다.

19세기에 유행하였던 해변 리조트 관광을 예로 살펴보면, 대규모의 개발로 아름다운 해변의 환경이 파괴되어 정체성을 잃어버리는 현상을 볼 수 있다. 많은 관광객을 수용하기 위해 대규모 휴양지, 인공섬, 주거형 콘도의 형태로 개발되었다. 이러한 개발은 지방의 전통적 문화 정체성을 약화시켰으며, 교외 지역 자연경관의 파괴를 가져왔다. 유럽의 여름 휴양지로 사랑받아 온 지중해 지역 해변의 경우 거대한 리조트와 호텔로 인해 해안선이 파괴되었다(Sanagustin Fons et al., 2011). 이러한 대중관광 시대의 관광객들은 수동적 성향, 낮은 교육수준, 소비 중심적 사고의 특징을 보였으며, 다음 세대에 대한 배려, 지역자원 보존, 지역문화 존중이 부족하였다(Ballestrieri, 2005). 이 문제는 대중관광의 대표적인 특징이라고 할 수 있다.

대안관광은 수질오염, 수자원 부족 문제, 생물 다양성 감소, 지역 주민과의 갈등을 야기한다. 더욱이 관광 개발은 지역 주민의 전통적인 생계를 변화시키거나 소멸시켰다. 경제적으로 빈곤한 지역에 호화 리조트를 만들어 지역 주민에게 경제적 소외감을 심어주거나, 지역의 전통적 문화 파괴 등의 문제를 발생시켰다.

2) 지속가능한 발전

지속가능한 관광은 지속가능한 개발을 관광분야에 적용한 개념에서부터 시작되었다. 지속가능한 발전(sustainable development)은 "미래세대의 기본적인 욕구를 저해하지 않고, 현 세대의 기본적인 욕구를 충족시키는 발전"으로 정의된다. 이 개념은 현재 우리가 누리는 자연환경을 미래세대에게 보존된 환경으로 전해주기 위한 지속가능한 개발을 의미한다. 시초는 1962년에 미국의 해양생물학자인 레이첼 카슨의 『침묵의 봄』이라는 책을 통해 시작되었다. 이 책을 통해 환경오염과 재조업의 폐해를 언급하면서 국제사회에서 환경오염에 대한 관심과 중요성의 인식을 이끌어냈다. 이후 1987년 세계환경개발위원회(WCED)의 브룬트란트 보고서(The Brundtland Report)에서 처음으로 제시되었고, 1992년에 열린 '리우지구정상회의'와 '지구환경회의'를 통해 확산되었다.

3) 지속가능한 관광

Bramwell(2015)은 지속가능한 관광(sustainable tourism)을 "생태계 보존, 인간의 복지 증진, 세대 간·세대 내의 형평성"을 핵심으로 언급하였다. 보다 구체적으로 설명하면, 모든 형태의 관광은 방문 관광객과 지역 주민의 욕구 충족을 모두 만족시키면서, 미래 세대가 누릴 수 있는 기회를 보호하고 증진하면서 개발되어야 한다는 것을 의미한다.

다음으로 세계관광기구(World Tourism Organisation, 2006)는 지속가능한 관광을 "오랜 기간 동안 시행 가능하며, 환경을 파괴하지 않는 개발 및 관광의 형태"로 정의하였다. 이 정의에는 다음과 같은 원칙이 포함되어 있다.

- 지구의 자원을 소중하게 사용해야 한다.
- 세계의 빈곤을 완화해야 한다.
- 남녀의 불평등을 줄여야 한다.
- 삶의 질을 향상시켜야 한다.
- 자연생태계 본존을 위해 노력해야 한다.

- 다른 전통문화를 존중하고, 전통적인 지식과 삶의 방식을 보존해야 한다.
- 지역사회의 의사결정을 위한 역량을 강화해야 한다.

이러한 원칙은 방문자, 지역의 산업, 환경, 지역의 요구를 충족시킴으로써 현재와 미래의 경제적, 사회적, 환경적 영향을 고려한 관광이 되어야 한다는 것을 의미한다. 이를 종합해 보면, 지속가능한 관광은 지역 주민에게 경제적 혜택을 주고, 지역의 문화를 존중하며, 자연환경을 보존하는 관광의 형태라 할 수 있다.

(1) 지속가능한 관광의 요인

지속가능한 관광은 경제 활동으로의 지속가능한 관광과 더 넓은 의미에서의 지속가능한 발전의 요소로 접근해 왔다. 기존의 경제적 측면뿐만 아니라 사회적, 환경적, 삶의 만족도의 지속가능성의 요인을 포함한다.

첫째, 경제적 지속가능성은 지역의 경제성장에 도움이 되어야 한다는 것이다. 즉, 관광개발의 이익이 주민에게 공정하게 분배되는 것에 대한 지속가능성을 말한다. 예를 들면, 지역상품의 판매 증대, 지역 주민의 일자리 창출 등으로 지역사회의 경제적 성장을 가져오는 것에 대한 긍정적 영향을 주는가에 대한 문제이다. 특히 농·어촌, 섬, 전통 원주민 지역에서 지역경제 발전을 위한 방안으로 사용되었다.

둘째, 환경적 지속가능성은 생물의 다양성의 보존과 자연 생태계 보존에 관한 것이다. 관광개발의 부정적인 영향 중 하나로 환경파괴를 들 수 있다. 과거에 관광은 환경오염, 자연환경 파괴, 야생동물 고갈 등의 부정적인 영향을 초래하였다. 최근의 관광 개발은 정부나 기업에 의해 일방적으로 시행되기보다는 정부나 환경보호 단체의 환경보호 교육을 통해 생태계의 다양성과 환경자원의 보존에 대한 관광의 혜택에 대한 인식을 통해 개발이 진행되고 있다.

셋째, 문화적 지속가능성은 지역 문화의 존중에 관한 것을 의미한다. 관광은 전통적인 문화구조와 행동양식을 파괴해 왔다. 이러한 관광객의 문화적 영향은 방문객과 지역민의 상호작용 정도에 따라 다르게 나타나며, 지역민의 교육수준, 의사소통 능력에 따라 다르다.

넷째, 삶의 만족도의 지속가능성은 지역 관광개발이 지역 주민의 삶의 만족에 영향을 주는 것을 의미한다. 거주지와 같은 특정 생활영역에 대한 만족도는 물질적인 삶, 공동체 생활, 정서적 삶, 건강 및 안전에 대한 지역민의 인식과 관련된다. 지역민의 생활에서 관광영향에 대한 인식이 긍정적일수록 삶의 만족도는 높아지게 되며, 반대의 경우 관광은 지역민이 삶의 만족도를 떨어뜨릴 수 있다. 즉, 관광에서의 삶의 만족도는 생활영역과 관련하여 설명할 수 있다. 이러한 생활영역의 만족은 경제적, 문화적, 정서적, 건강/안전적 측면의 행복감과 관련된다.

- 지역민들이 관광을 통해 경제적 이익을 인식할수록 경제적 측면의 만족도는 높아진다.
- 관광을 통해 문화시설이나 관광지 이용의 기회가 증가할수록 지역사회에 대한 문화적 측면의 만족도가 높아진다.
- 지역민들이 관광을 통해 자연환경과 문화유산에 대한 자부심을 가지게 되어 정서적 만족도를 높여준다.
- 관광을 통해 지역의 자연환경이 파괴되고, 공기나 수질의 오염이 발생되고, 범죄율이 증가한다면, 이는 지역민의 건강/안전적 측면에서 삶의 질에 부정적인 영향을 주게 된다.

관광 개발 후 지역 주민의 삶에 있어 경제적, 문화적, 정서적, 환경적 요인이 개발 전보다 나아졌다고 생각한다면, 관광의 개발이 지속가능하게 이루어졌다고 할 수 있다.

4) 지속가능한 관광의 분류

1990년대 관광산업에 있어 지속가능성이 대두되기 시작했다. 지속가능한 개발에서부터 시작된 지속가능한 발전은 관광산업에도 영향을 주었다. Lane(1994)은 지속가능한 관광의 목표를 다음과 같이 강조하였다. 지역 공동체에 대한 물질적 및 삶의 질 개선, 세대 간 및 세대 내의 형평성 보존, 자연 생태계의 다양성 보존 및 생태계 시스템 보존, 문화적 독창성 보존, 지역 공동체의 통합, 방문객의 지역 공동체 및 환경 존중이다. 또한, 지속가능한 관광이 계속해서 유지되기 위해서는 상호의존의 전제조건이 이루어져야 하는데 지역 공동체에 주는 물질적 및 삶의 질 혜택과 더불어 관광객에게는 경험의 질의 중요성이 강조된다. 이러한 지속가능한 관광의 목표를 바탕으로 Moscardo(1998)는 다음의 원칙을 제안했다.

- 방문자를 위한 경험품질
- 지역 공동체의 삶의 질 향상
- 자연 자원의 지속성
- 지역 주민의 요구와 환경적 요구의 균형

최근의 관광은 지역, 사회, 경제를 연결하는 마케팅 개발에 관심이 증가하고 있다. 이는 관광의 개발에 있어서 경제적, 환경적, 사회문화적 측면에서의 지속가능성에 중심을 두는 것이다. 좀 더 자세히 설명하면, 지역의 요구와 경제적 개발이 창출되는가이며, 방문객의 욕구와 지역 및 환경단체 사이에 적절한 균형이 유지되는 가이다. 이러한 지속가능한 관광의 핵심은 지역의 개발에 있어 생태계와 문화적 환경을 존중하는 것을 의미한다. Juganaru et al.(2008)은 지속가능한 관광을 생태관광, 녹색관광, 농촌관광, 공정관광, 책임관광 등의 유형으로 분류하였다. 지속가능한 관광은 지역의 경제 및 지역사회 개발에 도움이 되며, 지역의 전통 및 문화적 유산의 보존, 환경 보존에 대한 인식에 근거한다. 다음 〈그림 7-1〉은 지속가능한 관광을 3개 차원으로 보여준다.

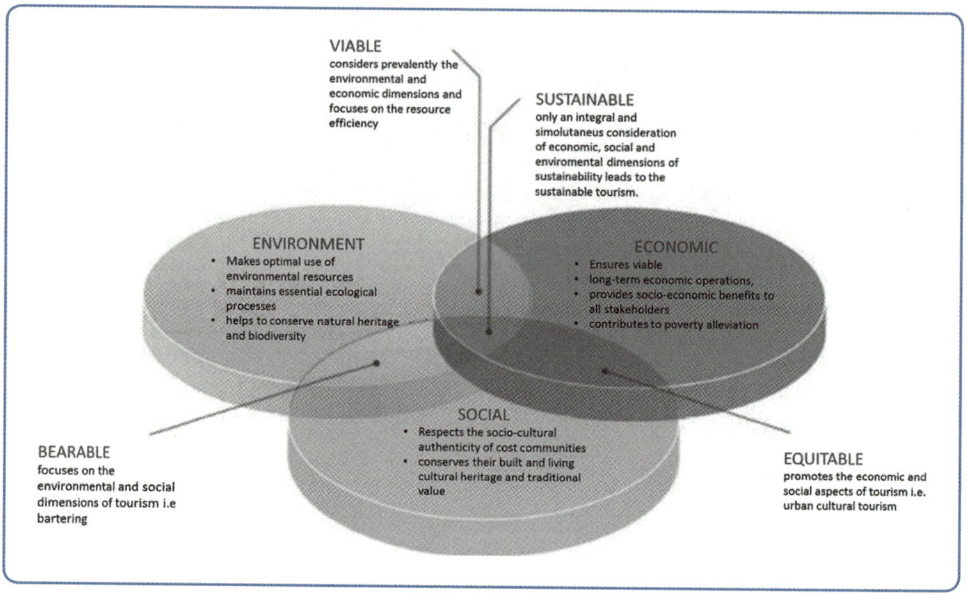

출처: Our elaboration based on, UNEP UNWTO, 2005; Dréo, 2006

그림 7-1 지속가능한 관광의 3개 차원

(1) 농촌관광

과학기술의 진보는 현대인들에게 생활의 편리함과 경제적 혜택을 가져다주었다. 4차 산업화시대를 사는 현대인들은 복잡한 도시와 인공적인 공간에서 생활하며, 자연과 단절되는 삶을 살고 있다. 따라서 현대인은 더 조용한 자연환경에서 시간을 보내고 싶어 한다. 이러한 현대인들의 욕구로 농촌관광에 대한 관심이 증가하게 되었다.

OECD의 관광전략 및 농촌개발 보고서(1994)에 의하면, 농촌관광은 19세기 산업화된 도시생활에서 오는 스트레스에 대한 반작용으로 발생되었으며, 오늘날까지 계속 증가하고 있다. 더욱이 자동차 보급의 증가로 사람들은 대중교통수단이 부족한 지역까지 여행의 범위를 넓히게 되었다. 90년대에 들어서면서 농촌관광에 대한 수요와 공급이 모두 증가하게 되었다(Long and Lane, 2000).

농촌관광은 유럽의 관광기관에 의해 대중관광에 대한 대안관광의 유형으로 개발되기 시작하였다. 1990년대 유럽 기관들은 농촌지역의 경제발전을 위한 관광정책이 필요하였으며, 도시민들은 도시에서 오는 스트레스를 해소하기 위해 교외의 한적함을 경험하고자 하는 욕구가 생겨났다(Campón-Cerro, Hernández-Mogollón & Alves, 2017). 수요적 측면에서 보면, 농촌지역은 지역의 인구감소, 기반시설 부족 및 경제적 문제를 해결하는 방안으로 관광개발이 필요했다. 농촌관광을 통한 지역의 방문객의 증가는 지역에 활력을 가져다주며 동시에 경제적 및 문화적 발전에 긍정적인 영향을 준다. 소규모 가족 농장에서는 농장체험 상품이나 숙박을 통해 추가적인 소득을 얻을 수 있으며, 방문객과의 문화교류의 기회를 가지게 된다. 더욱이 방문객의 증가는 지역에 다양한 레저시설 및 기반서설 확충의 기회가 되어 지역의 발전에 기여한다.

전통적인 관점에서 농촌관광은 두 가지 유형으로 분류된다. 먼저 가장 일반적인 형태인 농촌지역의 자연경관 감상과 여러 레저 활동 참여를 들 수 있다. 다음은 농장을 방문하여 직접 농장일에 참여하는 유형이다. 이렇듯 초기의 농촌관광은 농촌지역의 자연환경, 농업활동, 체류형 교류활동에 관한 관광이었으나 최근에는 〈그림 7-2〉와 같이 농촌지역의 다양한 형태의 관광을 포함한다(AYHAN, Ciğdem Kaptan, et al., 2020). 최근 농촌관광의 개념은 광의적으로 접근되고 있으며, 지속가능한 관광의 개념에 근거한 여행의 형태로 나타나고 있다.

■ 이탈리아의 알베르고 디푸조(Albergo Diffuso)

농촌관광의 한 예로 농촌지역의 비어 있는 농가를 이용하여 숙박시설로 사용하는 방안이다. 관광객들의 욕구는 계속해서 변화해 왔다. 최근의 관광객들은 새로운 경험, 개인화된 관광경험, 환경에 많은 관심을 가지고 있다. 이러한 측면은 관광의 마케팅에 대한 진화를 이끌어내었다. 그 예로 알베르고 디푸조를 들 수 있다.

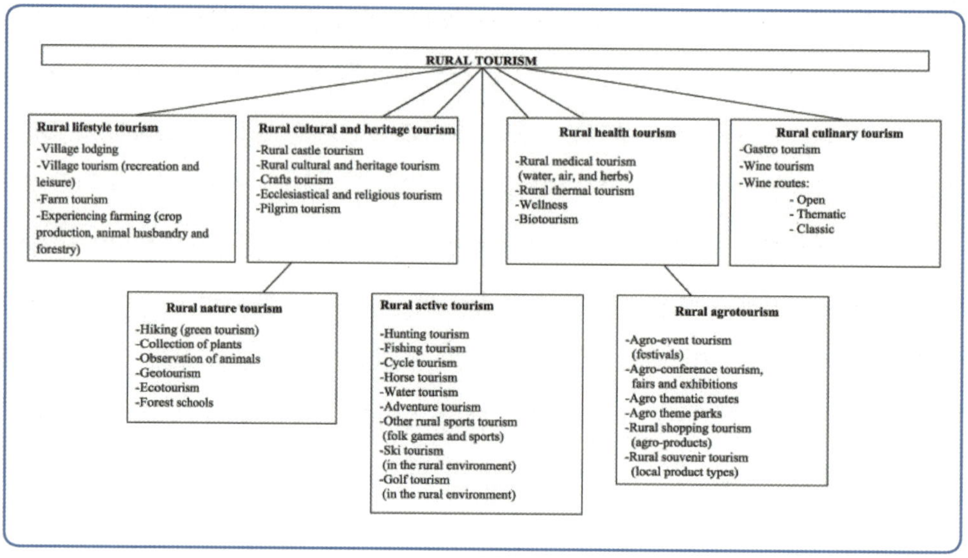

출처: Dávid et al.(2007); Dávid(2011)

그림 7-2 농촌관광

이탈리아의 알베르고 디푸조는 관광개발의 부정적인 영향을 배제한 친환경적인 관광개발의 모델로 평가되고 있다. 알베르고 디푸조의 아이디어는 1980년대 초 이탈리아에서 개발되었다. 전형적인 이탈리아의 농촌마을 호텔로 리모델링한 친환경적인 호텔이다. 농촌마을 전체를 하나의 호텔로 리모델링하여 호텔 리셉션, 레스토랑 등의 편의시설을 만들었다. 호텔 투숙객들은 전통적인 이탈리아아의 시골마을에서 독특함을 체험하면서 동시에 호텔의 편안함을 느낄 수 있어서 만족도가 매우 높다. 이 호텔은 별도의 농가를 호텔 리셉션으로 개조하여 사용하고 있으며, 직원이 상주하고 있어 투숙 농가를 안내해 주고, 각종 편의시설의 위치를 안내해 준다. 알베르고 디푸조는 고객들에게는 이탈리아의 전통적인 마을을 체험할 수 있게 하며 동시에 지역의 전통적인 건축문화를 보존할 수 있게 한다.

알베르고 디푸조는 농촌지역이나 소도시의 건축양식, 역사유산 및 문화유산의 지속성을 강화시킨 호텔이다. 이 모델은 농촌지역의 관광수요를 만들어낼 뿐만 아니라 농촌의 경관을 보존하는 새롭고, 독창적인 환대산업의 모델이 되고 있다. 세계 여러 나라에서 이 모델을 환경, 문화 및 지역사회를 통합하는 모델로 삼고 있으며, 지역의 공동체 문화 및 환경의 지속가능성이 잘 반영된 모델로 평가받고 있다. 즉, 지속가능한 관광에서 강조되는 지역 문화 및 환경 보존을 통해 투숙객에게 진정성 있는 경험을 주게 되어 관광 목적지의 지속가능성을 가지게 되는 것이다.

이와 같이 빈 농가를 이용한 대규모 숙박시설 개발은 농촌지역 활성화라는 긍정적인 측면을 가지고 있는 반면에 조용한 농촌지역의 친환경적인 삶을 위협하는 요인으로 작용하기 때문에 관광개발에 있어 지역 공동체의 의견 반영이 이루어져야 한다.

출처: https://media.datahc.com

그림 7-3 알베르고 디푸조(Albergo Diffuso)

〈Albergo Diffuso Hotel〉

- 개별호텔을 묶는 공동의 서비스 및 시설, 공간을 제공한다.
- 전문적으로 관리하는 개인 호텔의 개념이다.
- 부정적인 환경을 배제한 친환경적인 지역개발 모델이다.
- 지역개발을 위해 대규모 개발보다는 보존에 초점이 되어서 개발한다.
- 지역의 특색을 보존하는 개발로 지역의 독특한 특색을 보존한다.
- 지역경제에 활력을 가져다준다.
- 관광객에게 진정성 있는 환경을 제공한다.

이러한 농촌관광은 인구감소로 어려움을 겪는 농촌지역에 활력을 불어넣으며, 방문객 증가로 지역 경제를 활성화시켜 주는 정책이 될 수 있다. 성공적인 농촌관광 개발의 핵심은 지역 주민의 환경적 및 문화적 욕구와 경제적 혜택이 모두 충족되며, 방문객에게 진정성 있는 경험을 제공하는 것이라고 할 수 있다.

(2) 책임관광

책임관광(responsible tourism)은 지구온난화, 환경오염, 사회적 불평등, 문화훼손 등에 대한 국제적 관심과 진정성 있는 관광경험에 대한 욕구를 배경으로 대두되었다. 관광 목적지의 개발은 지역경제를 향상시키기 위한 방안으로 널리 사용되어 왔다. 이러한 개발은 여행자나 서비스 제공업체의 관점으로 개발되어 환경적, 문화적, 사회적, 경제적 측면의 문제를 만들어냈다. 이러한 문제의 해결방안으로 책임 있는 관광경영이 대안으로 연구되고 있다. 관광경영에 있어 책임관광에 대한 관심이 증가하고 있음에도 불구하고, 대부분의 기업은 책임관광에 대해 시간과 자원을 투자하지 않는 것으로 나타났다(Mathew & Sreejesh, 2017). 특히 개발도상국가의 관광개발에 있어 경제발전을 우선시하는 관광관행이 이루어져 책임관광을 방해하는 요인으로 작용하고 있다.

책임관광은 지역의 자연, 건축 및 문화 보존과 종사자의 이익을 존중하는 관광의 형태로 정의된다(Mathew & Sreejesh, 2017). Spenceley et al.(2002)은 책임관광을 관광경험의 질, 지역 주민의 삶의 질, 사회 경제적 혜택, 천연자원의 보호하는 형태의 관광으로 정의하였다. 이러한 개념은 관광의 지속가능성을 높이기 위해 책임 있는 관광이 필요한 데 기반한다. 즉, 책임관광이 이루어질 때 관광의 지속가능성도 유지된다는 것이다(Paul & Rupesh, 2013). 왜냐하면, 책임관광은 관광개발이 가져오는 부정적인 효과를 억제하고, 긍정적인 효과를 극대화시켜 관광 목적지를 지속가능하게 하기 때문이다. 이를 종합해 보면, 책임관광은 환경적, 경제적, 사회적 지속가능성의 원칙에 근거하는 개념임을 알 수 있다. 따라서 책임관광은 지속가능한 관광의 하위개념이라고 할 수 있다.

남아프리카공화국은 1992년 케이프타운 회의 이후에 책임관광의 중심에 서게 되었다. 2002년 케이프타운 선언에서 책임관광의 원칙을 제시하였고, 책임관광의 개념을 구체화시켰다. 케이프타운 선언의 내용은 다음과 같다.

- 환경적, 경제적, 사회적으로 부정적인 영향을 줄인다.
- 지역 주민에게 경제적 혜택이 돌아가야 한다.
- 관광개발에 있어 지역 주민의 삶과 생활에 영향을 주는 결정은 지역 주민이 스스로 참여할 수 있도록 한다.
- 다양성을 지닌 문화유산과 자연보존에 긍정적으로 기여한다.
- 지역 주민과의 교류를 통해 지역의 문화, 사회, 환경을 이해하고, 이를 통해 방문객에게 즐거운 경험을 제공한다.
- 장애인의 접근성을 보장한다.
- 방문객과 지역 주민 간에 서로 존중하며, 지역 주민이 지역에 대한 신뢰와 자긍심을 가지고, 방문객은 문화적으로 세심하게 배려한다.

■ 크루거 국립공원(Kruger national park)

남아프리카국립공원 관리청은 공공기관으로 19개의 국립공원을 운영하며, 책임관광에 대한 구체적인 브로슈어를 만들었다. National Responsible Tourism Standard SANS의 내용을 보면, 책임관광의 중요성을 아래와 같이 언급하였다.

"현재와 미래 세대의 공정한 이익을 실현하기 위한 혁신과 모범 사례를 통해 생물의 다양성과 유산을 보존하는 지속가능한 국립공원 시스템을 개발, 확장, 관리, 홍보한다."

National Responsible Tourism Standard SANS의 내용을 좀 더 구체적으로 보면 다음과 같다.

- 자연과 문화 환경을 존중하며, 윤리적인 방법으로 지역 경제발전에 기여한다.

- 지역사회에 대한 혜택을 극대화하고 부정적인 사회적 및 환경적 영향을 최소화 한다.
- 지역의 문화, 서식지 및 생태계 다양성을 보존한다.

출처: http://www.krugerpark.co.za/

그림 7-4 크루거 국립공원(Kruger national park)

남아프리카의 가장 인기 있는 국립공원인 크루거 국립공원을 대표적인 책임관광의 예로 들 수 있다. 이 공원은 아프리카 최초의 국립공원으로 1898년 개장 이후 세계 최고의 사파리 관광지가 되었다. 규모는 약 2만㎢ 크기의 국립공원이며, 사자 · 표범 · 코뿔소 · 코끼리 · 버팔로와 같은 빅5 동물을 비롯하여 1,000여 종의 다양한 동물들이 서식하는 국립공원이자 야생동물 보호지역이다. 이러한 야생동물의 보존은 아프리카 관광 경제의 필수요소이다. 크루거 국립공원은 야생동물을 보호하는 동시에 관광객에게는 사파리와 피크닉 등의 관광상품을 판매한다. 1997년부터 2017년까지 캠프 및 롯지 리모델링, 공원시설 등에 대규모로 투자하였으며, 관광 인프라 개발을 위해 노력해 왔다.

크루거 국립공원은 책임관광의 대표적인 사례라고 할 수 있다. 남아프리카공화국은 관광정책으로 책임관광에 대한 가이드라인을 제시하였으며, 관광지의 환경영향평가를 시행함으로써 책임관광에 기여하였다. 더욱이 국가환경관리법에 의해 관광인프라 및 보호지역 내에 생물의 다양성에 영향을 주는 개발에 대해 책임관광을 의무화하였다. 이러한 남아프리카의 책임관광 가이드라인에 의해 크루거 국립공원 내의 사파리 롯지, 캠핑장, 방문객 출입구, 휴게소, 피크닉 장소 등이 관리되며, 방문객에 의해 발생되는 환경적 문제를 점검한다. 이러한 결과로 남아프리카공화국에서 관광이 경제에 중요한 역할을 하게 되었다.

(3) 복지관광

복지관광(social tourism)은 소외계층에 다양한 형태의 관광활동을 지원하는 것이다(Kakoudakis, McCabe & Story, 2017). 처음은 스위스와 프랑스에서 복지정책으로 시행되었으며, 이후 유럽의 여러 국가에서 공공정책으로 사용되고 있다. 프랑스의 경우는 복지법에 의해 관광 참여가 제한적인 계층에 정책적인 보조를 하면서 시작되었다. 스위스는 1930대부터 노동자들에 대한 관광을 지원하면서 복지관광을 도입하였으며, 사회단체와 여행업계를 중심으로 스위스여행금고(REKA: Die Genossenschaft Schweizer Reisekasse)를 1939년에 설립하였다. 이러한 배경에는 90년대 이후 도시화와 공업화로 노동자들의 여가시간과 소득 수준이 증가했음에도 불구하고 여전히 관광에 참여하지 못하는 계층이 존재하는 데 있었다. 이후 복지관광은 여러 유럽의 국가에서 공공정책으로 사용되고 있다. 대표적으로 영국, 벨기에, 스페인, 프랑스, 스위스 등을 들 수 있으며, 나라마다 지원되는 관광의 형태는 차이가 있다.

복지관광은 관광을 통해 여행자들이 얻는 삶의 질 향상과 사회 구성원의 행복감을 복지에 포함한 개념이다. 사람들은 여행을 통해 새로운 경험과 지식을 가지게 된다. 복지관광은 여행자에게 새로운 경험을 제공함으로써 사회복지에 긍정적인 영향을 주게 되며, 여행을 통한 지식습득은 전반적인 삶의 질을 향상시키게 된다

(Pyke, Pyke & Watuwa, 2019). 즉, 복지관광에 참여하는 사람들은 일상생활에서 접하지 못한 새로운 환경 및 사람들을 통해 새로운 경험을 하게 된다. 이러한 관광경험은 개인의 행동과 사회 구성원으로서의 관계에 영향을 미친다. 관광에서 오는 일상적이지 않은 경험을 통해 낯선 장소나 일에 대한 두려움을 덜 느끼게 해준다. 또한, 여행을 통해 가족, 친구 및 지역사회와의 돈독한 커넥팅은 사람들을 정신적 및 육체적으로 더 행복하게 한다. 다시 말해 사람들은 사회 및 지역사회와의 관계가 좋을 때 더 건강하다는 것이다(Pyke, Pyke & Watuwa, 2019).

복지관광의 정의는 복지(welfare)의 개념에 관광 서비스를 더한 관광의 형태이다. Hunzicker(1957)는 복지관광을 "저소득층 사람들의 참여를 특징으로 하는 특별한 유형의 관광"으로 정의하였다. 이 정의는 다음과 같이 해석할 수 있으며, 유럽 여러 나라의 관광정책에서도 볼 수 있다.

- 복지관광은 저소득층을 비롯해 모든 사람들이 관광에 참여하도록 장려하는 관광이다. 많은 사람들을 관광에 참여시키기 위해 유럽의 여러 나라에서는 여행바우처를 제공하는 방안을 사용하고 있다. 대표적인 예로 프랑스의 'Cheques Vacances(휴일 바우처)'를 들 수 있다. 이 바우처는 숙박, 식사, 교통, 레저, 문화 등의 다양한 품목에 사용 가능하며, 소득수준에 관계없이 제공된다. 모든 사람에게 제공되는 복지혜택의 측면과 국내 관광산업의 활성화를 통한 경제적 효과를 위해 제공된다. 프랑스의 휴가바우처의 금액과 총 관광지출 금액을 비교해 보면, 총 지출금액은 휴가 바우처 금액의 4배에 달하는 것으로 추정된다 (Minnaert, Quinn, Griffen, & Stacey, 2010).

출처: ancv.com

그림 7-5 Cheques Vacances

- 복지관광은 저소득층 또는 사회적 약자들에게 관광활동에 대한 참여를 장려하는 것이다. 즉, 경제적 및 건강상의 이유로 관광활동을 할 수 없는 집단에 관광 경험을 제공하는 것이다. 예를 들면, 장애인, 노인, 건강상의 이유로 관광활동이 제한된 사람, 저소득층 등을 포함한다.
- 복지관광은 저소득층이나 소외계층을 특별히 고려하여 만든 관광이다. 예를 들면, 전문 숙박시설을 선정하거나 관광지원 서비스를 통해 디자인된 상품을 제공하는 것이다. 특히 이동이 불편한 사람들을 위한 시설이나 단체가 포함된다. 이러한 복지관광의 참여자는 이용대상에 제한되어 있다. 영국의 자선단체인 Break를 예로 들면, 이 자선단체는 전문 간호직원이 있는 4개의 휴가센터를 운영하며, 신체장애가 있는 어린이 및 아픈 어린이에게 높은 수준의 의료서비스를 제공하는 휴가시설을 제공한다.

출처: https://www.lookoutpro.com/

그림 7-6 Imserso Program

- 복지관광은 저소득층이나 소외계층의 관광을 통해 경제적 기회를 만드는 것이다. 이러한 관점은 지역공동체에 경제적 이익을 제공하는 데 중점을 둔다. 복지관광은 주로 비수기에 이루어지게 되며, 국내활동으로 구성되는 경우가 많다. 이는 비수기에 지역의 관광산업을 활성화시켜 지역경제에 도움을 준다. 이러한 시스템으로 스페인의 IMSERSO 프로그램을 들 수 있다. 이 프로그램은 비수기 동안 지역의 노인들에게 휴가혜택을 제공한다. 이 휴가혜택은 노인에게만 제공되며, 교통편, 식사, 관광을 포함한다. 이 정책은 지역민들에게 복지혜택을 제공하는 동시에 지역의 고용을 안정시키는 효과를 가져온다. 고용안정은 지역경제를 활성화시켜 세금수입을 증가시킨다. 즉, 참여자들에게 제공하는 복지혜택뿐만 아니라 지역의 재정이익에도 기여한다. 실제로 2009~2010년에 복지관광에 참여한 300개 호텔을 조사한 결과를 보면, 복지관광에 참가자는 모두 백만 명이었으며, 79,300개의 일자리를 창출하였다. 이 복지관광에 지불된 금액은 모두 세금으로 채워졌다(Minnaert, Maitland & Miller, 2011).

Minnaer(2011)는 복지관광을 "윤리적인 측면을 포함시켜 현대사회가 보장해야 하는 관광에 대한 권리"라 하였다. 이 개념은 유럽의 여러 국가에서 복지관광 정책에 이용되는 원칙으로 활용되고 있다. 다음과 같이 유럽경제사회위원회(European Economic and Social Committee)의 복지관광의 정의에도 잘 나타나 있다.

- 모든 사람은 매일, 매주, 1년에 한번씩 쉴 수 있는 권리
- 자신의 자질 및 사회적 융합의 개발을 위한 여가에 대한 권리
- 모든 사람들이 자기개발을 할 수 있는 권리

이는 관광의 권리를 구체적으로 표현한 것이다. 관광은 더 넓은 의미에서 사회구성원 모두에게 제공할 수 있는 혜택에 근거한 권리로 여기고 있다. 복지관광은 사회적 통합, 지속가능한 관광 시스템, 고용 및 경제개발에 기여한다. 최근 산업의 비율은 농업 및 제조업의 비율이 감소하고 있고, 이러한 산업에 대한 대안으로 관광산업이 주목받아 왔다.

■ 스위스여행금고(REKA)

스위스는 유럽에서도 먼저 복지관광을 시작한 나라이다. 스위스는 1880년부터 철도업, 금속업, 건설업, 임업 등의 분야에서 일하는 노동자들의 휴가를 위한 호텔이나 숙소를 제공하였다. 제2차 세계대전 이후 급속한 도시화와 산업화가 진행되었고, 여가시간 증대, 교통수단의 발전 및 소득증가와 같은 변화는 관광의 주체를 일반 대중으로 바꿔놓았다. 이러한 대중관광의 시대에도 소외계층은 여러 가지 이유로 관광에 참여할 수 없었다. 이러한 이유에서 스위스의 사회단체와 여행업계는 1939년 스위스여행금고(REKA)를 설립하였다. 스위스여행금고(REKA)의 대표적인 역할은 REKA 지불수단을 이용하여 여행경비를 절약, 저렴한 휴가여행 정보, 저렴한 관광시설의 개발 및 운영, 소외계층 가족의 초청 여행을 위한 지원을 제공하는 것이다. 이러한 역할을 자세히 살펴보면 다음과 같다.

- REKA 지불수단 운영을 통한 여행경비를 절약할 수 있다. 스위스에서는 연간 200만 명 이상이 REKA 지불수단을 이용하여 여행을 한다. REKA 지불수단은 체크카드처럼 이용이 가능하며, 여행시설 및 여행 서비스 이용 시 추가적인 할인을 받을 수 있어 경비를 절약하게 된다. 사용처는 호텔, 레스토랑, 철도승차권, 주유소 등의 REKA 가맹점에서 사용할 수 있다.
- REKA는 저렴한 휴가시설을 직접 개발하고, 운영한다. 복지관광으로 잘 알려진 스위스 레잔 지역을 보면, 이 지역은 스위스금고의 개발로 기존에 있던 호텔, 요양원을 수영장, 스키장, 테니스장 등의 휴가시설로 바뀌다. 이후 관광객의 수는 점점 늘어 5만 이상의 숙박일수를 기록하였다. 이와 같은 REKA의 휴가시설은 저소득층의 이용을 장려하기 위해 개발되었으며, 소득수준에 따라 10~50%의 차별적인 할인혜택을 제공하고 있다. 또한, REKA의 휴가시설의 개발은 지역 관광객 수의 증가를 가져오며, 지역의 철도, 스키, 리조트, 각종 상업시설의 판매를 증가시켜 지역 경제에도 긍정적인 영향을 준다.
- 저소득층, 싱글맘, 장애인을 위한 초청여행을 제공한다. 저소득층의 초청 가족여행의 경우 휴가시설에서 1주일 여행을 할 수 있도록 숙박, 대중교통 티켓을 제공한다. 이러한 저소득층 가구에 대한 지원은 한 해 1,200가구에 지원되고 있다. REKA에서 한 해 동안 저소득층, 장애인, 편부모 가정에 대한 휴가 지원은 모두 약 5만 일 정도이다.

출처: https://reka.ch

그림 7-7 스위스여행금고(REKA)

Chapter 8

새로운 여행 트렌드 속 호텔

Chapter 8 새로운 여행 트렌드 속 호텔

여행과 여행시장이 빠르게 변화하고 있다. 여행사는 기존 중개 서비스업 개념에서 IT업으로 교체가 이뤄지고, '욜로' '소확행' '워라밸' 등 질적인 삶에 대한 관심이 늘면서 질 높은 여행을 즐기려는 수요가 늘고 있다. 이에 호캉스, 웰니스 등의 유형도 생겨났다. 이에 발맞추기 위해 한국관광공사는 매년 국내 여행형태를 분석하여 그해의 여행 트렌드를 제시한다. 2019년은 국내여행 트렌드를 "여행은 언제 어디로든 떠날 수 있도록 나와 연결되어 있는 모든 것!"이라는 의미를 포함하는 키워드 'BRIDGE'를, 2020년에는 "기술과 플랫폼의 진화를 통해 내게 더 맞는 여행으로"의 'REFORM'을 제시했다. 이러한 여행 트렌드의 변화에 따라 호텔 및 관광산업은 여행객이 선호하는 여행방식에 초점을 두고, 패키지상품의 개발, 시설을 변경 및 보완하는 등 자연스럽게 변화의 한가운데 있다.

1. 여행 트렌드 변화의 시작, SNS

국내외 유명 여행지를 가면 공통으로 마주하게 되는 풍경이 있다. 여행지에 몰려드는 사람들이 한결같이 스마트폰을 들고 인증 사진을 찍기 바쁘다. 인생 사진을 건지기 위해선 한참 줄을 서서 기다리는 불편함도 개의치 않는다. 여행지에서 공들여 찍은 사진들은 메신저의 새로운 프로필이 되고, 소셜네트워크서비스(SNS)에 올려진다. SNS에 인증하기 위해 여행을 간다고 해도 이상하지 않을 정도다. 이는 여행의 기준이 SNS 플랫폼을 중심으로 한 트래블그램과 밀접한 관련이 있음을 짐작하게 한다.

트래블그램은 '트래블(Travel, 여행)'과 인스타그램(Instragram)을 합성한 신조어로 SNS가 여행 풍속을 지배하는 형태를 만든 것이다. 인스타그램 이용자들은 실시간으로 전 세계 여행지 사진과 영상을 올린다. 여행지의 모습을 언제든 볼 수 있고, 주변 맛집부터 행사까지 여행 관련 동향을 볼 수 있는 안내서 역할을 하고 있다. 인스타그램은 2018년 한 해 트렌드를 이끈 화제의 해시태그를 조사·발표한 결과, #가족여행 #여행에미치다 등 여행 관련 해시태그를 국내에서 가장 인기 있는 해시태그로 뽑았다. 인스타그램 측은 여행 코스로만 다닐 수 있는 패키지 여행이 아닌, 개인의 개성을 담은 여행을 계획하는 이들이 늘어난 것도 트래블그램이 활성화된 이유라고 전했다. 특히 여행사나 현지 관광청이 아닌 친구와 유명인, 블로거 등이 올린 여행지 사진과 동영상을 통해 여행 정보를 올리는 추세라고 덧붙였다.

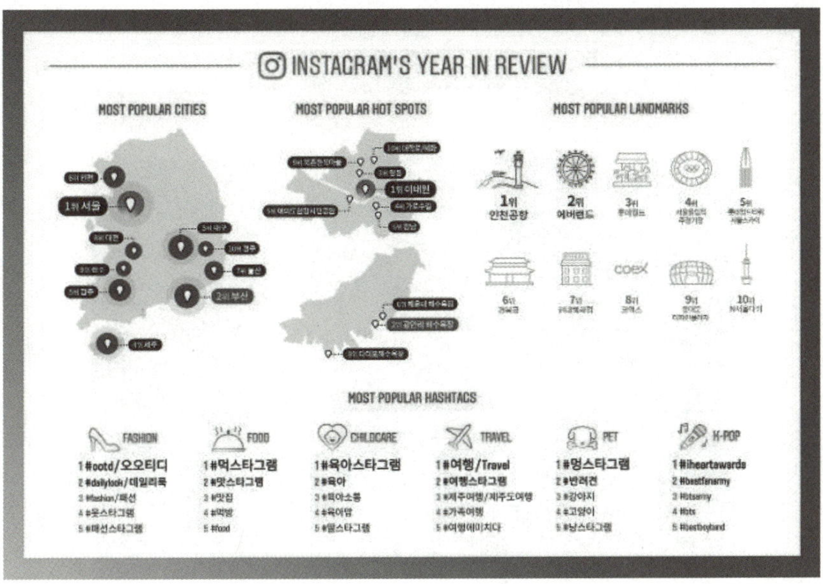

출처: 인스타그램

인스타그램이 선정한 2018년 해시태그

인스타그램은 한국관광산업 진흥에도 일조하고 있다. 외국인 관광객들이 한국의 다양한 명소와 일상 풍경, 다채로운 한식 등을 촬영해 인스타그램에 올린 사진들이 해외에서 인기를 얻으면서 렌즈에 비친 한국의 아름다운 전통과 문화, 음식을 직접 체험하기 위해 한국을 찾는 관광객이 늘고 있기 때문으로 풀이된다.

인스타그램에 따르면 2018년 5월부터 10월까지 6개월 동안 국내 장소를 촬영해 인스타그램에 게시한 외국인 관광객들의 수가 160만 명 이상을 돌파했고, 게시물 수는 700만 개에 달한다.

인스타그램 측은 "음식점이나 숙박업체들은 인스타그램을 통해 이벤트나 프로모션을 적극적으로 하고 있으며 여행객들과 소셜미디어를 통해 실시간으로 소통하고 있다"며, "관광객의 정보접근성이 인터넷과 스마트폰을 통해 급속히 확대됨에 따라 관광산업에서도 인스타그램을 모객을 위한 플랫폼으로 활용하는 사례가 늘고 있다. 여행사들도 인스타그램을 통한 다양한 영상 광고 및 이벤트를 진행하며 국내외 여행객들의 감성을 자극하고 있다"고 설명했다.

세계적으로 유명한 지형, 지역의 특성을 반영한 이색호텔은 SNS 속 해시태그 '#힐링호텔 #인생사진 #꼭가봐야 할 #한번쯤가보고싶은'으로 더욱 유명해진 새로운 여행 트렌드가 되었다.

출처: www.kirkenessnowhotel.com

Snowhotel Kirkenes 내부전경

노르웨이 동북부 항구도시인 키르케네스(Kirkenes)에 위치한 스노호텔(Snow hotel)은 온통 얼음으로 장식한 실내가 인상적이다. 2006년 처음 문을 연 스노호텔은 아주 거대한 풍선 위에 눈을 덮어 둔덕 형태의 외관을 완성한 후, 풍선을 터뜨리고 실내 얼음장식으로 마무리해 완성했다. 이곳은 그동안 노르웨이의 주변 자연경관과 더불어 킹크랩 사파리, 허스키 사파리, 오로라 관찰하기, 얼음낚시, 스노슈(snowshoe)를 신고 설원 산책하기 등의 프로그램으로 수많은 여행객의 마음을 사로잡았다.

터키 카파도키아에는 암석을 깎아 만든 '술탄 케이브 스위트호텔'이 있다. 놀랍게도 옛날 카파도키아에 살던 사람들은 암석 내부, 즉 동굴 안에서 먹고 자는 생활을 했는데, 이는 화산재가 굳어 만들어진 응회암이 생각보다 부드러워서 사람들이 큰 힘을 들이지 않고 동굴 내부에 공간을 만들 수 있었기 때문이라고 한다. 특히 이른 아침 하나둘 떠오르는 열기구들은 지구상 어디에서도 볼 수 없는 장관으로 카파도키아에서 꼭 해야 할 일 중의 하나로 #sultancavesuites 해시태그로 검색해 보면 그 인기를 확인할 수 있을 정도로 유명하다.

술탄 케이브 스위트호텔 앞 전경

국내 제주에는 한라산, 오름과 초가집을 모티브로 인공적 장식을 최대한 배제하고 제주의 생태를 표현하도록 설계된 포도호텔이 있다. 하늘에서 내려다본 그 모습이 마치 한 송이의 포도 같다 하여 이름 지어진 것으로 제주 오름과 초가지붕의 부드러운 곡선을 주제로 단층으로 만들어진 26개의 객실, 높은 천장과 산방산을 향해 있는 큰 양실과 소담한 정원, 멀리 한라산이 보이는 뷰 등, 건축가의 예술 · 철학이 녹아든 공간은 제주를 여행하는 동안 특별한 경험으로 남게 한다.

출처: 포도호텔 웹사이트

제주 포도호텔 전경

2. 새로운 여행 트렌드

1) 호캉스(Hocance)

여행자는 여행 트렌드에 따라, 혹은 각자의 이유에 따라 여러 주제로 계획을 세우고 실행한다. 그중에서 '호텔 자체가 여행의 목적지가 되는' 여행계획을 세우기도 하는데 우리나라에서는 최근 4년간 호텔(Hotel)과 바캉스(Vacance)를 합성해 호캉스(Hocance)라 부르며 유행되었다. 호캉스는 호텔에서 바캉스를 보내는 휴가 방식을 이르는 신조어 및 콩글리시이다. 영미권에서는 이러한 휴가를 호텔에서 보내는 스테이케이션(Stay+Vacation)이라고 하여 '호텔 스테이케이션(Hotel Staycation)' 또는 'Staycation at Hotel'이라고 표현한다. 한국에서는 최근에야 유행하기 시작했지만, 2019년은 특별히 호황기를 누리고 있는데 이는 2019년 7월부터 일어난 일본 상품 불매운동의 여파로 보는 견해가 있다. 원래 여름 휴가기간에 맞춘 예산을 가진 한국인들이 선호하던 여행코스가 일본이었는데 불매운동이 시작되면서 방향을 한국으로 돌렸고, 식상한 기존 관광지와 바가지 상술을 혐오하는 여행객들은 2박 3일 동안 시원한 에어컨바람 맞으며 '손님은 왕이다'를 체험할 수 있는 호캉스가 휴가 예산대비 만족도가 높았던 것이다. 일본 불매운동이 거세진 2019년 7월, 트립닷컴이 7월 한 달간 국내 호텔 예약량을 분석한 결과에 따르면, 전년대비 강릉은 무려 1528%, 부산 426%, 제주 334%, 인천 212%, 서울 111%나 예약이 증가하는 등 국내 주요 거점도시들의 숙박수요가 크게 늘어난 것으로 집계됐다. 한국의 대도시 유명 호텔의 예약비율이 거의 모든 곳에서 전년대비 2배 이상 치솟는 대호황을 누린 것이다.

〈표 8-1〉 2019년 7월 국내호텔 예약률

순위	도시	전년대비 증가율
1	서울	111%
2	제주	334%
3	부산	426%
4	인천	212%
5	강릉	1,528%

출처: trip.com 홈페이지 뉴스룸

이러한 여행 트렌드에 따라 호텔은 여행자가 원하는 시설과 서비스를 갖추기 위해 변화하고 있다. 트립닷컴은 2019년 9월, 한 달간 한국 여행자 1,174명을 대상으로 설문조사, '한국인이 좋아하는 호텔 트렌드'를 통해 호텔산업의 미래를 짐작할 수 있는 방향을 제시했다.

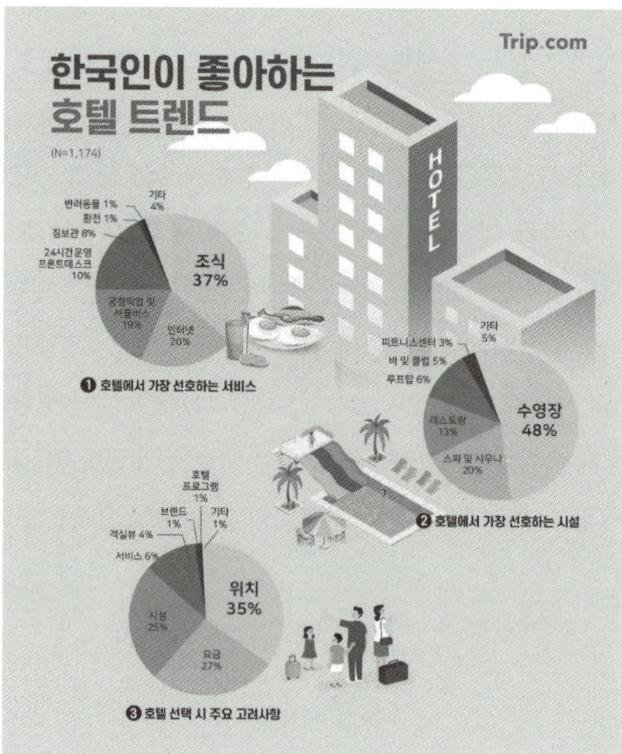

출처: 트립닷컴 홈페이지 뉴스룸

한국인이 좋아하는 호텔 트렌드

결과에 따르면, 호텔에서 가장 '선호하는 서비스'는 '조식(37%)'으로 나타났다. 이어 '인터넷(20%)', '공항 픽업 및 셔틀버스(19%)', '24시간 프런트 데스크(10%)' 등의 순이다. '조식'은 성별, 연령대별 분석결과에서도 대부분 가장 높은 선호도를 보였으나, 유일하게 20대에서만 '인터넷(27%)'이 '조식(26%)'보다 중요도가 높았다.

이어 '선호하는 호텔 시설'에 대한 질문에는 응답자의 약 절반이 '수영장(48%)'을 최고로 꼽았다. 수영장은 단순한 부대시설이 아니라 호텔 명성을 좌우할 만큼 중요한 요소다. 싱가포르의 마리나베이샌즈호텔이 대표적인 예다. 이곳은 옥상의 인피니티 풀(물과 하늘이 이어지도록 설계해 시각적으로 경계가 모호한 수영장) 덕분에 지역의 랜드마크로 자리매김했다. 수영장 이외에 '스파 및 사우나(20%)', '레스토랑(13%)', '루프탑(6%)' 등이 선호도가 높았다. 단, 남성은 여성보다 '수영장(남 39%, 여 60%)' 못지않게 '스파 및 사우나(26%)'에 대한 선호도가 높았다.

또한 한국인은 호텔을 선택할 때 '위치(35%)'가 가장 중요하다고 답했으며, 이어 '요금(27%)', '시설(25%)', '서비스(6%)' 등을 주로 고려하는 것으로 분석됐다.

2) 웰니스(Wellness)

현대사회는 보다 많은 사람들이 개인의 건강과 정신적 행복을 삶의 최우선 순위로 여기고 있으며 이러한 삶의 방식은 여행에서도 고스란히 반영되고 있다. 여행 중에도 자신만의 운동 루틴을 지키고, 건강한 식단의 음식을 즐기며, 액티비티 위주의 투어를 하는 등 본인의 건강한 라이프 스타일을 유지하기를 원한다. 이는 곧 고객들이 신체뿐만 아니라 정신적으로도 완전히 재충전할 수 있는 풍부한 경험을 원하고 있다는 뜻이다.

월간 호텔 & 레스토랑은 이러한 점에 주목하고, 2018년 9월에 Wellness 관광과 호텔의 변화 Trend라는 주제의 칼럼을 공개한 바 있다. 본 칼럼에 따르면 전 세계적으로 관광업계에서는 지역을 브랜딩하는 과정에서 필수적으로 웰니스라는 주제를 포함시키고, 건강 및 운동과 관련된 테마여행을 계획하고 있으며 휴양도시의 경우 더 적극적인 마케팅을 하고 있다. 대표적으로, 카리브해에 위치한 아루바(Aruba)섬의 관광청에서는 매년 6월을 '알로에 웰니스의 달'로 지정해, 섬에서 생산되는 알로에를 사용해 한 달 동안 마사지, 스파, 쿠킹 클래스, 전통 공예 수업 등 웰니스 콘셉트의 다양한 활동에 제공하는 이벤트를 하며, 플로리다의 팜비치(Palm Beach)카운티에서는 2017년부터 10월을 '스파 & 웰니스 달'로 지정해, 10월 동안 팜비치 내 호텔, 리조트, 스파업체에서 웰니스 관련 서비스들을 할인된 가격으로 제공해 웰니스 관광객들을 적극 유치하기도 했다(www.aruba.com).

호텔앤레스토랑 칼럼에 기재된 서비스부터 인테리어까지 웰니스 콘셉트를 구현하며 완전한 '웰니스 데스티네이션 호텔(Wellness Destination Hotel)'로서 자리매김하고자 끊임없이 노력하는 대표적인 호텔 브랜드들을 소개한다.

• Westin Hotels & Resorts

메리어트 계열의 Westin호텔 & 리조트는 "Let's Rise"라는 슬로건을 가지고 웰니스를 주제로 글로벌 브랜드 캠페인을 발표했다. 'Eat Well, Move Well, Sleep Well 그리고 Feel Well' 등을 주장하며 고객의 몸과 마음을 위해 최선을 다한다는 포부를 밝혔다.

그중 2가지 사항에 대해 자세히 설명하자면, 우선 'Sleep Well'의 경우 Heavenly Bed로 잘 알려진 시그니처 침대 및 침대 옆에는 숙면을 도와주는 라벤더와 카모마일 오일밤이 제공된다. 그리고 슈퍼푸드를 연구하는 식품브랜드인 'SuperFoodsRx'와 협업해 숙면을 돕는 야식 메뉴가 룸서비스로 제공되는 등 숙면과 관련된 여러 가지들을 결합한 서비스를 진행하고 있다. 'Move Well'의 경우에는 여행 중에도 자신의 운동 루틴을 지키고 싶어 하는 고객들을 위한 대표적인 서비스로, 특히 그룹 러닝을 설계하고 주도하는 'Run Concierge' 서비스가 가장 주목받고 있다. 'Run Concierge'의 역할은 지역의 숨은 러닝 코스들을 찾아 소개하고, 고객들이 관광과 운동을 함께 해결할 수 있도록 가이드 및 트레이너의 두 가지 역할을 동시에 하는 것이다. 혼자 여행 온 고객이나 따로 관광할 시간이 없는 비즈니스 고객들에게 큰 인기를 얻고 있다. 또한, 스포츠의류 브랜드 'New Balance'와 파트너를 맺어 운동장비를 따로 챙겨올 필요없이 운동복과 신발을 대여해 주는 서비스도 실행 중이다. 그리고 Westin은 호텔업계에서는 처음으로 사이클 트레이닝 플랫폼인 'Peloton Bike'와의 독점계약을 통해 자전거 운동기구 앞에 부착된 화면에서 고객들이 원하는 운동 종류 그리고 트레이너까지 직접 선택해 맞춤형 운동을 할 수 있도록 했다. 피트니스센터뿐만 아니라 객실 내에서도 사이클링 기구를 옵션으로 둬 편리하게 사용할 수 있게 서비스의 범위를 확장했다.

이렇듯 Westin 호텔&리조트는 현재 음식, 스파 등 고객 경험의 전반에 걸쳐 웰니스 서비스를 보다 정교하고 개인 맞춤형태로 진화시키는 중이다(http://westin.marriott.com/).

• Six Senses Hotels, Resorts & Spas

태국의 글로벌 럭셔리 리조트 그룹인 'Six Senses'는 웰니스 테마가 얼마나 심도 깊게 진행되고 있는지를 보여주는 중요한 사례다. Six Senses가 추구하는 가치는 '자연의 아름다움 속에서 되찾는 Stress Free Mind'다. 이러한 가치추구는 몰디브, 코사무이, 세이셸, 오만 등 아름다운 자연환경이 보존되고 있고, 다소 접근이 까다로운 지역만을 선정하는 것을 보면 쉽게 알 수 있다. Six Senses는 까다롭게 선택된 장소에 추가로 섬세한 서비스와 더불어 지역 특색을 반영한 웰니스 액티비티 프로그램을 더해 그들만의 특별함을 완성시킨다. 예를 들면, 태국에서는 타이 전통 복싱 수업을, 포르투갈에서는 와인을 경험할 수 있는 자체 와인 투어를, 그리고 아름다운 암산으로 둘러싸인 오만에서는 리조트 내에서 패러글라이딩을 경험할 수 있다. 또한 바다가 있는 지역에서는 스노클링, 요트, 낚시 등 지역 맞춤형 액티비티 역시 제공된다.

그중에서도 가장 대표적인 웰니스 프로그램은 'Sleep With Six Senses'라는 프로그램으로, 세계적인 수면 전문의사에 의해 설계된 '양질의 숙면 프로그램'이다. 전문 의료진에게 교육을 받은 웰니스 전문가들이 고객의 수면 데이터와 생체리듬 등을 최첨단기술을 사용해 분석한 후, 30분 동안의 개인 상담을 통해 수면의 질을 향상시켜 주는 맞춤형 민간요법들을 알려주고, 맞춤형 스파 치료 및 액티비티도 제안한다. 뿐만 아니라 숙면을 돕는 다양한 종류의 어메티니로서 대나무 섬유로 제작된 잠옷, 야크 털로 만든 SHOKAY 안대, 코를 세척하는 Neti Pot 그리고 재스민차 등을 제공한다. 궁극적으로는 Six Senses가 추구하는 '고객의 Stress Free Mind'를 위해 끊임없이 노력하고 있는 것이다. 이러한 철저하고 체계적인 접근법은 고급브랜드의 경우에는 어떻게 최첨단의 방법으로 웰니스 경험을 고객에게 전달하고 있는지 잘 보여준다(http://www.sixsenses.com/).

3) 스포츠피탈리티(Sports + Hospitality)

2017년 온라인 뉴스 CNBC는 스포츠피탈리티(Sportspitality)라는 용어를 사용하며 아래와 같은 내용을 다뤘다. 많은 사람들이 휴가 동안에도 건강한 몸매를 유지하는 것을 중요하게 생각함에 따라, 호텔들은 필수적으로 피트니스의 기구를 최신장비로 업그레이드하고 24시간으로 운영시간을 바꾸고 있다는 점에 주목했다. 그에 따라 피트니스 브랜드와 호텔 간의 파트너십이 새로운 트렌드로 떠오르게 됐으며, 이러한 트렌드는 스포츠와 호스피탈리티를 합쳐 스포츠피탈리티(Sportspitality)라는 신조어를 탄생시키게 된 계기가 됐다.

출처: 타이거캠프 홈페이지(http://tigercamp.co.kr/docs/program_1.php)

국내의 경우, 1990년 7월에 오픈한, 청평의 한 가족호텔을 대표적인 예로 들 수 있다. 이 호텔은 2019년 5월, 웰니스를 위한 전문호텔로 변신, 내부시설을 보완하고 다이어트 프로그램 및 기타 스포츠 시설을 대거 도입하여, 국내 유일의 웰니스 콘셉트의 호텔을 오픈했다. 다이어트 프로그램에 참여할 경우 프라이빗 객실은 물론 기본 4주에서 8주, 12주 단위로 운영되며 정해진 스케줄과 식사를 제공받을 수 있다.

강원도 산자락에는 웰니스 41선 선정 웰에이징 힐링리조트 '힐리언스 선마을'이 있다. 4계절 다양한 색으로 덮인 산속에서 잣나무 산책로를 따라 피톤치드 힐링을 선물받고, 마스터가 친환경 식재료를 사용하여 정성들여 조리한 힐리언스 밥상의 경험은 일상을 떠나 제대로 된 휴식 즉 '쉼'을 제공한다. 또 심신을 치유하는 공간에서는 각 분야의 전문가가 알려주는 웰에이징에 대한 추천 힐링프로그램을 운영하여, 방문목적에 따라 특별한 프로그램을 제공받을 수 있다.

출처: 힐리언스선마을 갤러리(https://www.healience.co.kr/Content/Gallery/Gallery)

힐링패키지

해외의 경우, 'The Charlotte City Marriott Hotel'에서는 약 1,000개에 달하는 요가, 유산소운동 그리고 필라테스의 디지털 수업을 제공하고 있다. 또한 피트니스 기구들과 개인의 운동 앱이 동기화될 수 있도록 최신 장비로 업그레이드했다. 또한, 'Element Hotel'은 피트니스 앱인 'Your Trainer'와 협업해 10~12분가량의 운동 비디오들을 호텔 고객들에게만 독점 제공하고 있다.

위 사례 외에도 피트니스 브랜드와 호텔이 결합해 성장할 수 있는 기회는 무궁무

진하다. 전 세계 수천 명의 잠재 고객들에게 그들의 기구와 비디오를 홍보할 수 있다는 점은 매우 매력적인 부분이다. 앞으로 웰니스를 주제로 한 여행 트렌드가 지속적으로 성장하고 있음을 확인할 수 있다는 점에서, 관광산업과 호텔은 각자 시설들의 신규 또는 보수 계획할 때는 기존의 것을 재구성하는 것보다 근본적이고 혁신적인 서비스를 제공하는 방향으로 재편될 가능성이 높다.

3. 액티비티 여행 트렌드와 국내 관광산업

2018년, 유난히도 추웠던 혹한과 그 추위도 잊게 하는 폭염은 2030세대를 중심으로 여행문화의 변화를 이끌었고, 이미 설명한 소확행과 호캉스로 대표되는 휴식과 휴양을 즐기고 만족스러운 서비스를 즐기는 새로운 여행 트렌드로 그해 여행업계를 강타했다. 특히 역대급으로 뜨거웠던 여름, 액티비티 예약서비스를 출시한 '여기어때'에 따르면 워터파크, 스파, 테마파크, 수목원, 동물원 등 액티비티 시설과 결합된 호텔, 리조트는 2017년 동기대비 3배, 호텔은 2.9배나 거래매출이 늘었다는 통계를 내놓았다.

주요 관광도시에 자리 잡은 리조트는 워터파크와 골프장, 스파, 키즈카페 등 복합문화시설을 갖춘 경우가 많고, 실제 액티비티 판매 데이터를 분석했더니, 실내외 수영장을 갖춘 도심 호텔에서 휴가를 보내거나, 대형 워터파크를 부대시설로 보유한 리조트형 복합 휴양시설이 인기였다고 분석하면서 '액티비티'와 만난 펜션, 캠핑의 시너지도 컸다. 7~8월 펜션 · 캠핑 예약 거래액은 작년 동기보다 2.6배 성장했다. 반면, 젊은 세대가 많이 찾는 게스트하우스 · 한옥(43.2%)과 모텔(42.5%)은 상대적으로 소폭 성장했다고 밝혔다(스페셜타임스, http://www.specialtimes.co.kr).

출처: 여기어때

호텔별 거래액 증가

2019년도 기준, 여행자 자신에 의해 만들어지는 자신만을 위한 소비가 여행의 새로운 트렌드를 시작으로 현재는 베이비붐 세대부터 밀레니얼 세대까지 모두가 함께 즐기는 다세대가족여행, 다양한 액티비티 또는 즐길거리를 체험하고 음식과 맛집을 찾아다니며 미각과 시각을 만족시키는 여행으로 발전해 가고 있다. 이제 호텔은 전 세대를 아우를 수 있어야 한다. 그 대표적인 예로 캘리포니아 레고랜드호텔을 들 수 있다.

출처: 캘리포니아 레고랜드리조트 예약사이트

레고랜드 전경

6천만 개에 달하는 레고 블록들로 이루어진 환상의 테마파크에서 뛰어다니는 아이들, 그 아이들을 흐뭇한 표정으로 바라보는 부모들, 과연 누가 레고랜드를 더 즐기고 있는지 우열을 가리기 힘들다. 샌디에이고 북부, 칼즈배드에서 1999년에 개장한 이 테마파크는 남부 캘리포니아의 여러 테마파크 및 관광 명소와 한두 시간 거리에 있고, 해변까지 단 몇 분이면 갈 수 있는 편리한 입지에 있으며, 테마파크와 아쿠아리움도 갖추고 있다. 레고랜드가 어린이들을 위한 장소이긴 하지만 어른들을 위한 즐길거리도 풍성하고, 3개의 롤러코스터를 포함해 60개 이상의 탈것들과 다양한 쇼, 놀이기구, 닌자고, 레고 배트맨 등에 나왔던 레고 프렌즈들과의 만남 등이 다수 여행객의 호기심을 자극시킨다.

우리나라에는 대표적으로 제주신화월드, 대명리조트, 변산 아쿠아월드 리조트 등을 예로 들 수 있다. 그중에서 제주신화월드는 2,000실 규모의 숙박시설이자 레스토랑, 쇼핑, 테마파크 등 전 레저의 영역을 아우르는 국내 최대 규모의 복합리조트다.

출처: 신화월드홈페이지

신화워터파크

규모의 강점은 폭넓은 선택권에 있다. 총 5개의 호텔은 각각 특징이 다른 만큼 공략하는 타깃도 제각각이다. 콘도형 빌라 서머셋 제주신화월드는 가족을, 랜딩관은 MICE 및 비즈니스 수요를 겨냥한다. 프라이빗한 실내외 수영장 '모실 클럽하우스(Mosil Club House)'를 끼고 있는 메리어트관은 럭셔리를 지향하는 여행객을, 테마파크와 워터파크와 접한 신화관은 아이가 있는 가족을 위한 리조트다. 최고급 스파를 기반으로 한 포시즌스 리조트 & 스파는 하이엔드 고객층을 공략한다. 이렇듯 제주신화월드는 "가족, 커플, 친구, 비즈니스 그 어떤 수요도 만족시킬 준비가 되어 있는, 사실상 새로운 여행 트렌드의 흐름에 맞춘 관광지로 보아도 무방하다. 더욱이 캐릭터 라바를 콘셉트로 한 신화테마파크와 가수 GD가 직접 제작에 참여한 YG리퍼블릭을 시작으로 2018년 8월 워터파크, 트랜스포머 오토봇 얼라이언스 인터랙티브 전시까지 '체험형' 공간을 빠르게 확충했으며, 국내 아티스트들이 캐릭터 포니를 저마다의 감각으로 표현한 '마이 리틀 포니' 컬래버레이션 전시를 선보이기도 했다(트래비 매거진, http://www.travie.com).

4. 여행 콘텐츠와 플랫폼

세계에서 가장 유명한 가이드북 시리즈이자, 자유여행자의 바이블로 오랜 세월 군림해 온 최고의 여행 출판사인 론리플래닛(Lonely Planet)은 여행 콘텐츠를 생산하고 공유하는 플랫폼 'Trips'을 출시했다. 쉽게 말하자면 여행 경험을 SNS상에서 좀 더 보기 좋게 만들도록 도와주고 이를 다른 사람과 공유하는 기능을 제공함으로써 양질의 포스트를 앱의 상단에 띄워주는 플랫폼이다.

한편, 론리플래닛의 'Trips'와 같은 이름을 가진 구글의 플랫폼이 세상에 첫 선을 보였을 때, 전 세계 여행업계가 '드디어 올 것이 왔다'며 크게 우려했다. 구글트립스는 오직 구글만 구현할 수 있는 완벽한 미래형 여행 플래너이자 로봇 여행 비서를 무료로 채용하는 것과 같다고 평가됐기 때문이다. 이미 발빠른 여행자들은 구글 트립스를 여행에 매우 적극적으로 활용하고 있다.

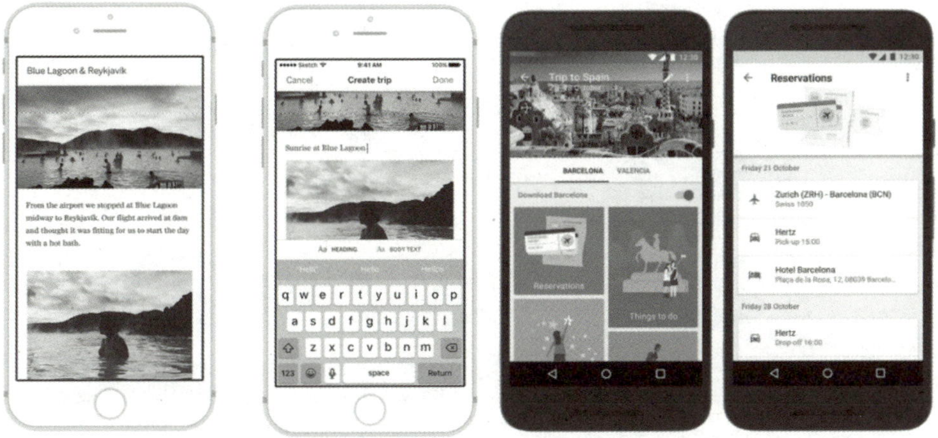

출처: 매거진 Future of Travel

론리플래닛 트립스 VS 구글트립스

최근 'Trips'라는 이름을 가진 서비스가 점점 늘어나고 있다. 에어비앤비가 론칭한 'Trips'는 현지 체험/투어 상품, 우버가 론칭한 'Trips'는 5~12시간 동안 택시를 자유롭게 이용할 수 있는 택시투어다. 둘 다 여행자에게 차별화된 편의를 제공한다는 공통점이 있으며, 사용자에게 많은 입력을 요구하거나 가르치려 드는 서비스의 한계를 넘어섰다.

현재 다수의 여행관련 플랫폼은 독자로 하여금 직접 콘텐츠를 생산하게 만들고 콘텐츠의 유용성은 소비자(독자)가 판단하도록 하는데, 이는 달라진 여행 트렌드의 현재를 보여준다. 여행정보와 지식이 상향평준화된 온라인 시대에, 조정자의 일방적인 'one-way,' 방향 콘텐츠(백과사전식 정보) 발신 방식에서 한계를 느낀 여행자들에게 다양한 방식의 자유여행이 가능하다는 것을 알려주고 있다.

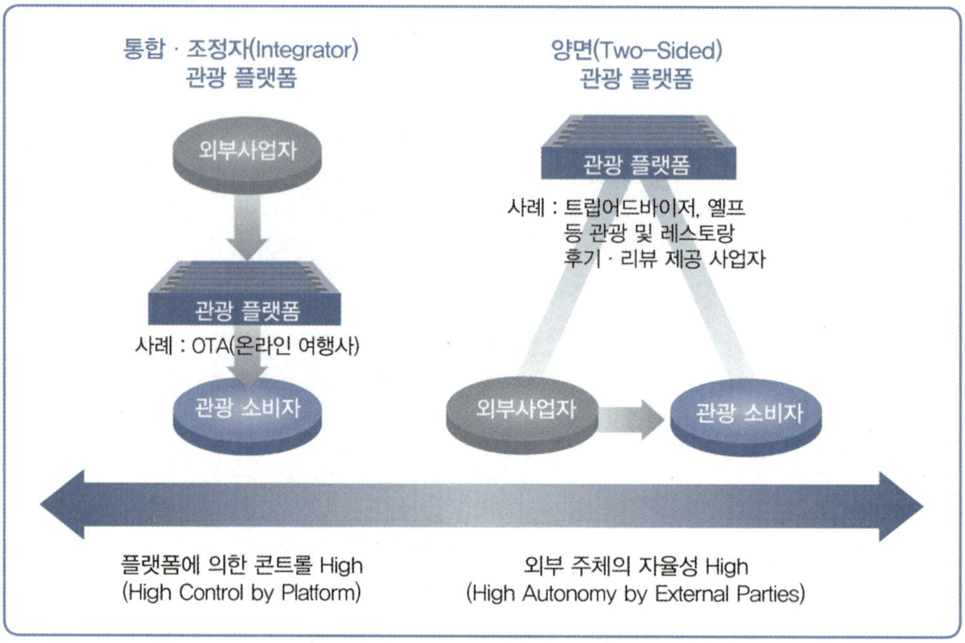

출처: KPMG

그림 8-1 여행 및 관광산업의 두 가지 플랫폼

이미 국내 소비자들은 온라인으로 관광상품을 구매하는 데 매우 익숙하다. 2016년 기준 국내 온라인 쇼핑시장 중 '여행 및 예약 서비스'의 규모는 11조 2,880억 원에 이르며, 전체 온라인 쇼핑시장 상품군 중 17.2%의 가장 높은 비중을 차지한다. 최근 국내 모바일 여행시장은 연평균 59%라는 가파른 성장률을 보이며 이러한 트렌드에 맞추어 여행관련 애플리케이션이 폭발적으로 증가했다. 국내 모바일 앱 통계서비스 와이즈앱에 따르면 여행/지역정보 카테고리 애플리케이션의 다운로드는 3,500만 명으로, 3,300만 명의 음악, 2,300만 명의 쇼핑, 600만 명의 식음료보다 월등히 높다.

한편, 온라인 여행 플랫폼 시장은 영역파괴를 진행 중이다. 2018 OECD 관광 트렌드 및 정책보고서(The OECD Tourism Trends and Policies 2019 Report)에 따르면 여행에 대해 점점 높아지는 관심으로 2030년까지 매년 약 3.3% 성장해 전 세계관광객 수는 18억 명에 다다를 것이고 여행지는 선진 관광국가보다 신흥 관광국가를 방문하는 관광객 수가 2배 이상 클 것으로 예상하고 있으며, 2030년에는 신흥관광국의 관광시장 점유율이 57%까지 증가할 것으로 전망한다. 또한 급속도로 진행되고 있는 고령화로 2040년에는 60세 이상 인구가 2018년 기준 대비 약 2배 증가할 것으로 전망함에 따라 실버 세대 및 전 연령층이 즐길 수 있는 여행상품에 대한 니즈가 높아질 것으로 예상된다.

국내외 관광 기업들은 4차 산업혁명의 기반 기술을 관광 비즈니스에 접목시키고 있다. 관광산업에 적용되고 있는 트래블테크(Travel-Tech)로는 D&A(Data & Analytics), IoT(사물인터넷), VR(가상현실) 및 AR(증강현실), 인공지능(AI), 로보틱스 등을 꼽을 수 있다. D&A와 인공지능은 특히 예약이나 관광 정보 서비스에 적용된다. 관광 소비자 개인별 맞춤화된 소비패턴을 D&A를 통해 분석하고 관련 서비스를 추천하고 있으며 구글의 트립스앱이 적극적으로 이 분야를 개척하고 있다. 관광산업의 밸류체인 중 숙박은 트래블테크가 활발히 도입되는 분야 중 하나이다. 앰배서더호텔 그룹은 투숙객이 객실을 IoT 기반 플랫폼으로 제어할 수 있도록 사업을 추진 중이며, 메리어트인터내셔널은 객실 내에서 소비자가 VR이 적용된 가상 투어를 경험할 수 있도록 하고 있다. 미국 힐튼이나 일본 헨나(Henn-Na) 호텔은 인공지능을 탑재한 로봇을 도입하여 컨시어지 서비스 등에 활용하고 있다.

트래블테크 활용은 효율성 증대 및 비용 절감과 함께 기업의 혁신적 브랜드 구축 등의 효과를 거둘 수 있다. 이에 따라 향후 관광산업 전반에 트래블테크의 도입이 더욱 활성화될 전망이다.

〈표 8-2〉 관광업계의 트래블테크(Travel-Tech) 및 추진현황

	트래블테크 적용부분	내용
예약 및 여행정보	맞춤형 관광 정보 제공	구글 트립스는 D&A를 활용하여 구글 이용자의 개인별 히스토리를 토대로 관광 목적지 관련 정보 및 레스토랑 등을 맞춤형으로 추천
	관광상품 구매 패턴분석	익스피디아의 싱가포르 소재 랩(Lab)은 근전도 검사(EMG) 및 시선 추적 기술(Eye Tracking)을 사용해 소비자가 어떠한 과정을 거쳐 관광상품을 구매하는지 패턴 연구
	가상여행 보조 서비스 제공	모바일 여행사 파나(Pana)는 인공지능 기능을 탑재한 가상 컨시어지 서비스를 활용하여 보다 효율적인 예약방법으로 모바일 앱에서 응답 중이며 여행가격 알림, 자동 체크인 등의 기능 추가 예정
숙박	VR경험 객실서비스	메리어트인터내셔널은 호텔 객실 내 엔터테인먼트 옵션으로 VR 룸서비스 제공. 르완다의 아이스크림 가게 및 칠레의 안데스산맥 가상투어 등이 해당 서비스로 있음
	IoT 기반 객실 제어 플랫폼	앰배서더호텔 그룹과 IoT 플랫폼 기업 인더코어(InTheCore)는 객실 자동화 솔루션에 IoT기술을 접목한 호텔 전용 플랫폼 '스마트 스테이' 사업 추진 투숙객이 객실의 조명, 음악, 온도, 커튼&블라인드, 컨시어지 서비스 등을 스마트폰의 QR코드 스캔으로 제어
	인공지능 컨시어지	미국 힐튼호텔은 IBM 인공지능 왓슨을 탑재한 고객 안내 로봇 '코니'를 도입하여 관광객 응대를 위한 컨시어지 서비스에 활용
	음성인식 로봇	일본 헨나(Henn-Na) 호텔은 체크인, 짐 운송, 청소 등에 음성인식 기능과 인공지능이 탑재된 로봇을 사용
	챗봇	미국의 애플리케이션 개발사 버너(Burner)는 공유숙박 업체를 위한 호스트봇(Hostbot)을 개발 집주인이 앱을 다운로드하고 공유숙박을 이용하는 손님으로부터 자주 받는 질문에 대한 답변을 미리 설정해 놓으면 챗봇이 숙박객 질문에 자동 답변 가능
교통	IoT 기반 주차공간서비스	국내 북촌 한옥마을은 주차문제 해결을 위해 '파킹플렉스' 앱을 도입하여 주차공간을 서로 공유하도록 함 주차장에 설치된 IoT 기반 센서가 주차 가능 여부를 알려줌 주차공간 소유자는 자신이 이용하지 않는 시간에 공간 제공 가능. 일시적 주차를 원하는 사용자는 주차 가능 위치를 실시간 파악

출처: KPMG

참고문헌

1장 주제여행부문

고종원 외, 해외여행업무의 이해, 대왕사, 2011.
고종원, 세계관광, 대왕사, 2018.
고종원, 여행상품개발론, 백산출판사, 2007.
고종원, 여행항공상품마케팅, 기문사, 2011.
고종원, 투어오퍼레이터업무론, 현학사, 2005.
문화체육관광부, 관광동향에 관한 연차보고서, 2017.
연합뉴스, 2020.2.25.
우리안양, 2020년 3월호.
이데일리, 2020.3.24.
이동욱, 관광빅데이터 포럼, 2019.
조선여성, 2020년 1월호.
중앙일보, 2019.12.28.
채널A, 비타크루-비행기 타고 가요.
티티엘 뉴스
한국경제신문
한국관광공사, 국내관광 트렌드 전망보고서, 2020.
Spokefly 통계
http://kto.visitkorea.or.kr
www.greatsights.com.au
www.hankyung.com
www.sydneyoperahouse.com
www.ttlnew.com

2장 최근 세계여행의 트렌드

박시범 · 최윤근 · 김기범(2020), 관광학원론, 새로미.

이연택(2015), 관광학, 백산출판사.

airbnb(2020), 10년 추이, https://www.airbnb.com

Booking.com(2018), Eight Travel Predictions for 2018. https://globalnews.booking.com/eight-travel-predictions-for-2018-as-revealed-by-booking com/

Booking.com(2019), Booking.com Reveals & Travel Predictions for 2019. https://globalnews.booking.com/bookingcom-reveals-8-travel-predictions-for-2019/

Booking.com(2020). Predicts the Top Travel Trends for 2020. https://travelpredictions2020.com/

Destination Pride(2020). https://destinationpride.org/

IATA(2019), IATA Annual Review 2019, https://www.iata.org/en/publications/annual-review/

IPK International(2018), World Travel Monitor. https://www.ipkinternational.com/

Likealocalguide(2020), https://www.likealocalguide.com/

OECD Tourism Statistics(2019), https://www.oecd-ilibrary.org/industry-and-services/data/

OECD(2019), "Providing new OECD evidence on tourism trade in value added", OECD Tourism Papers, 2019/01, OECD Publishing, Paris. http://dx.doi.org/10.1787/d6072d28-en

OECD(2019), OECD Employment Outlook 2019: The Future of Work, OECD Publishing, Paris. https://doi.org/10.1787/9ee00155-en

OECD(2020), OECD Tourism Trends and Policies 2018, Publishing Paris. https://www.oecdilibrary.org/urban-rural-and-regional-development/oecd-tourism-trends-a nd-policies-2018_tour-2018en

Skyscanner(2018), https://www.skyscanner.co.kr/

Smithsonian(2014), https://www.smithsonian.com/

Software Advice(2015), https://www.softwareadvice.com/

The Pew Charitable Trusts(2013), Sharks Ecotourism Could Double in Next Two Decades, Study Says.

Tripadvisor(2018). https://www.tripadvisor.com/

UNWTO(2019), World Tourism Barometer.

UNWTO(2020), Global and Regional Tourism Performance. https://www.unwto.org/global-and-regional-tourism-performance

WEF(2019), The Travel & Tourism Competitiveness Report 2019.
http://www3.weforum.org/docs/WEF_TTCR_2019.pdf

WTO(2019), World Trade Statistical Review 2019.
https://www.wto.org/english/res_e/statis_e/wts2019_e/wts19_toc_e.htm

기타 사진제공, https://pixabay.com

3장 여행의 개념

1절

안대희 외 5명, 여행사경영론, 백산출판사, 2019.

윤대순 외 3명, 여행업경영론, 기문사, 2018.

이철진 · 김정준, "관광경험에 따른 관광자의 매너리즘이 관광지 선택에 미치는 영향 연구", 관광경영연구, 18(4), 2014, pp.385-406.

정찬종 외 1명, 여행업경영론, 기문사, 2018.

한국관광공사, 관광시장동향, 2018년 4월호.

Paul, S., and Datta, S. K., An Empirical Study of the Effects of Consumer Knowledge on Fit Perception in Brand Extension Success, *The IUP Journal of Brand Management*, 10(1), 2013, pp.37-50.

2절

강남여행, 1983, p.31.

강명수 · 김동원, 항공해외여행 선호 유형에 따른 세분집단별 특성 분석, 한국항공경영학회, 한국항공경영학회지, 12(6), 2014, pp.77-93.

고영종, 관광학개론, 1, 우성도서, 1984, p.83.

고호석, "관광객의 라이프스타일에 따른 국외여행상품 선택행동에 관한 연구", 관광연구, 19(3), 2005, pp.101-116.

권용주 · 김지현, 에니어그램과 여행동기에 대한 탐험적 연구, 관광학연구, 31(1), 2007, pp.327-344.

김광근 · 여창원 · 김용철, 방한 중국인관광객의 여행상품선택속성과 만족도에 관한 연구, 관광연구, 22(1), 2007, pp.133-153.

김권수 · 윤종운, "해외여행목적지별 여행상품의 선택속성과 여행객특성", 관광경영연구, 18,

2014, pp.21-39.

김동기 · 이용학 · 이성호, 신소비자행동, 박영사, 2010, p.261.

김동연 · 윤지환, 해외여행경험이 많은 사람들의 여행 동기 연구-포커스그룹 인터뷰 방법을 이용하여-, 관광학연구, 37(10), 2013, pp.33-52.

김동준 · 서원만, 여행상품 서비스품질 지각이 만족에 미치는 영향 연구: 대전광역시 대학생 및 대학원생을 중심으로, 관광연구저널, 26(1), 2012, pp.439-455.

김진섭, 여행업경영론, 법문사, 1986, pp.25-26.

김태영, 비즈니스 여행자를 위한 중가호텔 상품개발에 관한 연구, 한양대학교 대학원 석사학위 논문, 2003.

나라경제, 관광 · 레저산업육성으로 일자리 창출한다, 2013.

문화체육관광부, 여가백서, 2013, p.15.

문화체육관광부, 여가백서, 2013, p.18.

박수이 · 이우태, 관광기업경영론, 박영사, 1974.

신동일, "고객지향적 여행상품개발에 관한 연구: 테마여행상품 가례를 중심으로", 관광개발연구, 12, 1997, pp.165-186.

안대희 외 5명, 여행사경영론, 백산출판사, 2019.

여행상품상담실무, 한올, 2019.

윤대순, 여행사마케팅, 대왕사, 2003.

윤대순 외 4인, 여행업경영론, 기문사, 2018.

이경모, 크루즈산업의 이해, 대왕사, 2004.

이성철, "청년층, 예비실버층 및 노년층의 세대별로 여행동기가 여행상품 선택속성에 미치는 영향", 기업경영연구, 50, 2013, pp.134-153.

이장춘, 국민관광개발론, 동명사, 1979.

이채은, 해외여행 관광객의 소비성향이 여행상품속성 선택에 미치는 영향, 관광연구, 24(2), 2009, pp.199-218.

정보배, 중국관광객 유치정책에 있어서 인바운드 여행업의 정책과정참여에 관한 연구, 한양대학교 대학원 석사학위논문, 2012.

정익준, 비즈니스 해외여행객의 항공사 선택결정요인에 관한 실증적 연구, 여행학연구, 36(4), 1997, pp.203-218.

정익준, 최신 여행사 경영론, 형설출판사, 1994, 2006.

정찬종, 서비스마케팅론, 백산출판사, 1990, p.117.

정찬종, 여행상품기획판매실무, 백산출판사, 2006.

정찬종 · 곽영대, 여행사경영론, 2018, p.14.

최승이 · 이미혜, 관광상품론, 대왕사, 2001.

한국관광공사 2017-2018년도 한국관광통계, pp.8, 17.

한국관광공사, 관광시장동향, 2018년 4월호.

한국관광공사, 2000년대 관광환경분석과 전망, 1988, p.291.

한국관광공사, 크루즈통계 표준화방안 연구, 2012.

Kotler, P., Bowen, J., & Makens, J., Marketing for hospitality and tourism, New Jersey, Upper Saddle River: Prentice Hall, 2003.

Mark, E. Koltko-Rivera, Rediscovering the Later Version of Maslow's Hierarchy of Needs: Self-Transcendence and Opportunities for Theory, Research and Unification, Review of General Psychology, 10(4), 2006, pp.302-317.

Mcintosh, R.W., Tourism: Priciples, practices, philosophies(2nd ed.), Columbus, Ohio: Grid Inc., 1977.

Medlik, S., & Middleton, V. T. C., Product Formulation in Tourism, in Tourism and Marketing, 13, AIEST, Bern, 1973.

Robert, E. F., Humanmotivation, 3rd ed., California: Brooks/Cole Publishing, 1993, p.4.

Shaw, S., Airline Marketing and Management, Pitman Publishing, 1990.

SITE, www.siteglobal.com, 2015.

WTO, Integrated Tourism Planning, Madrid, 1978.

4장 개별여행

고종원(2007), 여행상품개발론, 백산출판사.

김점남(2013), 여행정보 웹사이트 특성이 구매의도에 미치는 영향, 호텔리조트연구, 12(3), 5-17.

김현주(2017), 외국계 온라인 여행사(OTA)의 한국시장 진출에 따른 영향과 대응방향, 한국문화관광연구원.

김화진(2005), 고흥 항공 · 우주산업 테마관광과 연계한 스포츠관광 개발전략, 전남대학교 박사학위논문.

류가연 · 차재빈(2018), 여행형태별 방한 외래 관광객의 관광특성 및 관광행동의도 비교분석 개별여행, 단체여행, 에어텔 비교를 중심으로, 관광레저연구, 30(9), 347-364.

박의서(2002), 배낭여행 선택행동에 관한 연구-서울경기지역 소재 대학생을 중심으로-, 관광경영학연구, 6(3), 169-127.

변찬복(2011), 개별여행객의 문화적 동기, 새로움 추구, 감각추구가 기간별 목적지 충성도에 미치는 영향-진정성의 조절효과를 중심으로-관광연구, 26(3), 189-209.

송영민 · 이인재(2011), 중국 개별관광객의 국내 관광안내경험에 대한 질적 연구, 관광연구저널, 25(3), 129-144.

양재영 · 박영진(2007), Travel World-Europe, 여행천하.

양재영 · 이승곤 · 박영진(2012), 배낭여행자들의 여행상품 선택속성이 만족도와 애호도에 미치는 영향－유럽배낭여행자 중심으로－, 관광연구저널, 26(1), 475-494.

유시웅(2011), 배낭여행 참가자들의 여행행동 분석에 관한 연구 대학생 배낭여행자들을 중심으로, 한국국제경영관리학회 학술발표대회논문집.

윤해정(2013), 해외개별여행자 추구편익에 따른 여행동반자 선택요인, 한양대학교 국제관광대학원 석사학위논문.

윤해정(2013), 해외개별여행자 추구편익에 따른 여행동반자 선택요인, 한양대학교 국제관광대학원 석사학위논문.

이근수(2019), 온라인 여행사(OTA)에 대한 지각된 가치가 호텔 직접예약으로의 전환의도에 미치는 영향 연구: 호텔 로열티 프로그램과 BRG 제도의 조절효과를 중심으로, 경희대학교 대학원 박사학위논문.

이근수 · 김경한(2019), 호텔 등급에 따른 온라인 여행사(OTA) 선택속성이 OTA 브랜드 애착에 미치는 영향 연구, 호텔리조트연구, 18(4), 97-114.

이병렬(2005), SIT활성화를 위한 관광S/W개발과 평가에 관한 연구, 공주대학교 대학원 박사학위논문.

이용숙(2019), 개별자유여행과 패키지여행에서의 여행경험 비교연구, 한국문화 인류학, 52(2), 247-322.

이원희(2007), 외국인 개별여행자(FIT) 시장 특성과 정책 방향, 한국문화관광연구원.

이재곤 · 홍정화 · 이정민(2011), 개별여행자의 여행사 선택속성 연구, 관광경영연구, 15(4), 175-195.

이주현(2008), FIT여행자를 위한 상호관계성 여행가이드에 관한 연구, 홍익대학교 대학원 석사 학위논문.

이희성 · 김창수(2007), 테마여행의 참가동기 · 사전기대 · 사후만족 · 재참가의사 간의 영향 관계, 관광연구저널, 21(2), 257-271.

정성애(2009), 방한 일본인 개별여행자의 여행경로에 대한 탐구, 관광학연구, 33(7), 119-137.

조성규 · 최규환(2016), 테마여행객의 라이프스타일에 따른 국내 테마여행상품 선택속성 차이에 관한 연구, 관광레저연구, 28(2), 199-215.

조용현 · 남효석(2012), 온라인 여행사 웹 사이트 품질이 구매의사결정 및 구매행동에 미치는 영향, 관광학연구, 36(8), 317-337.

한국관광공사(2014), 스마트 트래블러 웹진, 창간호.

한국소비자원(2019.12.17), 온라인여행사(OTA) 가격 및 환불 관련 정보 미흡, 보도자료.

Betty, W. & C. M. H.(1992), Special Interest Tourism, London: Belhaven Press.

Chambers, E.(2009), From authenticity to significance: Tourism on the frontier of culture and place, Futures, 41(6), 353-359.

Kenneth, F.H., & Rob, L.(2003), The nature of independent Travel, Journal of Travel Research, 42(1), 13-23.

WTO(1985), The Role of Recreation Management in the Development of Active Holidays and Special Interest Tourism and Consequent Enrichment of the Holidays Experience, World Tourism Organization.

모두투어 www.modetour.com

스위트유로 www.sweeteuro.co.kr

스카이스캐너 www.skyscanner.co.kr

스카이팀 www.skyteam.com

스타얼라이언 www.staralliance.com

싱가포르에어라인 www.singaporeair.com

여행박사 www.drtour.com

외교부 www.mofa.go.kr

원월드 www.oneworld.com
웹투어 www.webtour.com
자유투어 www.jautour.com
제주항공 www.jejuair.net
캐세이패시픽항공 www.cathaypacific.com
투어에스코트 www.tourescort.com
트래비 매거진 www. travie.com
하나투어 www.hanatour.com
해피허니문클럽 www.happyhoneymoonclub.com

5장 특별관심관광의 실제 콘텐츠

국가통계포털(2019), 방한외국인관광객들이 참여하는 주요활동. KOSIS. www.kosis.kr

김남희 · 이건희(2018.09.10), [팩트체크]불법체류 외국인, 한국에 3개월만 살면 건강보험 혜택 받는다? 머니투데이. https://news.mt.co.kr/mtview.php?no=2018091014037683276

김미리(2019.04.20), "언제 또 오겠냐" 빡빡했던 일정 → "또 오면 되지" 덜어내는 여행으로. 조선일보. http://news.chosun.com/site/data/html_dir/2019/04/20/2019042000535.html

김민정(2017.11.16), 재개발 아닌 '재발명'… 생각의 한 끗 차이가 만든 '산악 관광대국' 스위스, 경북메일. https://www.kbmaeil.com/news/articleView.html?idxno=429879

김종표(2016.12.08), [글로컬 시대 도시 브랜드가 힘이다 ③ 슬로푸드 운동의 발상지 이탈리아 브라] '느림의 미학' 지구촌 음식문화를 바꾼다, 전북일보.
http://www.jjan.kr/news/articleView.html?idxno=1115169

문화체육관광부(2019.1.29), 2018 국민여가활동조사 결과 발표-여가시간과 여가비용, 취미오락 활동 2016년 대비 모두 증가-. 문화체육관광부.

법무부(2019), 체류외국인현황. e-나라지표.
http://www.index.go.kr/potal/main/EachDtlPageDetail.do?idx_cd=2756

보건복지부(2019.04.17), 2018년 외국인환자 38만 명, 10년간 누적 226만 명 달성, 보건복지부 해외의료총괄과.
http://www.mohw.go.kr/react/al/sal0301vw.jsp?PAR_MENU_ID=04&MENU_ID=0403&page=1&CONT_SEQ=349095

신민선(2019), 글로벌 화장품 수출경쟁력 분석 및 K-Beauty 시사점, 한국보건산업진흥원.

아마존코리아, 2018 K-Beauty Summit/ 아마존 판매 글로벌셀러.
https://m.post.naver.com/viewer/postView.nhn?volumeNo=16995672&memberNo=38390862.

엠브레인(2017), '나만의 시간'에 진정한 '취미생활'을 즐기고 싶은 현대인들, '원데이 클래스'에서 길을 찾다.
https://www.trendmonitor.co.kr/tmweb/trend/allTrend/detail.do?bIdx=1587&code=0302&trendType=CKOREA&prevMonth=&currentPage=2

엠브레인(2018), 기존 여행지와 차별화 꾀하는 '슬로시티', 현대인들에게 온전한 '휴식'을 제공할 수 있을까?
https://www.trendmonitor.co.kr/tmweb/trend/allTrend/detail.do?bIdx=1707&code=0302&trendType=CKOREA&prevMonth=&currentPage=1

엠브레인(2018), 나만의 '취미생활'을 갖고 싶어하는 현대인들, '원데이 클래스'와 '문화센터'를 찾는 발걸음 증가.
https://www.trendmonitor.co.kr/tmweb/trend/allTrend/detail.do?bIdx=1714&code=0302&trendType=CKOREA

이선우(2018.10.28), 힐링에서 액티비티로…여행이 진화한다, 한국경제.
https://www.hankyung.com/life/article/2018102821771.

임호동(2017.08.01), 자연 그대로를 즐기는 여행, '에코투어리즘', 월간퓨처에코.
http://www.ecofuturenetwork.co.kr/news/articleView.html?idxno=14271

전진우(2019.03.17), 클룩, 2019 글로벌 여행 트렌드 발표, NewsFlix.
http://www.newsflix.co.kr/news/articleView.html?idxno=921

캠핑아웃도어진흥원(2018), 캠핑산업현황 통계조사, 캠핑아웃도어진흥원.

클룩테크놀러지(2019), 클룩, 영화 속 액티비티 3가지 발표… 팬덤 여행이 뜬다. Newswire.
https://www.newswire.co.kr/newsRead.php?no=885234

한국관광공사(2019.12.2), '19~'20 소셜 빅데이터 활용 국내여행 트렌드 보고서, 한국관광공사.

Bintang Handayani, Hugues Seraphin, Maximiliano E. Korstanje(2019), Special Interest Tourism in Southeast Asia: Emerging Research and Opportunities(Advances in Hospitality, Tourism, and the Services Industry). IGI Global.

Cittaslow International(2020). https://www.cittaslow.org/

Sheela Agarwal, Graham Busby, Rong Huang(2018), Special Interest Tourism: Concepts, Contexts and Cases, CABI.

6장 최근 여행의 트렌드

김선주(2019.1.7.), [2019 신년기획] 숫자로 보는 해외여행 자유화 30년-출국자 규모 30년 동안 23배로 팽창, 여행신문 <http://www.traveltimes.co.kr/news/articleView.html?idxno=105961>

하나투어(2017), 여행박람회 2017 대한민국 10대 여행 트렌드

하나투어(2018), 여행박람회 2018 대한민국 10대 여행 트렌드

하나투어(2019), 여행박람회 2019 대한민국 10대 여행 트렌드

한국관광공사(2017), 2017 방한 관광시장의 모든 것, 한국관광공사.

한국관광공사(2018), 2017 방한관광시장의 모든 것, 한국관광공사.

한국관광공사(2018), 숫자로 보는 한국관광 2018, 한국관광공사.

한국관광공사, 한국관광통계. <https://kto.visitkorea.or.kr/kor/ktom/stat/stat.kto>

호텔스컴바인(2020), 2020 대한민국 여행준비 행동양식.

7장 세계관광의 역사

김병용(2011), 관광학원론.

남상민 · 김종호, & 노정구(2007), 글로벌 기업 환경 변화의 새로운 패러다임으로서 지속가능한 발전과 마케팅-지속가능마케팅의 의사결정 지향적 콘셉트. Journal of Global Academy of Marketing, 17(3), 83-108.

노영순, "친서민 관광복지 정책 추진을 위한 체계 및 프로그램 개발 방안"(2011), 문화관광연구소.

이영호(2019.09.23), 세계에서 가장 오래된 여행사 '토머스 쿡' 결국 파산선언, 한국경제. http://www.wowtv.co.kr/NewsCenter/News/Read?articleId=201909252765i

이정자(Jungja Lee), "관광과 환경적인 지속가능대안" 지속가능연구, VOL. 5 NO. 3(2014): 23-35.

조광익(2019), 문화관광론.

Adongo, C. A., Taale, F., & Adam, I.(2018), Tourists' values and empathic attitude toward sustainable development in tourism, Ecological economics, 150, 251-263.

Ayhan, C. K., Taşlı, T. C., Ozkok, F., &Tatli, H.(2020), Land use suitability analysis of rural tourism activities: Yenice, Turkey, *Tourism Management, 76*, 103-949.

Balestrieri, G.(2005), Il turismo rurale nello sviluppo territoriale integrato della Toscana, IRPET, Firenze.

Campon-Cerro, A. M., Hemandez-Mogollon, J. M., & Alves, H.(2017), Sustainable improvement of competitiveness in rural tourism destinations: The quest for tourist loyalty in Spain, Journal of Destination Marketing & Management, 6(3), 252-266.

Charles, R.(2009), Goeldner, Brent Ritchie JR Tourism: Principles, Practices, Philosophies, 11th.

Cucari, N., Wankowicz, E., & De Falco, S. E.(2019), Rural tourism and Albergo Diffuso: A case study for sustainable land-use planning, *Land use policy*, *82*, 105-119.

David, L., Toth, G., Kelemen, N., & Kincses, A.(2007), The role of countryside tourism in the North Hungarian Region, with particular regard to regional development in the light of agricultural and regional policy for 2007-2013, *Gazdalkodas*, *51*(4), 38-149.

Dreo, J.(2007), Illustration of sustainable development.

Fons, M. V. S., Fierro, J. A. M., & y Patino, M. G.(2011), Rural tourism: A sustainable alternative, Applied Energy, 88(2), 551-557.

Golden Age of Mass Tourism: Its History and Development, Erkan Sezgin and Medet Yolal, Anadolu University, p.74.

Juganaru, I. D., Juganaru, M., & Anghel, A. N. D. R. E. E. A.(2008), Sustainable tourism types, *Annals of University of Craiova-Economic Sciences Series*, *2*(36), 797-804.

Kakoudakis, K. I., McCabe, S., & Story, V.(2017), Social tourism and self-efficacy: Exploring links between tourism participation, job-seeking and unemployment, Annals of Tourism Research, 65, 108-121.

Kim, K., Uysal, M., & Sirgy, M. J.(2013), How does tourism in a community impact the quality of life of community residents? Tourism management, 36, 527-540.

Lee, T. H., & Jan, F. H.(2019), Can community-based tourism contribute to sustainable development? Evidence from residents' perceptions of the sustainability, Tourism Management, 70, 368-380.

Mackenzie, J. M.(1995), Orientalism: History, theory and the arts, Manchester: Manchester University Press.

Mathew, P. V., & Sreejesh, S.(2017), Impact of responsible tourism on destination sustainability and quality of life of community in tourism destinations, Journal of Hospitality and Tourism Management, 31, 83-89.

Minnaert, L., Maitland, R., & Miller, G.(2011), What is social tourism?

Minnaert, L., Quinn, B., Griffen, K., and Stacey, J.(2010), "Social tourism for low-income groups: Benefits in a UK and Irish context", In Tourism and inequality, Edited by: Cole, S. and Morgan, N. 126-143. Wallingford: CABI.

Musgrave, J., & David, L.(2011), Tourism ecology: Towards the responsible, sustainable tourism future, *Worldwide Hospitality and Tourism Themes*.

Nguyen, T. Q. T., Young, T., Johnson, P., & Wearing, S.(2019), Conceptualising networks in sustainable tourism development, Tourism Management Perspectives, 32, 100-575.

Paul, V. M., & Rupesh, K. K.(2013), Responsible tourism: A strategy for grass root level empowerment, Innovative Issues and Approaches in Social Sciences(IIAAS), 7(1), 54-71.

Pope, J., Wessels, J. A., Douglas, A., Hughes, M., & Morrison-Saunders, A.(2019), The potential contribution of environmental impact assessment(EIA) to responsible tourism: The case of the Kruger National Park, Tourism Management Perspectives, 32, 100-557.

Pyke, J., Pyke, S., & Watuwa, R.(2019), Social tourism and well-being in a first nation community, Annals of Tourism Research, 77, 38-48.

Spenceley, A., Relly, P., Keyser, H., Warmeant, P., McKenzie, M., Mataboge, A., et al.(2002), Responsible tourism manual for South Africa, Pretoria: Department for Environmental Affairs and Tourism.

UNWTO, U.(2005), Making tourism more sustainable–a guide for policy makers, New York: UNEP UNWTO.

Walton, J. K.(2003), Seaside resort regions and their hinterlands in Western Europe and the Americas, from the late eighteenth century to the Second World War, Storia del Turismo, 4, 69-87.

Walton, J. K.(2009), Prospects in tourism history: Evolution, state of play and future developments, Tourism Management, 30(6), 783-793.

8장 새로운 여행 트렌드 속 호텔

매거진 future of travel(2017), 론리플래닛의 Trips vs 구글의 Trips - 자유여행의 미래를 상징하는 두 여행앱, 김다영.

삼정인사이트(2018), 관광 트랜스포메이션: 관광 신소비 트렌드와 초융합 관광시대 도래, KPMG 경제연구원(2018).

인터넷 백과사전(나무위키), 호캉스 개요.

정명섭(2018.12.13), "'#트래블그램' 보고 한국왔어요" …인스타그램, 글로벌 여행 문화 바꾼다, 아주경제. https://www.ajunews.com/view/20181213175214685

투어코리아 - No.1 여행 · 축제 뉴스(http://www.tournews21.com).

트립닷컴(2019), 한국인이 좋아하는 호텔 트렌드.

한국관광공사(2018), 소셜미디어 빅데이터 활용 국내관광 트렌드 분석 및 2019 트렌드전망, 관광빅데이터센터.

한국관광공사(2019), 빅데이터로 살펴본 2020년 국내여행 트렌드 전망, 관광빅데이터팀.

호텔앤레스토랑(2018.9.17), Wellness 관광과 호텔의 변화 Trend, 최영덕.

https://namu.wiki/

주제여행포럼

고종원

경희대학교 일반대학원 국제경영 전공(경영학 박사)
한국능률협회 등록전문위원
한국관광신문 논설위원
한국여행발전연구회 회장/고문
안양시 관광협의회 위원
주제여행포럼 공동위원장
국제관광무역학회 수석부회장, 편집위원
한국관광서비스학회 부회장, 편집위원
프랑스 Kov Commenderie(와인기사 작위)
현, 연성대학교 관광과 호텔관광전공 교수/학과장

조문식

경기대학교 관광경영학 전공(경영학 박사)
세명대학교 호텔관광학부 학부장
세명대학교 관광경영학과/항공서비스과 학과장
충청북도 관광축제위원회 위원
단양군 축제평가위원
관광경영학회 편집위원장
한국관광서비스학회 부회장, 편집위원회 위원장
호텔인센티브 제도에 관한 연구 외 다수
현, 세명대학교 항공서비스과 교수

김경한

경희대학교 호텔관광대학 호텔경영학 전공(관광학 박사)
더 프라자호텔 연회팀장
(주)투어리즘코리아 대표이사
(사)한국국제소믈리에협회 부회장
현, 건양대학교 글로벌호텔관광학과 교수

여정경

경희대학교 호텔관광대학 호텔경영학 전공(관광학 박사)
(주)서한사 ACCOR그룹 호텔 그랜드 앰배서더(기획부/기획 & 마케팅)
호텔 설봉온천관광 부사장(기획/객실/연회 총괄)
(주)사조리조트 부사장(콘도 및 스키 객실/연회 총괄마케팅)
경희사이버대학교 대학원 호텔외식MBA 겸임교수
가천대학교 관광경영학과 겸임교수
현, 2020년 연성대학교 호텔관광과 겸임교수
현, ㈜에스엠케이이산업(SMK Co.Ltd.) 전무이사(호텔 & 리조트 개발)

서현웅

경희대학교 호텔관광대학 호텔경영학 전공(관광학 박사과정 수료)
현, 호텔앤레스토랑 매거진 대표이사
현, 에이치 아카데미 대표이사
현, 호텔인네트워크 공동대표
현, 호텔전문경영인협회 학술부회장
현, 한국베버리지마스터협회 홍보이사
현, 국제관광인클럽(SKAL International) 멤버
현, 한국외식경영학회 부회장
현, 호텔리조트학회 부회장 外

안소영

경희대학교 호텔관광대학 호텔경영학 전공(관광학 박사)
경희대학교 호텔관광대학 호텔경영학 전공(관광학 석사)
University of Nevada, Las Vegas(UNLV) Hospitality Management(B.S.)
한국호텔외식관광경영학회 학술이사
현, 경희대학교 호텔경영학과 외래교수
현, 유한대학교 교양학과 외래교수
현, 한국호텔관광학회 학술이사
현, 한국외식음료협회 커피 · 칵테일위원회 심사위원
현, 한국외식음료협회 관광서비스위원회 위원

이동화

경희대학교 호텔관광대학 호텔경영학 전공(관광학 박사)
University of Nevada, Las Vegas(UNLV) Hotel Administration(M.S.)
University of Nevada, Las Vegas(UNLV) Hospitality Management(B.S.)
경희대학교 복합리조트게이밍연구센터 선임연구원
International Gaming Institute of UNLV 연구원
현, 경희대학교 호텔경영학과 외래교수
현, 연성대학교 호텔관광전공 겸임교수
현, (사)한국관광학회 호텔외식경영분과학회 이사
현, 동대문구 청년네트워크 위원
현, 호텔앤레스토랑 매거진 기획마케팅팀 실장

이선민

경희대학교 호텔관광대학 호텔경영학 전공(관광학 박사과정 수료)
경희대학교 호텔관광대학 조리외식경영학 전공(관광학 석사)
(주)대한항공 객실승무원
현, 연성대학교 호텔관광학과 겸임교수
현, 복합리조트게이밍 연구센터 선임연구원
현, 사단법인 한국관광학회 호텔외식경영분과학회 이사
현, 에이스요양병원 의료관광 마케팅 팀장

권진수

경희대학교 호텔관광대학 호텔경영학 전공(관광학 석사)
현, (주)서울N호텔 대표이사
현, 창조경제타운-호텔(관광)분야 지정 멘토
현, 한국관광산업교육진흥원장
현, 한국부동산자산관리사협회 자문위원
현, 한국호텔관광학회 산학부회장
현, 한국관광서비스평가협회 부회장
현, 한국관광공사 전문위원

현대여행상품

2020년 7월 10일 초판 1쇄 인쇄
2020년 7월 15일 초판 1쇄 발행

지은이 주제여행포럼(고종원 · 조문식 · 김경한 · 여정경 · 서현웅 · 안소영 · 이동화 · 이선민 · 권진수)
펴낸이 진욱상
펴낸곳 (주)백산출판사
교　정 성인숙
본문디자인 강정자
표지디자인 오정은

등　록 2017년 5월 29일 제406-2017-000058호
주　소 경기도 파주시 회동길 370(백산빌딩 3층)
전　화 02-914-1621(代)
팩　스 031-955-9911
이메일 edit@ibaeksan.kr
홈페이지 www.ibaeksan.kr

ISBN 979-11-6567-136-5　93980
값 23,000원